诚信为本　坚持准则

操守为重　不做假账

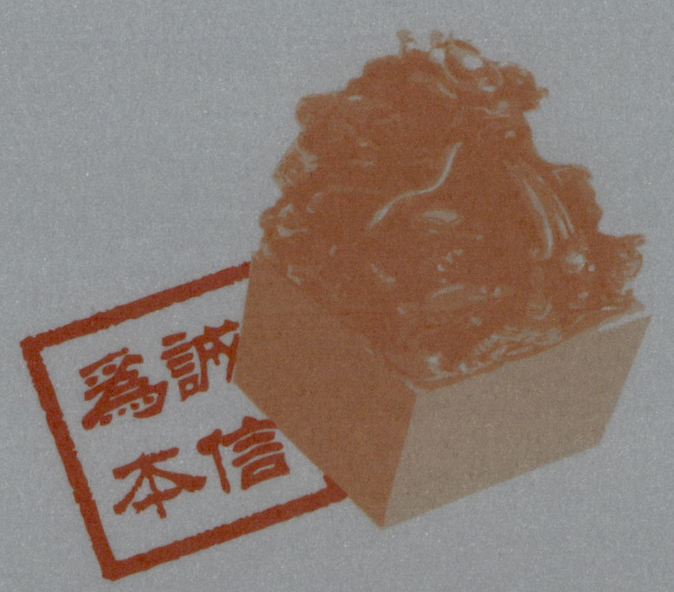

——与学习会计的同学共勉

坚持准则

诚信为本

不做假账

操守为重

——与学会计的同学共勉

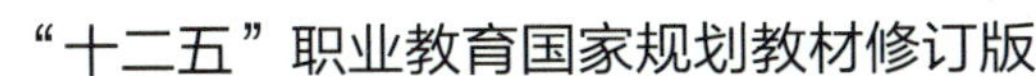

icve 智慧职教 高等职业教育在线开放课程新形态一体化教材

高等职业教育财经类专业 **经典传承 务本维新** 系列教材

企业财务分析

（第三版）

◆主 编 陈 强

◆副主编 李丽艳 李 莉 陈淑莹

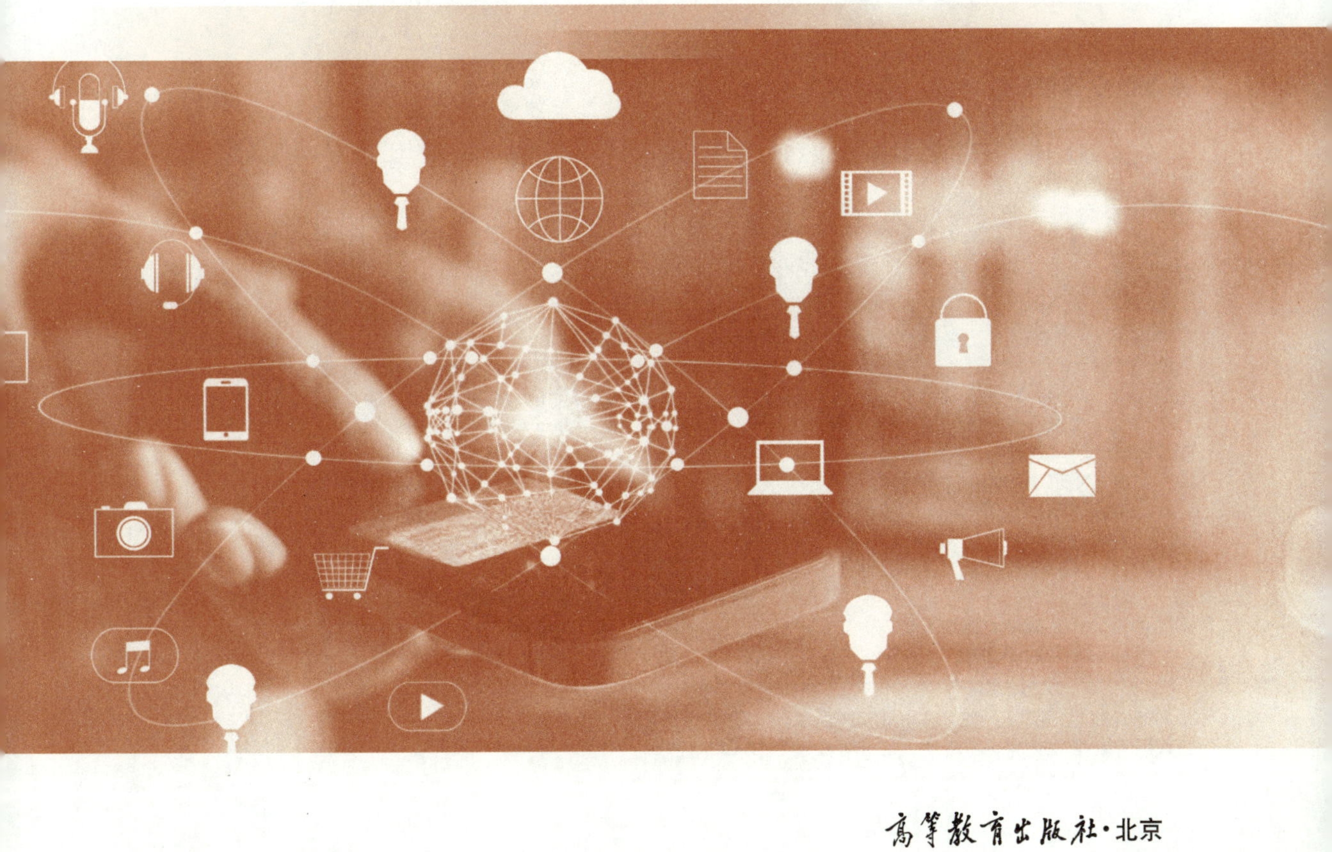

高等教育出版社·北京

内容提要

本书是“十二五”职业教育国家规划教材修订版，也是高等职业教育财经类专业经典传承　务本维新系列教材，是以最新财务报表格式、会计和税收等法律法规为依据，在第二版基础上修订而成的。

本书以企业财务分析工作的实践过程为中心，以财务管理岗位职业能力所需的技能模块为主，分为三大模块九个项目，内容编排大胆创新，分别以财务报表使用者，即经营者、债权人、投资者、中介机构等角色进行报表分析与运用，突显学生能力本位特点，适合学生自主学习，有助于培养学生的综合能力。

本着立德树人的教育根本目的，本书整体规划强调会计职业精神，将严谨、诚实、守信的原则“基因式”融入教材内容。书中“德技并修”模块将案例思考与思政启示相结合，重在树立诚实守信、遵纪守法、爱岗敬业的职业理念，帮助学生树立正确的价值观和人生观。

本书适用于高等职业院校、应用型本科院校财会类专业和经济管理类相关专业的“企业财务分析”“财务报表分析”等课程的教学，也可作为财会人员的岗位培训及财会和经营管理人员的参考用书。

与本书配套的数字课程可通过登录“智慧职教”（www.icve.com.cn）平台，进入“企业财务分析”课程进行在线学习，具体操作方式请见书后“郑重声明”页的资源服务提示，也可通过扫描书中二维码获取教学资源。

图书在版编目（C I P）数据

企业财务分析 / 陈强主编. -- 3版. -- 北京 ： 高等教育出版社，2021.11（2022.12重印）
ISBN 978-7-04-056885-1

Ⅰ. ①企… Ⅱ. ①陈… Ⅲ. ①企业管理－会计分析－高等职业教育－教材 Ⅳ. ①F275.2

中国版本图书馆CIP数据核字(2021)第176139号

企业财务分析（第三版）
QIYE CAIWU FENXI

策划编辑　张雅楠　　责任编辑　张雅楠　　封面设计　王　鹏　　版式设计　马　云
责任校对　窦丽娜　　责任印制　存　怡

出版发行　高等教育出版社
社　　址　北京市西城区德外大街4号
邮政编码　100120
印　　刷　北京市大天乐投资管理有限公司
开　　本　787mm×1092mm　1/16
印　　张　17
字　　数　340千字
插　　页　2
购书热线　010-58581118
咨询电话　400-810-0598
网　　址　http://www.hep.edu.cn
　　　　　http://www.hep.com.cn
网上订购　http://www.hepmall.com.cn
　　　　　http://www.hepmall.com
　　　　　http://www.hepmall.cn
版　　次　2014年12月第1版
　　　　　2021年11月第3版
印　　次　2022年12月第3次印刷
定　　价　46.80元

物 料 号　56885-A0

主编简介

陈强，浙江商业职业技术学院教授，中国会计学会会计教育专业委员会委员、教育部财政职业教育教学指导委员会高职财经类专业教学指导委员会委员、教育部金融职业教育教学指导委员会金融管理专业教学指导委员会委员、教育部职业院校文化素质教育指导委员会工匠精神培育专委会委员。国家职业教育财务管理专业教学资源库顾问、2010年国家教学团队主要成员（2/25）、教育部全国职业院校技能大赛教学能力比赛评审专家，主持2007年国家精品课程“企业会计实务”建设，主持项目获浙江省第六届高等教育教学成果一等奖，获全国多媒体大赛特等奖和最佳教学设计奖，主持国家职业教育财务管理专业教学资源库子项目“企业会计实务”“初级会计实务”建设，主编或编著普通高等教育“十一五”国家级规划教材3部、“十二五”职业教育国家规划教材4部和“十三五”职业教育国家规划教材3部。

第三版前言

《企业财务分析》（第三版）是“十二五”职业教育国家规划教材修订版，也是高等职业教育财经类专业经典传承　务本维新系列教材，是以最新财务报表格式、会计和税收等法律法规为依据，在第二版基础上修订而成的。

数字经济时代，财务报表的重要性日益凸显。企业财务分析已经成为高等职业教育经管类专业的一门重要课程，与该课程配套的本教材是以“已经编成的财务报表”为基础，围绕“财务报表的分析利用”展开，具有较强的理论性、实践性、可操作性和灵活性。本书以企业财务分析工作的实践过程为中心，以财务管理岗位职业能力所需的技能模块为主，突显学生能力本位特点，适合学生自主学习，有助于培养学生的综合能力。本书简化理论知识的阐述，紧紧围绕企业财务报表分析任务的需要选取理论知识，强化对分析方法、分析指标运用的指导，从而理解公司财务报表的精髓并还原数字背后的故事。

全书分为三大篇九个项目，每个项目包含“学习目标”“关键术语”“项目分析”“工作任务”“相关知识”“任务实施”“技能训练”“德技并修”“同步测试”“综合训练”“延伸阅读”，并适当配以实际生活中财务报表分析领域应用举例、提示等栏目。内容编排大胆创新，分别按财务报表使用者——经营者、债权人、投资者、中介机构等角色进行报表分析与运用，体现学以致用、学练结合的特点，拓展学生进行企业财务分析所需的知识视野，增强学生企业财务分析技能的积淀。培养学生能够利用Excel进行企业财务分析与应用。本书框架如下页图所示。

本书“综合训练”部分由学生分组自主选择上市公司财务报表进行分析，完成资料搜集、指标计算及分析、分析报告的写作与PPT演示，营造创新与研究的开放式教学环境，有利于培养学生的资料搜集能力、资料阅读能力、文档整理能力、PPT制作能力、语言表达能力、自主学习能力、团队合作能力以及可持续发展能力。

此次修订新增“德技并修”模块，将案例思考与思政启示相结合，重在树立学生诚实守信、遵纪守法、爱岗敬业的职业理念和培养团队合作意识，帮助学生树立正确的价值观和人生观。

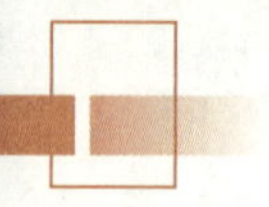

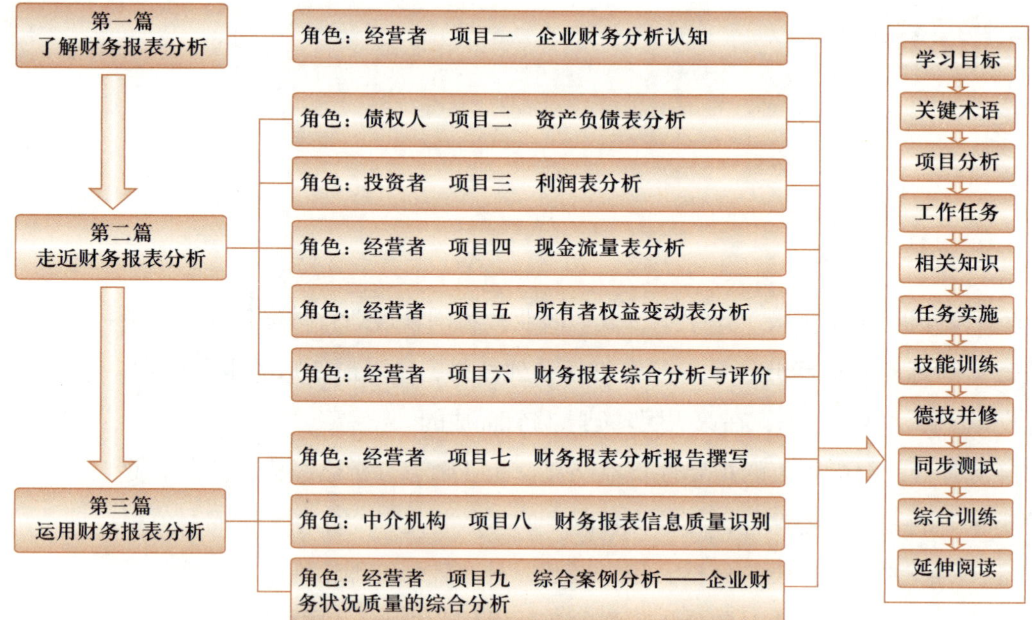

本书中部分重要概念、案例用漫画表示，以增加教材的生动性与趣味性；工作任务及相关知识部分有提示专栏；部分文字以图片或表格的形式呈现，图文并茂。

本书由浙江商业职业技术学院陈强教授担任主编，秦皇岛职业技术学院李丽艳副教授、四川商务职业学院李莉教授和义乌工商职业技术学院陈淑莹老师担任副主编，山西财贸职业学院吴征老师、泉州职业技术大学吴燕红老师和浙江商业职业技术学院李崧岳老师参与修订。同时，本书坚持产教融合、校企双元合作开发，杭州制氧机集团股份有限公司马菁高级会计师对本书进行了审核。

本书在编写过程中参考了许多专著和教材，得到了有关专家学者、作者所在院校领导以及高等教育出版社的大力支持，在此一并表示感谢。由于编者学识水平有限，编写时间仓促，可能存在疏漏或错误，恳请广大读者批评指正。教材使用过程中如需帮助可联系主编，邮箱：49806650@qq.com。

编 者

二〇二一年十月

第一版前言

伴随着信息化时代的到来，财务报表正日益受到全社会的共同关注。财务报表分析已经成为高等职业教育财经商贸大类的一门重要课程，它以“已经编成的财务报表”为基础，围绕“财务报表的分析与运用”展开，具有较强的理论性、实践性、操作性和灵活性。本书以财务分析工作的实践过程为中心，以财务管理岗位职业能力所需的技能模块为主，紧紧围绕企业财务报表分析任务的完成需要选取理论知识，简化理论知识的阐述，强化对分析方法、分析指标运用的指导，从而帮助学生理解公司财务报表的精髓并还原数字背后的故事。

全书分为三大模块九个项目，每个项目包含财经人物→能力目标→关键术语→项目分析→工作任务→相关知识→任务实施→技能训练→案例思考→同步测试→综合训练→延伸阅读，并适当配以实际生活中财务报表分析领域应用举例、提示等栏目。

本书内容编排大胆创新，分别按财务报表使用者，即经营者、债权人、投资者、中介机构等角色进行报表分析与运用，充分利用最新上市公司财务报表，体现学以致用、学练结合的特点，能够拓展学生财务报表分析所需的知识视野，增强学生财务报表分析技能的生活积淀。本书框架如下图所示。

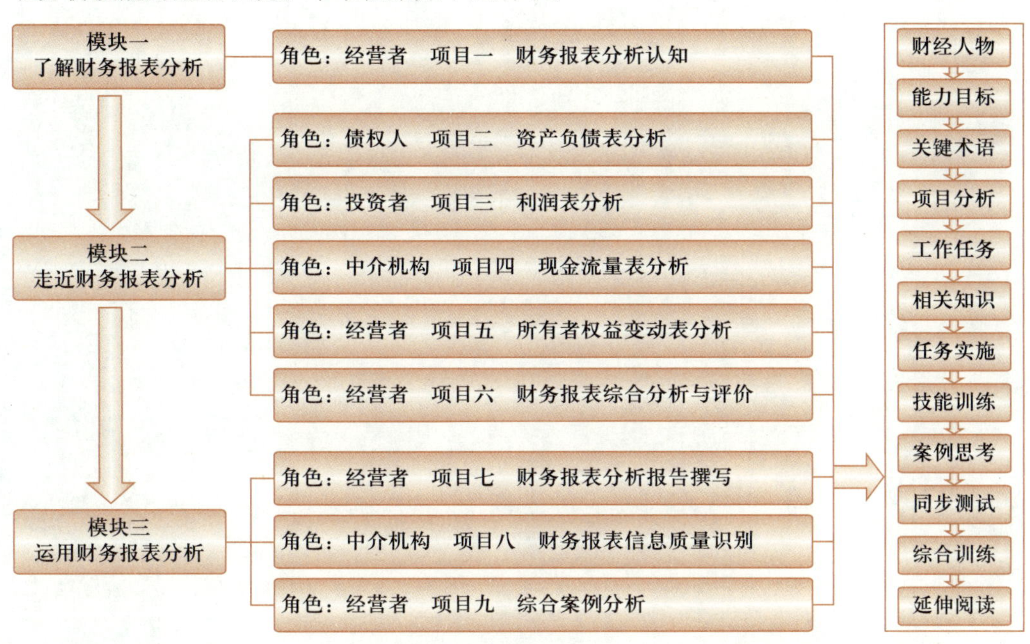

本书“综合训练”部分由学生分组自主选择上市公司财务报表进行分析，完成资料收集、指标计算及分析、分析报告的写作与 PPT 演示，营造创新与研究的开放式教学环境，有利于培养学生的资料收集能力、资料阅读能力、文档整理能力、PPT 制作能力、语言表达能力、自主学习能力、团队合作能力以及可持续发展能力。

本书力求形式上生动活泼、图文并茂，追求生动而优雅的趣味性；重要概念、案例用漫画表示，部分文字以图片或表格的形式呈现增加教材的生动性与可阅性；工作任务及知识专栏有提示和引导。

本书由浙江商业职业技术学院陈强教授、秦皇岛职业技术学院李丽艳副教授、四川商务职业学院李莉教授共同编写。

本书在编写过程中参考了不少专著和教材，得到了有关专家学者、作者所在院校领导以及高等教育出版社的大力支持，在此一并表示感谢。由于编者学识水平有限，编写时间仓促，可能存在疏漏或错误，恳请广大读者批评指正。

编　者

二〇一四年九月

目　录

第一篇　了解财务报表分析

第二篇　走近财务报表分析

第一篇
了解财务报表分析

项目一

企业财务分析认知

知识目标

1. 了解企业财务分析及其在企业决策中的重要性；

2. 掌握财务报表分析的内容。

能力目标

1. 能运用财务报表分析的基本方法做出简单的财务报表分析；

2. 能通过媒体收集财务报表分析资料，做好企业财务分析准备工作。

素养目标

1. 培养学生诚实守信、爱岗敬业的职业精神；

2. 提高学生将来作为企业财务人员的职业素养，提高法律认知水平，强化保密意识与责任意识；

3. 树立中国特色社会主义核心价值观。

企业财务分析（Financial Analysis of Enterprises）

财务报表分析（Financial Statement Analysis）

资产负债表（Balance Sheet）

利润表（Income Statement）

现金流量表（Cash Flow Statement）

所有者权益变动表（Statement of Stockholders Equity）

附注（P.S.）

角色：经营者

李英2010年从某财经高职院校会计专业毕业后，顺利应聘进入一家中型工业企业中科公司担任销售及往来会计，她在工作中虚心求教，善于观察、思考和总结，业务能力迅速提高，得到公司领导及部门主管的高度赞赏。一年半后即被调整到成本会计岗位，四年后又被提升为主办会计，负责总账和报表的编制与分析工作。接手新工作后，李英倍感压力，特别是企业财务分析这块内容，对她而言是个新课题，因为以前专业学习阶段，学校没有开设此门课程，老师只是在财务管理课程中做了粗浅的介绍。那么，她该如何尽快适应新角色，圆满完成公司领导赋予她的任务呢？

李英要完成企业财务分析这一工作，必须先完成以下准备工作：

任务1.1　企业财务分析原理认知

任务1.2　财务报表分析内容认知

任务1.3　财务报表分析基本方法认知

任务1.1　企业财务分析原理认知

工作任务

李英了解了企业管理的核心是财务管理，财务管理的基础是财务分析，开始学习企业财务分析的内容。

相关知识

1.1.1　什么是企业财务分析？

现代企业经营是围绕着企业价值增值——股东财富增值这一理财目标展开的，通过企业人力资源、财务资源及物资资源的高效配置及其盈利性的制造、服务、市场交易活动，以实现企业价值与股东财富的最大化。因此企业管理的核心是财务管理，而管理的关键在于决策，财务分析则是财务决策的基础，只有在透彻的财务分析的基础上才能做出财务管理的最优决策，财务分析便显得尤其重要。

财务分析是一门新兴的交叉学科，它吸收了现代经济学与企业管理的理论与方法，是财务学与经济学的有机结合，是现代企业科学管理的一项重要内容和工具。企业财务分析是指分析人员根据信息使用者的需求，以企业财务报告为主要依据，结合企业内部及外部相关信息资料，运用一系列分析技术和方法，对企业财务状况、筹资活动、投资活动、经营活动及经营成果进行分析、研究和评价，并向信息使用者提供分析报告的一项管理活动。

1.1.2　企业财务分析的作用有哪些？

企业财务分析有广义与狭义之分。狭义的企业财务分析又称财务报表分析，是依据企业公开披露的财务报告和相关信息，对企业财务状况及经营成果进行的分析、研究与评价。因为狭义的企业财务分析报告的使用者主要是企业外部利益相关者，所以，狭义的企业财务分析也被称为外部财务分析。广义的企业财务分析是依据企业各类财务报告和相关信息，对企业财务状况、筹资活动、投资活动、经营活动及经营成果进行的分析、研究和评价。所谓各类财务报告信息，既包括企业公开披露的，也包括不公开披露的。企业依据不对外披露的信息资料进行的财务分析也称为内部财务分析。也就是说，广义的企业财务分析是由内部财务分析和外部财务分析共同组成的。

企业财务管理人员的一项重要工作是撰写财务分析报告，为企业领导人经营管理决策提供一份重要参考依据。财务管理人员不只是管账，更是利润导向，能够帮助企业大幅度增加利润，而精通企业财务分析是财务管理人员的必备技能。财务分析的产生与发展有助于企业改善经营管理，提高企业经济效益。通过财务分析，可以全面地了解企业的经营和财务状况，评价企业的经营业绩，明确企业的竞争地位，预测企业的经营前景。

财务分析是一门怎样的学问？可以说它是从财务的角度给企业“诊断”“把脉”的技术。通过财务分析，可以了解企业的过去和现在，推测企业的未来。通过编制财务报表，计算投资财务分析指标，考察项目的盈利能力，清偿能力和外汇平衡等财务状况，借以判断项目的财务可行性。是对企业来说切实可行的财务管理方法。

应用举例

上市公司的假账丑闻时有发生。从操纵利润到伪造销售单据，从关联交易到大股东占用资金，从虚报固定资产投资到少提折旧……

遗憾的是，媒体对上市公司假账的报道大部分还停留在表面，很少从技术层面揭穿上市公司造假的具体手段。作为普通投资者，如何最大限度地利用自己掌握的信息，识破某些不法企业的假账阴谋？其实，只要具备简单的会计知识和投资经验，通过对上市公司财务报表的分析，许多假账手段都可以被识破，至少可以引起投资者的警惕。

我们分析企业的财务报表，既要有各年度的纵向对比，又要有同类公司的横向对比，只有在对比中我们才能发现疑问和漏洞。现在网络很发达，上市公司历年的年度报表、季度报表很容易就能找到，分析上市公司财务造假主要从以下几个方面入手：① 最大的假账来源：“应收账款”与“其他应收款”；② 与“应收账款”相连的“坏账准备金”；③ 最大的黑洞——固定资产投资；④ 难以捉摸的“其他业务利润”；⑤ 债务偿还能力；⑥ 对上市公司假账手段的总结。

审计工作中常见的财务造假方法有：虚构收入，提前确认收入，推迟确认收入，转移费用，费用资本化、递延费用及推迟确认费用，多提或少提资产减值准备以调控利润，制造非经常性损益事项，虚增资产和漏列负债，潜亏挂账，资产重组创造利润等。

任务1.2　财务报表分析内容认知

工作任务

李英首先了解财务报表分析及其在企业决策中的重要性，然后了解财务报表分析的内容。

相关知识

1.2.1　什么是财务报表分析？

视频：看报表前需明确的几大要点

1. 财务报表分析的作用

财务报表分析，是以财务报表为主要依据，采用科学的评价标准和适用的分析方法，遵循规范的分析程序，通过对企业的财务状况、经营成果和现金流量等重要指标的比较分析，从而对企业的经营情况及其绩效作出判断、评价和预测的一种方法。财务报表分析的起点是阅读财务报表，终点是作出某种判断（包括评价和找出问题），中间的财务报表分析过程，由比较、分类、类比、归纳、演绎、分析和综合等认识事物的步骤和方法组成。其中分析与综合是两种最基本的逻辑思维方法。因此，财务报表分析的过程也可以说是分析与综合的统一。

财务报表分析的目的是帮助财务报表使用者对庞杂的信息进行筛选和评价，从而读懂、理解一个企业的财务现状、经营成果、质量和发展前景，并利用财务报表的各项数据帮助其作出更好的决策。因此，财务报表分析的最基本功能，是将大量的报表数据转换成对特定决策有用的信息，减少决策的不确定性。从最初评价借款人的偿债能力，发展到现在的预测未来发展趋势，财务报表分析的作用已经得到了充分的体现。具体表现为：

（1）评价过去的经营业绩：通过指标的计算、分析有助于正确判断企业过去的绩效，从而可以与同行业或与计划相比较，评价企业经营的成败得失。

（2）衡量现在的财务状况：了解企业目前的财务状况，有助于判断企业经营管理是否健全，协助企业管理者改善经营管理。

（3）预测未来的发展趋势：根据对企业过去、目前的经营状况的了解，可以预测企业未来发展的大概趋势。企业管理者也可针对具体情况，拟定出增产节支、扩销增盈的改善措施，用以指导企业未来的发展。

提示

财务报表分析产生于19世纪末20世纪初，最早的财务报表分析主要是为银行服务的信用分析，银行通过财务分析来判断客户的偿债能力。随着资本市场的形成，逐渐发展出盈利分析，财务报表分析由主要为贷款银行服务扩展到为投资人服务。此后，社会筹资范围日益扩大，公众进入资本市场和债务市场，投资人要求的信息更为广泛。财务报表分析开始对企业的盈利能力、筹资结构、利润分配进行分析，从而形成了较为完备的外部财务报表分析体系。当股份公司纷纷设立并发展起来以后，所有权与管理经营权分离下的受托责任关系得以确立且普遍存在，经理人员为了提高盈利能力、增强偿债能力、控制财务风险，以取得投资人和债权人的支持，便充分利用企业内部数据，分析经营管理中的问题，增强决策的科学性、合理性，他们需要并开发了内部财务分析，从而使财务报表分析由单纯的外部分析扩展到以改善内部经营管理为目的的内部分析，分析主体也由外部利害关系人扩展到内部经营管理者。

2. 财务报表分析的特征

（1）财务报表分析是在财务报表所披露信息的基础上，进一步提供和利用财务信息。财务报表分析是以财务报表为主要依据进行的，从提供财务信息的角度看，它是在财务报表所披露信息的基础上，进一步提供和利用财务信息，是财务报表编制工作的延续和发展。

（2）财务报表分析是一个判断过程。在财务报表分析过程中，通过比较分析，观察经营活动的数量及其差异、趋势、结构比重、比率等方面的变化，了解发生变化的原因，从而对企业的经营活动作出判断；在分析和判断的基础上再作出评价和预测。所以，财务报表分析的全过程也就是通过比较分析，对企业的经营活动及其绩效作出判断、评价和预测的过程。

（3）科学的评价标准和适用的分析方法是财务报表分析的重要手段。财务报表分析要清楚地反映出影响企业经营情况及其绩效等多方面因素，从而达到全面、客观、公正地作出判断、评价和预测的目的，就必须采用科学的评价标准和多种适用的分析方法，且把单个方面的分析和整体分析相结合。由此可知，科学的评价标准和适用的分析方法在财务报表分析中有着重要作用，它既是分析的重要手段，也是作出判断、评价和预测的基础。

1.2.2　谁需要进行财务报表分析?

现代企业的财务报表分析起来十分复杂，由于不同财务报表使用者需要获取的报表信息存在着差别，因此，分析财务报表首先要找好立足点即报表分析的主体，只有抓准了财务报表分析的主体，解决了为谁分析的问题，才能针对具体的分析目的对症下药。

财务报表的分析主体就是通常意义上的报表使用者，包括权益投资人、债权人、经理人员、政府机构和其他与企业有利益关系的人士。这些财务报表使用者出于不同的目的使用财务报表，需要不同的信息。

1. 企业所有者

企业所有者（Proprietors），是指企业的权益投资人，他们投资于企业的目的是扩大自己的财富。

从企业投资者角度考虑，他们最关心企业的盈利能力状况，包括企业现在和可预期未来盈利及这些盈利趋势的稳定性，当然他们对企业财务状况及其分派股利和避免破产的能力也十分关心，从而有利于他们作出正确的投资决策。

2. 企业债权人

企业债权人（Bondholders），是指借款给企业并得到企业还款承诺的人。债权人关心企业是否具有偿还债务的能力。债权人可以分为短期债权人（即商业债权人）和长期债权人（即贷款债权人）。

从商业债权人角度考虑，他们主要关心企业资产的流动性。因为他们的权益是短期的，而企业有无迅速偿还这些权益的能力，可以通过对企业资产流动性的分析得到有效判断。与之相反，贷款债权人的权益一般是长期的，自然，他们更关注企业长时期内的现金流转能力。贷款债权人可以通过分析企业资本结构、资金的主要来源与运用及企业一段时期的盈利状况来评估这项能力。通过财务报表分析能够得到企业有关长、短期偿债能力的信息，从而为他们作出正确的信贷决策提供依据。

3. 企业经营决策者

企业经营决策者（Managers），是指被所有者聘用的、对企业资产和负债进行管理的个人组成的团体，有时称为“管理当局”。

从企业经营决策者考虑，他们关心企业的财务状况、盈利能力和持续发展的能力。管理当局可以获取外部使用人无法得到的内部信息，他们分析报表的主要目的是改善经营管理。管理当局必须借助报表评价企业目前的财务状况，并根据目前的财务状况评价可能存在的机会；同时，财务经理尤其关心企业各种资产的投资回报和资金管理效率。借助财务信息，企业的经营决策者可以进行有效的战略定位、监控和管理企业的经营业绩，制定更有助于与外部投资者沟通的财务政策，以及对并购目标作出评价。

提示

学习型组织之父、著名的管理学者彼得·圣吉（Peter M.Senge）教授曾说，高层管理者的关键目标是设计师。

4. 政府机构

政府机构（Government Agency），包括财政部门、税务部门、国有资产管理部门、证券管理机构、会计监管机构和社会保障部门等。

从政府机构角度考虑，他们使用财务报表是为了履行其监督管理职责。财务报表分析能够提供企业有关财务状况和经营成果以及为国家所做贡献等信息，从而正确评价企业贯彻、执行国家方针、政策和财经制度、纪律的状况，为加强宏观管理服务。例如，财政部门通过了解企业的财务状况，掌握企业资金的流向，从而制定相应的财政政策来规范企业的发展；税务部门可采用财务分析的特定方法，了解企业报税所得是否合理，计税方法是否正确，应纳税额是否及时上交，企业有无逃税、漏税、偷税的现象；国有资产管理部门主要通过企业财务报表的分析，掌握国有资产的运用效率与投资报酬率，从投资者角度研究分析企业的财务状况与经营成果；等等。

5. 注册会计师和审计人员

注册会计师和审计人员进行财务报表分析的主要资料是企业对外报送的财务报表，会计师和审计人员对某一企业的财务报表进行审查鉴证后，必须提出查账报告书，并明确指出被查单位的会计处理是否符合一般公认会计原则，对所提供的财务报告是否足以公正表达某一特定期间的财务状况和经营成果发表意见。

从注册会计师和审计人员角度考虑，他们进行财务报表分析主要是通过研究不同财务数据以及财务数据与非财务数据之间的内在关系，对财务信息作出评价。他们通过了解被审计单位及其环境、发现审计线索、实施实质性程序和在审计结束或临近结束时对财务报表进行总体复核，并将分析的结果作为全面分析评价企业财务报表是否可靠的结论。

6. 其他企业利益相关者

除了上述人员关注企业的财务报表以外，其他相关部门或个人也会出于各自的需要关注企业的财务报表。例如，律师可用财务分析方法作为深入追查各经济案件的有效手段。企业的供应商和客户一方面要求企业能够按时、保质、保量地完成双方的交易行为，另一方面关心企业能否及时清算各种款项。因此，他们需要分析企业的存货周转情况、支付能力和偿债能力等，了解企业短期的财务状况，并根据企业利润表中反映的企业交易完成情况来判断企业的信用状况，从而确定是否与企业进行交易。

从以上分析可以看出，财务报表分析主体不同，在其特定利益主体约束下，财务报表分析的内容将呈现出不同特点。

1.2.3　财务报表分析的内容有哪些?

财务报表分析的主要内容如下:

1. 财务报表初步分析

财务报表初步分析，是指在了解企业基本情况及所处行业背景的前提下，初步了解各项目总量和结构及其变动情况，分析其总量增减和结构变动是否合理，初步判断企业的财务状况、经营成果和现金流的发展趋势是否有利，并找到需重点分析的报表项目。对财务报表的初步分析又可分为两个方面:

(1) 水平分析。水平分析，又称横向比较，是将财务报表各项目报告期的数据与上一期的数据进行对比，分析企业财务数据变动情况。水平分析进行的对比，一般不是只对比一两个项目，而是把财务报表报告期的所有项目与上一期进行全面的、综合的对比分析，揭示各项目存在的问题，为进一步全面、深入地分析企业财务状况打下基础。这种本期与上期的对比分析，既要包括增减变动额的绝对值，又要包括增减变动比率的相对值，才可以防止得出片面的结论。通过水平分析可以确定财务报表年度变化较大的重要项目，并进行具体分析。

(2) 垂直分析。垂直分析，又称为纵向分析，实质上是结构分析。第一步，首先计算确定财务报表中各项目占总额的比重或百分比。第二步，通过各项目的占比，分析其在企业经营中的重要性。一般项目占比越大，其重要程度越高，对公司总体的影响程度越大。第三步，将分析期各项目的比重与上一期同项目比重进行对比，研究各项目的比重变动情况，确定财务报表结构占比较大及结构变动较大的重要项目，并进行进一步分析。

应用举例

通过观察资产负债表中流动资产在总资产中的比重，可以明确企业当前是否面临较大的流动性风险，是否对长期资产投入过少等。又如，美国投资家巴菲特非常关注销售毛利率、销售税前利润率、销售净利率，这实质上就是对利润表进行垂直分析。

2. 财务报表项目分析

财务报表项目分析，指对通过初步分析确定的重点项目进行分析，分析其变动的原因及合理性。对于异常变动应结合附注、报表间的钩稽关系进一步分析其深层原因，以及这种变动对企业财务状况和经营业绩的影响，为报表使用者进行决策提供帮助。

3. 财务比率分析

财务比率，是根据表内或表间各项目之间存在的相互关系，计算出一系列反映企业财务能力的各项指标。财务比率分析是财务报表分析的中心内容，即根据计算得出的各项指标，结合

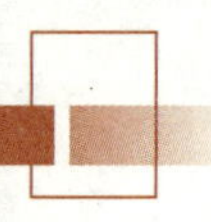

科学合理的评价标准进行比较分析，以期深入揭示企业的财务问题，客观评价企业的经济活动，预测企业的发展前景。财务比率分析主要包括以下内容：

（1）偿债能力分析。偿债能力，是关系企业财务风险的重要内容，企业使用负债融资，可以获得财务杠杆利益，提高净资产收益率，但同时也会使企业财务风险加大。如果企业陷入财务危机，不能如期归还债务，企业相关利益人都会受到损害，所以应当关注企业偿债能力。企业偿债能力分为短期偿债能力和长期偿债能力，两种偿债能力的衡量指标不同，企业既要关注即将到期的债务，还应当对未来远期债务有一定的规划。此外，企业偿债能力不仅与偿债结构有关，而且还与企业未来盈利能力联系紧密，所以在分析时应结合其他方面的能力一起分析。

（2）盈利能力分析。盈利能力，也称为获利能力，是指企业赚取利润的能力。首先，利润的大小直接关系到企业所有相关利益人的利益，企业存在的目的就是最大限度地获取利润，所以盈利能力分析是企业财务分析中最重要的一项内容。其次，盈利能力还是评估企业价值的基础，企业价值的大小取决于企业未来获取盈利的能力。最后，企业盈利指标还可以用于评价内部管理层的业绩。

（3）营运能力分析。营运能力，主要指资产运用、循环效率的高低。一般而言，资产周转速度越快，说明企业的资产管理水平越高，资产利用效率越高，企业可以以较少的投入获得较多的收益。因此，营运能力指标是通过投入与产出（主要指收入）之间的关系反映。企业营运能力分析主要包括：流动资产营运能力分析、固定资产营运能力分析和总资产营运能力分析三个方面。

（4）发展能力分析。发展能力，也称企业的成长能力，它是企业通过自身的生产经营活动，不断扩大积累而形成的发展潜能。企业发展不仅仅是规模的扩大，更重要的是企业获取收益能力的上升，即净收益的增长。同时，企业的发展能力会受到企业的经营能力、制度环境、人力资源、分配制度等诸多因素的影响，所以在分析企业发展能力时，还需要预测这些因素对企业发展的影响程度，将其变为可量化的指标进行表示。

（5）财务综合分析。在以上对企业各个方面进行深入分析的基础上，最后应当给企业相关利益人提供一个总体的评价结果，否则仅仅凭借某个单方面的优劣难以评价一个企业的总体财务状况。财务综合分析，就是解释各种财务能力之间的相关关系，得出企业整体财务状况及经营业绩的结论。财务综合分析采用的具体方法有杜邦分析法、沃尔评分法等。

1.2.4　财务报表分析的依据是什么？

财务报表分析信息按信息来源可分为内部信息和外部信息两类。企业的内部信息主要包括会计信息、统计与业务信息、计划及预算信息等；企业的外部信息主要包括国家财政政策、金融政策、货币政策、产业政策等经济政策与法规信息、政府监管部门的信息、中介机构的信息、

同行业企业的信息以及企业所处的市场环境、采购环境、生产环境和人员环境等。

提示

财务报表分析使用的最主要资料是企业财务报表。为了便于比较分析，不仅要收集企业当期及过去的财务报表，还要收集与分析对象处于同行业企业的财务报表，只有这样才能真正做到全面、系统、客观、正确地分析和判断。

财务报告（Financial Report）（又称财务会计报告），是指企业对外提供的反映企业某一特定日期的财务状况和某一会计期间的经营成果、现金流量的书面文件。企业的财务报告主要包括财务报表和其他应当在财务报告中披露的相关信息和资料。财务报告是沟通企业与外部信息使用者的主要渠道，其赖以存在的基础或根本目标是决策有用性。充分利用财务报告所揭示的信息，使之成为经济决策的重要依据，是财务报表分析的主题。

《企业会计准则第30号——财务报表列报》规定，财务报表至少应当包括下列组成部分：资产负债表、利润表、现金流量表、所有者权益（或股东权益）变动表以及附注。财务报表上述组成部分具有同等的重要程度。小企业编制的财务报表可以不包括现金流量表。

企业财务报告的构成如表1–1所示。

表1–1　财务报告分类表

<table>
<tr><th></th><th colspan="2">类型</th><th>编报期</th><th>备注</th></tr>
<tr><td rowspan="6">财务报告</td><td rowspan="5">财务报表</td><td>资产负债表</td><td>中期报表、年度报表</td><td rowspan="6">月报：月度终了后6天内；
季报：季度终了后15天内；
半年报：年度中期结束后60天内；
年报：年度终了后4个月内</td></tr>
<tr><td>利润表</td><td>中期报表、年度报表</td></tr>
<tr><td>现金流量表</td><td>中期报表、年度报表</td></tr>
<tr><td>所有者权益变动表</td><td>年度报表</td></tr>
<tr><td>附注</td><td>年度</td></tr>
<tr><td colspan="3">审计报告等其他应披露的相关信息和资料</td></tr>
<tr><td>备注</td><td colspan="4">我国上市公司的财务报告主要有招股说明书、上市公告书、年度报告、中期报告和临时报告等。
上市公司年度报告是对上市公司过去一年的财务状况、经营成果和现金流量的综合反映，它是报表使用者认识上市公司的基础。作为各种经济信息和财务信息的集合体，报表使用者通过阅读上市公司年报，可以进行科学合理的判断和决策，以降低风险。
上市公司年度报告按照中国证监会出台的《公开发行证券的公司信息披露内容与格式准则第2号——年度报告的内容与格式（2017年修订）》有关规定编制</td></tr>
</table>

1. 财务报表

（1）资产负债表。资产负债表（Balance Sheet），又称财务状况表（Statement of Financial Position），是反映企业在某一特定日期资产、负债及所有者权益的总量、构成及其相互关系的财务报表。

（2）利润表。利润表（Income Statement），是反映企业在一定时期（如月份、季度、半年度、年度）经营成果的财务报表。

提示

为了实现中国企业会计准则与国际会计准则的持续趋同，财政部在2009年发布的《企业会计准则解释第3号》起就要求企业应当在利润表的每股收益项下增列其他综合收益项目和综合收益总额项目。《企业会计准则第30号——财务报表列报》第三十一条规定，企业应当在利润表中单独列示其他综合收益和综合收益总额项目。因此，利润表实质上已变为综合收益表。

（3）现金流量表（Cash Flow Statement），是反映企业在一段时间内现金增减变动及其变动结果的年度财务报表。

（4）所有者权益变动表（Statement of Stockholders Equity），又称股东权益变动表，是反映构成所有者权益的各组成部分当期的增减变动情况的财务报表。

（5）附注（P.S.），是财务报表的重要组成部分，是对在资产负债表、利润表、现金流量表和所有者权益变动表等报表中列示项目的文字描述或明细资料，以及对未能在这些报表中列示项目的说明等，是对财务报表本身无法充分表达或难以充分表达的内容和项目进行的补充说明和详细解释。因为基本财务报表的内容和格式具有一定的固定性，只能提供定量的汇总会计信息，而大量的非定量的信息或者分项明细信息无法在基本财务报表中表达和反映出来，这就需要依据报表附注提供补充说明。

《企业会计准则第30号——财务报表列报》中规定附注与资产负债表、利润表、现金流量表、所有者权益变动表具有同等的重要程度。同时对附注披露的基本要求、具体披露内容及顺序等进行了明确而系统的规定，体现了充分披露的原则。

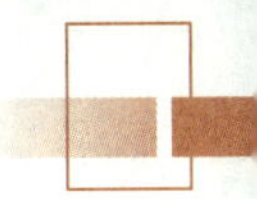

提示

世界各国大都针对企业财务报表的编制与报告内容制定了一些法规，使报表信息的提供者在编制报表时操纵报表信息的可能性受到了限制，以保证报表信息的真实性、完整性和可比性。

在我国，制约企业编制财务报表的法规体系包括会计法规体系以及约束上市公司信息披露的法规体系。会计法规体系从立法的规划来看，大体有以下几个层次：第一个层次是会计法律文件，指由国家最高权力机关——全国人民代表大会及其常委会经过一定立法程序制定的有关会计工作的法律文件，如《中华人民共和国会计法》；第二层次是会计的行政法规文件，指由国家最高行政管理机关——国务院制定并发布，或者国务院有关部门拟定并经国务院批准发布的法规，如《企业财务会计报告条例》等；第三层次是由财政部或财政部与其他部委联合制定与颁布的规章和法规文件，如《企业会计准则》等；第四个层次是地方性会计法规，指由各省、自治区、直辖市人民代表大会及其常委会在与宪法和会计法律、行政法规不相抵触的前提下制定并发布的规范性文件，如《××省会计条例》。

2. 审计报告

企业的审计报告可以作为企业财务报表分析的参考资料。审计报告，是指注册会计师根据《中国注册会计师独立审计准则》的规定，在实施审计工作的基础上对被审计单位财务报表发表审计意见的书面文件。审计报告是注册会计师在完成审计工作后向委托人提交的最终产品。

提示

上市公司披露的财务信息均要求经过注册会计师的审计。在这种情况下，在较高水平的审计质量制约下，上市公司财务信息的质量应该能够维持在一定的水平上。

审计报告一般包括标题、收件人、引言段、管理层对财务报表的责任段、注册会计师的责任段、审计意见段、注册会计师的签名和盖章、会计师事务所的名称地址及盖章、报告日期等基本内容。其中，审计意见段是审计报告的最核心部分。注册会计师应当将已审计的财务报表附于审计报告之后，以便于财务报表使用者正确理解和使用审计报告，并防止被审计单位替换、更改已审计的财务报表。

注册会计师根据审计结果和被审计单位对有关问题的处理意见，形成不同的审计意见，出具四种意见类型的审计报告。

（1）无保留意见的审计报告：是最普通的审计报告。当注册会计师认为财务报表符合合法性与公允性，且不存在应当调整或披露而被审计单位未予调整或披露的重要事项时，注册会计师应当出具无保留意见的审计报告。如果认为审计报告不必附加任何说明段、强调事项段或修正性用语，注册会计师应当出具标准无保留意见的审计报告，即标准审计报告，如图 1–1 所示。

（2）保留意见的审计报告。当注册会计师认为财务报表就其整体而言是公允的，但还存在对财务报表产生重大影响的情形时，应当出具保留意见的审计报告。

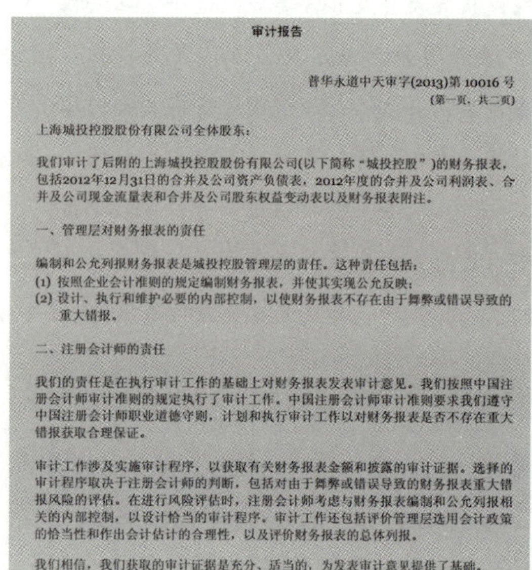

审计报告

普华永道中天审字(2013)第 10016 号
(第一页，共二页)

上海城投控股股份有限公司全体股东：

我们审计了后附的上海城投控股股份有限公司(以下简称“城投控股”)的财务报表，包括2012年12月31日的合并及公司资产负债表，2012年度的合并及公司利润表、合并及公司现金流量表和合并及公司股东权益变动表以及财务报表附注。

一、管理层对财务报表的责任

编制和公允列报财务报表是城投控股管理层的责任。这种责任包括：
(1) 按照企业会计准则的规定编制财务报表，并使其实现公允反映；
(2) 设计、执行和维护必要的内部控制，以使财务报表不存在由于舞弊或错误导致的重大错报。

二、注册会计师的责任

我们的责任是在执行审计工作的基础上对财务报表发表审计意见。我们按照中国注册会计师审计准则的规定执行了审计工作。中国注册会计师审计准则要求我们遵守中国注册会计师职业道德守则，计划和执行审计工作以对财务报表是否不存在重大错报获取合理保证。

审计工作涉及实施审计程序，以获取有关财务报表金额和披露的审计证据。选择的审计程序取决于注册会计师的判断，包括对由于舞弊或错误导致的财务报表重大错报风险的评估。在进行风险评估时，注册会计师考虑与财务报表编制和公允列报相关的内部控制，以设计恰当的审计程序。审计工作还包括评价管理层选用会计政策的恰当性和作出会计估计的合理性，以及评价财务报表的总体列报。

我们相信，我们获取的审计证据是充分、适当的，为发表审计意见提供了基础。

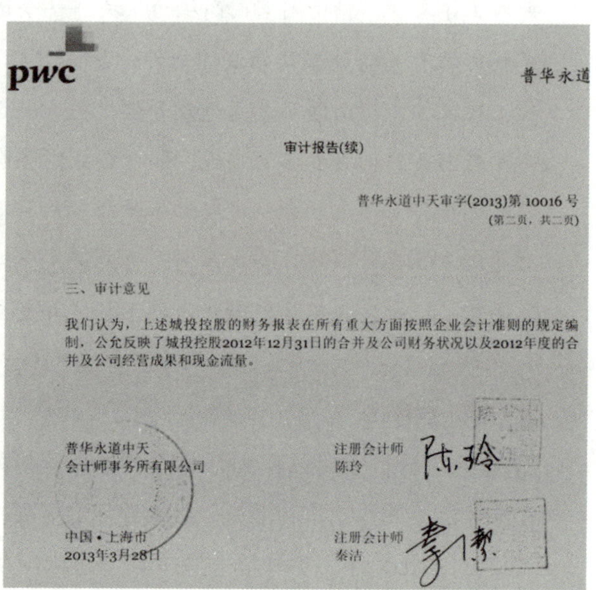

pwc　　普华永道

审计报告(续)

普华永道中天审字(2013)第 10016 号
(第二页，共二页)

三、审计意见

我们认为，上述城投控股的财务报表在所有重大方面按照企业会计准则的规定编制，公允反映了城投控股2012年12月31日的合并及公司财务状况以及2012年度的合并及公司经营成果和现金流量。

普华永道中天
会计师事务所有限公司

注册会计师
陈玲

中国•上海市
2013年3月28日

注册会计师
秦洁

图 1–1　标准审计报告示例

提示

如果注册会计师认为所报告的情形对财务报表产生的影响极为严重，则应出具否定意见的审计报告或无法表示意见的审计报告。因此，保留意见的审计报告被视为注册会计师在不能出具无保留意见审计报告的情况下最不严厉的审计报告。

（3）否定意见的审计报告。当注册会计师确信财务报表存在重大错报和歪曲，未能从整体上公允反映被审计单位的财务状况、经营成果和现金流量时，应当出具否定意见的审计报告。

（4）无法表示意见的审计报告。当注册会计师审计范围受到限制可能产生的影响非常重大和广泛，以致无法确定财务报表的合法性与公允性时，应当出具无法表示意见的审计报告。

提示

无法表示意见不同于否定意见，仅适用于注册会计师不能获取充分、适当的审计证据的情形。无论是无法表示意见还是否定意见，都只有在非常严重的情形下采用。

应用举例

中国注册会计师协会2020年6月18日发布了《中国注册会计师协会会计师事务所执业质量检查通告（第二十号）》。通告中指出，2019年，各级注协共组织检查人员846名，检查事务所1 296家。在抽查的8 521个业务项目中，财务报表审计业务项目6 163个，验资业务项目927个，其他专项审计业务项目1 431个。其中，中注协组织检查人员69名，检查从事证券服务业务事务所5家，抽取业务项目54个。经检查发现，部分事务所质量控制体系设计不适当或未得到有效执行，个别事务所未建立完整的质量控制体系，未及时根据业务准则和法律法规变化更新执业标准、工作底稿、业务报告等。在业务执行过程中，一些事务所未认真贯彻风险导向审计理念，未保持合理的职业怀疑态度，存在对重大的交易、账户余额及列报实施的审计程序实施不到位，获取的审计证据不够充分、适当，审计证据不能有效支持审计报告的意见类型等问题。个别事务所在无底稿或未对获取的审计证据执行审计程序的情况下直接出具审计报告。检查中还发现，个别会计师事务所未向检查组提交完整的业务清单，存在大量未以事务所名义开具的业务收入发票。2019年，各级注协按有关规定对存在问题的96家事务所和251名注册会计师实施了行业惩戒：给予26家事务所和37名注册会计师公开谴责；给予40家事务所和98名注册会计师通报批评；给予30家事务所和116名注册会计师训诫。

1.2.5　财务报表分析的原则和程序是什么？

1. 财务报表分析的原则

财务报表分析的原则，是指各类报表使用者在进行财务报表分析时应遵循的一般规范。这些原则，不需要财务知识也能理解，它们初看起来很简单，但却关系到财务报表分析的全局。财务报表分析的原则可以概括为：目的明确的原则；实事求是的原则；全面分析的原则；动态分析的原则；系统分析的原则；定量分析与定性分析结合的原则。

2. 财务报表分析的程序

（1）明确分析目的。不同的报表使用者分析的目的不同，所分析的内容与重点也会存在差异。因此，在进行财务报表分析时，首先应确定分析的目的，确定分析的内容与重点。

（2）收集分析资料。财务报表分析所用到的资料主要包括：企业财务报告；有关企业经营环境的资料，如反映企业外部的宏观经济形势统计信息、行业情况信息、其他同类企业的经营情况等；有关分析比较标准的资料。对所收集的资料要加以整理，去伪存真，保证资料的真实性。

（3）选择分析方法。分析方法服从于分析目的，应当根据不同的分析目的，选择科学、合理的分析方法进行分析。如对未来发展趋势的预测，往往用到比较分析法；对流动性的分析，往往需要用到比率分析法；对计划执行情况的分析，往往用到因素分析法等。

（4）得出分析结论。对分析结果进行综合分析与评价，完成分析报告。财务报表分析报告，是反映企业财务状况和财务成果意见的报告性书面文件。分析报告要对分析目的作出明确回答，评价要客观、全面、准确。对财务报表分析的主要内容，选用的分析方法，采用的分析步骤也要作简明扼要的叙述，以备审阅分析报告的人了解整个分析过程。此外，分析报告中还应当包括分析人员针对分析过程中发现的矛盾和问题，提出的改进措施或建议。如果能对今后的发展提出预测性意见则将具有更大的作用。

1.2.6 如何收集财务报表分析的主要信息？

财务报表分析是对数据信息的再加工、再利用的工作，这就需要收集大量的公开信息资料。这些信息资料可以分成两大类：一类是企业历年的年度报告、中期报告、董事会公告和其他公告等信息（目前我国只有上市公司公开这些资料）；另一类是政府部门公布的统计数据和报告及其他信息。这些信息的主要来源是因特网和报纸杂志。

1. 上市公司主要信息收集

《中国证券报》《上海证券报》《证券时报》刊登上市公司的年度报告、中期报告、季度报告、董事会公告和其他公告。

上海证券交易所网站（http://www.sse.com.cn）：提供1999年以来，沪市上市公司的历年年度报告、中期报告、季度报告和董事会公告或者其他公告原文。

深圳证券交易所网站（http://www.szse.cn）：提供1999年以来，深市上市公司的历年年度报告、中期报告、季度报告和董事会公告或者其他公告原文。

此外，还可通过新浪财经、搜狐财经、Wind 资讯、证券之星、和讯网、凤凰财经等网站获取相关信息。

2. 政府部门信息收集

政府部门信息资料来源如表 1-2 所示。

表 1-2　政府部门信息资料来源一览表

网站	功能
国家统计局网站	提供国民经济的年度和月度统计数据、普查统计数据和其他统计数据
中华人民共和国国家发展和改革委员会网站	提供国家长期发展规划、年度计划和发展白皮书
中华人民共和国商务部网站	提供金融、对外经贸等统计数据资料
中国人民银行网站	提供金融统计数据资料
国家外汇管理局网站	提供我国外汇储备、国际收支和外债等统计数据资料
国家税务总局网站	提供税收统计数据资料
中华人民共和国交通运输部网站	提供我国公路、桥梁和港口等统计数据资料
中华人民共和国工业和信息化部网站	提供电子信息行业统计数据资料
中国农业信息网	提供国内外农业统计数据资料
中国煤炭工业网	提供煤炭行业统计数据资料
中国纺织经济信息网	提供纺织行业统计数据资料
国家药品监督管理局网站	提供药品方面的统计数据资料

3. 其他信息收集

国家图书馆、大学图书馆和其他图书馆提供各种统计年鉴和统计数据资料。

任务1.3　财务报表分析基本方法认知

工作任务

李英运用财务报表分析的基本方法做出简单的财务分析。

相关知识

财务报表是建立在会计核算基础上的，是对企业经营活动的综合反映。要对一个企业的财务报表作出比较深刻、透彻地分析，找出有用的信息，发现隐含的问题，必须具备一定的专业知识，因此，财务报表的使用者应该了解财务报表分析的基本方法。财务报表分析的方法主要有比较分析法、比率分析法、因素分析法等。

1.3.1　什么是比较分析法?

1. 比较分析法的含义

比较分析法，是指对两个或两个以上的可比数据进行对比，找出企业财务状况、经营成果中的差异与问题。比较分析法是财务报表分析中最常用的一种方法，也是财务分析过程的起点。

2. 比较分析法的内容

根据分析对象的不同，比较分析法分为趋势分析法、横向比较法和预算差异分析法。趋势分析法的比较对象是本企业的历史；横向比较法比较的对象是同类企业，如行业平均水平或竞争对手；预算差异分析法的比较对象是预算数据。在财务分析中，最常用的比较分析法是趋势分析法。

趋势分析法是通过对比两期或连续数期财务报告中的相同指标，确定其增减变动的方向、数额和幅度，来说明企业财务状况或经营成果变动趋势的一种方法。

比较分析法的具体运用主要有重要财务指标的比较、财务报表项目的横向比较、财务报表项目结构（比重）的比较。

（1）重要财务指标的比较。对不同时期财务指标的比较，有定基动态比率和环比动态比率两种。

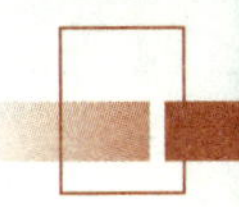

定基动态比率，是以某一时期的数额为固定基期数额而计算出来的动态比率。其计算公式为：

$$定基动态比率=\frac{分析期数额}{固定基期数额}\times 100\%$$

环比动态比率，是以每一分析期的前期数额为基期数额而计算出来的动态比率。其计算公式为：

$$环比动态比率=\frac{分析期数额}{前期数额}\times 100\%$$

其中，趋势分析法既可用于对财务报表的整体分析，即研究一定时期报表各项目的变动趋势，确定财务报表长期变化较大的重要项目；也可以只是对某些主要财务指标的发展趋势进行分析。

（2）财务报表项目的横向比较。财务报表项目的横向比较，也称为水平分析，是指将连续数期的财务报表的金额并列起来，比较各指标不同期间的增减变动金额和幅度，据以判断企业财务状况和经营成果发展变化的一种方法。横向比较具体包括资产负债表比较、利润表比较和现金流量表比较等。

（3）财务报表项目结构（比重）的比较。财务报表项目结构（比重）比较，也称为垂直分析，如对于资产负债表，可以用资产各项目除以资产总额，计算出各项资产占总资产的比重；用负债和所有者权益各项目金额除以负债和所有者权益合计数，计算出各项资金来源占全部资金来源的比重。再如，可以用利润表所有项目的金额分别除以主营业务收入的金额，计算出各项目占主营业务收入的比重。通过结构比较，常常能够发现有显著问题的异常数，为进一步分析指明方向，这是一种很有效的方法。

提示

趋势分析中的任何一项百分比的增减未必表示有利或不利，因为任何单项的百分比都无法提供充分的资讯，而且如果当年的经营出现拐点，将造成不同时期的财务报表可能不具有可比性。

任务实施

中科公司 20×3 年实际净利润 1 000 万元，分析资料如表 1-3 所示，要求李英对公司效益作出评价。

表 1-3　计划完成情况比较分析表

单位：万元

指标	实际	计划	上年同期	历史最高	同行先进
净利润	1 000	900	800	1 200	1 400
定量分析		比计划增减额（增减比率%）	比上年增减额（增减比率%）	比历史增减额（增减比率%）	比同行增减额（增减比率%）
		+100（+11.11%）	+200（+25%）	−200（−16.67%）	−400（−28.57%）

分析：根据表 1-3 计划完成情况比较分析表，可以作出以下判断：

（1）公司本年净利润超额完成计划目标，多完成 100 万元，超计划 11.11%；

（2）本年净利润比上年有很大增长，增长额 200 万元，增长率 25%；

（3）本年净利润还未达到历史最高水平，比历史最高水平少 200 万元，差 16.67%；

（4）本年净利润距同行先进水平企业差距更远，相差 400 万元，差 28.57%。

结论：根据分析情况，李英可以肯定公司本年工作有成绩，完成了计划，也比去年有很大幅度增长，但要看到差距，需要具体分析影响净利润的因素，挖掘提升净利润的潜力。

采用比较分析法时，应注意：一是所对比指标的计算口径必须一致；二是应剔除偶发性项目的影响；三是应运用例外原则对某项有显著变动的指标作重点分析。

由于可比性是比较分析法的灵魂，采用比较分析法进行分析时，只有运用具有可比性的指标进行比较，比较分析才有价值。由于财务报表数据的局限性，使得不同企业甚至是同一企业不同时期的数据缺乏可比性。这时运用比较分析法就有一定的局限性。

1.3.2　什么是比率分析法？

比率分析法是一种特殊形式的比较分析法，它是通过计算两项相关数值的比率，来揭示企业财务活动的内在联系，分析经济现象产生原因的方法。因为财务比率是相对数，排除了规模的影响，使规模不同的企业之间具有了可比性，因此比率分析是最基本、最常用，也是最重要

的财务分析方法，在实际工作中得到了广泛应用。

比率指标的类型主要有：

1. 构成比率

构成比率，是某项财务指标的各组成部分数额占整体数额的百分比，反映部分与总体的关系，如资产中流动资产、固定资产和无形资产占资产总额的百分比（资产构成比率）。利用构成比率，可以考察总体中某个部分的形成与安排是否合理，以便协调各项财务活动。

2. 效率比率

效率比率，反映投入与产出的关系。利用效率指标，可以进行得失比较，考察经营成果，评价经济效益。比如，将净利润项目与营业收入、资产等项目对比，可以计算出营业净利率、资产净利率等指标，从不同角度观察企业盈利能力的高低及其增减变动情况。

3. 相关比率

相关比率，是将两个性质不同但又相关的指标加以对比计算出的比率。利用相关比率，可以考察企业相互关联的业务安排得是否合理。该比率在财务报表分析中应用广泛，如流动比率、资产负债率等均属此类。

任务实施

李英将中科公司20×2年经营成果与同行业的悦达公司进行对比。中科公司20×2年度营业收入为2 000万元，净利润为260万元；悦达公司20×2年度营业收入为1 000万元，净利润为150万元。

分析：中科公司、悦达公司规模不同，收入与利润产生巨大差异实属正常，所以用绝对数指标进行比较分析不足以说明问题。必须用比率分析法，计算净利润率如下：

净利润率（中科）=（260/2 000）×100%=13%

净利润率（悦达）=（150/1 000）×100%=15%

结论：悦达公司平均每百元营业收入创造的净利润比中科公司多2元，自然是悦达公司经营得好。

运用比率分析法时，应注意对比项目的相关性、对比口径的一致性、衡量标准的科学性。由于比率分析法使用的数据都是过去的数据，数据本身就有一定的滞后性，比率解释的仅仅是历史的状况，虽然对预测未来有一定的参考价值，但是还是存在一定的局限性。

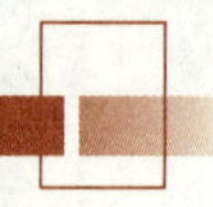

1.3.3　什么是因素分析法？

1. 因素分析法的含义

因素分析法，是依据分析指标与影响因素的关系，从数量上确定各因素对分析指标影响方向和影响程度的一种方法。

2. 因素分析法的种类

因素分析法具体有两种：一是连环替代法；二是差额分析法。其中连环替代法为基本方法，差额分析法为简化方法。

对于指标与因素之间的非连乘关系，建议采用连环替代法。

（1）连环替代法。连环替代法，是将分析指标分解为各个可以计量的因素，并根据各个因素之间的依存关系，顺次用各因素的比较值（通常为实际值）替代基准值（通常为标准值或计划值），据以测定各因素对分析指标的影响。

设 $F=A\times B\times C$

基数（计划、上年、同行业先进水平）

$F_0=A_0\times B_0\times C_0$

实际：$F_1=A_1\times B_1\times C_1$

基数：$F_0=A_0\times B_0\times C_0$　　①

置换 A 因素：$A_1\times B_0\times C_0$　　②

置换 B 因素：$A_1\times B_1\times C_0$　　③

置换 C 因素：$A_1\times B_1\times C_1$　　④

②－①即为 A 因素变动对 F 指标的影响；

③－②即为 B 因素变动对 F 指标的影响；

④－③即为 C 因素变动对 F 指标的影响。

运用连环替代法时，应注意替代计算的顺序性。如果将各因素替代的顺序改变，则各个因素的影响程度也就不同。替换顺序的排列规则是：先数量指标，后质量指标；先实物量指标，后价值量指标；先主要因素，后次要因素；先分子，后分母。

任务实施

中科公司 20×3 年 10 月 A 种原材料费用的实际数是 4 620 元，而其计划数是 4 000 元，实际比计划增加 620 元，如表 1-4 所示。李英运用连环替代法，计算分析中科公司各因素变动对材料费用总额的影响。

表 1-4　各因素变动对材料费用总额的影响表

项目	单位	计划数	实际数
产品产量	件	100	110
单位产品材料消耗量	千克	8	7
材料单价	元	5	6
材料费用总额	元	4 000	4 620

李英分析如下：由于原材料费用由产品产量、单位产品材料消耗量和材料单价三个因素的乘积组成，因此可以将材料费用这一总指标分解为三个因素，然后逐个来分析它们对材料费用总额的影响程度。这三个因素的数值如表 1-4 所示。

计划指标：100×8×5=4 000（元）　①

第一次替代：110×8×5=4 400（元）　②

第二次替代：110×7×5=3 850（元）　③

第三次替代：110×7×6=4 620（元）　④

实际指标：

② - ① =4 400−4 000=400（元）　产量增加的影响；

③ - ② =3 850−4 400=−550（元）　材料节约的影响；

④ - ③ =4 620−3 850=770（元）　价格提高的影响；

400−550+770=620（元）　全部因素的影响。

（2）差额分析法。差额分析法，是连环替代法的一种简化形式，是利用各个因素的比较值与基准值之间的差额，来计算各因素变动对分析指标影响程度的一种计算方法。

A 因素变动对 F 指标的影响：$(A_1-A_0)\times B_0\times C_0$；

B 因素变动对 F 指标的影响：$A_1\times(B_1-B_0)\times C_0$；

C 因素变动对 F 指标的影响：$A_1\times B_1\times(C_1-C_0)$。

提示

差额分析法公式的记忆：计算某一个因素的影响时，必须把公式中的该因素替换为实际与计划（或标准）之差。在括号前的因素为实际值，在括号后的因素为计划值。

应用举例

销售收入取决于销量和单价两个因素，企业提价，往往会导致销量下降，可以用因素分析法来测算价格上升和销量下降对收入的影响程度。巴菲特2007年这样分析：1972年他收购喜诗糖果时，年销量为1 600万磅①。2007年销量增长到3 200万磅，35年只增长了1倍，年增长率仅为2%。但销售收入却从1972年的0.3亿美元增长到2007年的3.83亿美元，35年增长了近12倍。销量增长1倍，收入增长近12倍，最主要的驱动因素是持续涨价。

任务实施

仍沿用表1-4中的资料。李英采用差额分析法计算确定各因素变动对材料费用的影响。

产量增加对材料费用的影响为：（110−100）×8×5=400（元）；

材料消耗节约对材料费用的影响为：110×（7−8）×5=−550（元）；

价格提高对材料费用的影响为：110×7×（6−5）=770（元）。

提示

对财务报表分析常用方法的评价：

首先，每种财务报表分析方法都有其局限性，为了完成具体的财务报表分析，有时仅利用单种方法并不够。在这种情况下，通常需要结合使用几种方法，以弥补各具体方法的不足之处。

其次，许多财务报表分析方法在功能上相近，在方法上可能存在着互相替代的关系。

再次，随着分析目标的发展，复杂的研究对象系统常常可拆分为各个子系统，不同的子系统可以采用不同的分析方法。

最后，由于财务报表分析的对象具有特殊性，因而财务报表分析可以从多个角度采用相同或不同的方法进行。

① 磅为非法定质量计量单位。

技能训练

信达公司 20×3 年甲产品实际销售收入与计划销售收入的比较数据如表 1-5 所示。

表 1-5　公司甲产品实际销售收入与计划销售收入的比较表

项目	单位	实际数	计划数	差异
产品销售收入	万元	58	66	-8
销售数量	台	20	22	-2
销售单价	万元	2.90	3.00	-0.1

【要求】请采用差额分析法计算各因素对销售收入完成的影响程度。

德技并修

股民赢了！法院改判：瑞华和国信证券承担100%连带赔偿责任！

2021 年 6 月，一份关于华泽钴镍上市公司财务造假案的二审判决书显示，瑞华会计师事务所（简称瑞华）和国信证券承担的连带赔偿责任比例从一审的 60% 和 40% 直接提升到 100%。也就是说，因华泽钴镍财务造假遭受损失的股民，可以直接找国信证券和瑞华要求全额赔偿！中国证监会在《行政处罚决定书》中指出，瑞华在对华泽钴镍 2013 年、2014 年财务报表审计过程中未勤勉尽责，并且出具存在虚假记载的审计报告。

华泽钴镍是以钴镍金属材料加工生产为核心，以大型钴镍资源矿山为依托，以镍材料科研独创加工为特色的有色金属联合企业。华泽钴镍自成立以来，实际控制人是王氏家族：王涛任董事长，王辉（王涛的妹妹）任董事，王应虎（王涛和王辉的父亲）任副董事长。表面上，陕西天慕灏锦商贸有限公司和陕西臻泰融佳工贸有限公司两家公司与华泽钴镍并无关联，实际上两家公司的注册资金均来自王氏家族控制的陕西大宝矿业开发有限公司，而工商登记经办人、银行账户和网银的开立和各类印章的保管人均来自王氏家族控制的另一企业集团——陕西星王企业集团有限公司（简称星王集团）。因此，以上两家公司实质上也是为王氏家族控制，但在年报中，该关联方关系并未进行披露。

华泽钴镍实际控制人借用关联方交易的方式将其巨额资金转移至星王集团，致使华泽钴镍的正常生产经营难以为继，严重损害了华泽钴镍的利益，同时也严重侵害了中小股东、债权人等其他利益相关者的权益。回顾整个财务造假事件，瑞华作为国内本土知名大所，在连续两年的审计中却未有察觉，导致其审计失败的原因有以下三点。

1. 未充分了解被审单位及其环境

瑞华在接受业务，吸纳客户时，没有审慎地对客户进行调查研究，全面掌握被审计单位的情况，包括被审计单位所处行业的风险、公司治理的风险、经营的风险等。

2. 未实施有效且恰当的审计程序

在做年度报告审计过程中，瑞华未实施有效程序对公司舞弊风险进行识别，未直接与公司治理层沟通关于治理层了解公司是否存在舞弊及治理层如何监督管理层对舞弊风险的识别和应对过程等。

3. 未保持职业的怀疑与关注

在对应收票据余额在审计基准日前后暴增暴减的异常情况审计时，瑞华未保持必要的职业怀疑，未能及时识别财务报告的重大报错风险。

在做 2013 年年度报告审计中，瑞华通过传真取得 9 家不同单位的询证函回函上所记录的时间，最早和最晚时间的间隔仅有 5 分钟。针对询证函回函事件高度集中的异常现象，注册会计师未给予应有的关注，未对回函的来源进行核验，所获得的审计证据可靠性低。在此次财务造假案中，瑞华因未勤勉尽责，出具了含虚假记载的审计报告，证监会对事务所及其相关人员进行了处罚。对于国信证券，深圳证监局表示，国信证券“华泽钴镍”保荐项目民事赔偿案终审判决，将对今后虚假陈述侵权赔偿案件产生示范效应。

思考：瑞华和国信证券双双被罚给我们什么启示？如果你是会计师事务所的审计人员，应注意什么？

启示：此次华泽钴镍的二审判决体现了对投资者的保护，也给今后类似案件处理树立了标杆，同时也能在一定程度上促进投行和会计师的执业质量。作为会计师事务所的审计人员，应提高自身的职业判断力和专业胜任能力，对出具的审计报告的真实性、合法性负责。切不可为了眼前短利而隐瞒真实信息，造成经济事件。

同步测试

一、单项选择题

1. 企业所有者作为投资人，关心其资本的保值和增值状况，因此，较为重视企业的（　　）。

A. 偿债能力　　　　B. 营运能力

C. 盈利能力　　　　D. 发展能力

2. 在下列财务分析主体中，必须对企业营运能力、偿债能力、盈利能力及发展能力的全部信息予以详尽了解和掌握的是（　　）。

A. 企业员工　　B. 企业债权人

C. 企业经营者　　D. 税务机关

3. 采用比较分析法时，应注意的问题不包括（　　）。

A. 指标的计算口径必须一致　　B. 衡量标准的科学性

C. 剔除偶发性项目的影响　　D. 运用例外原则

4. 债权人主要进行（　　）分析。

A. 盈利能力　　B. 偿债能力

C. 财务综合　　D. 运营能力

5. 有助于报表使用者进一步理解和分析企业主要财务报表信息的是（　　）。

A. 内部财务报表　　B. 合并财务报表

C. 汇总财务报表　　D. 财务报表附注

6.（　　）是财务会计报告的重要组成部分，是企业对外传递会计信息的主要途径。

A. 账簿资料　　B. 会计凭证

C. 财务报表　　D. 财务分析报告

7. 在填写资产负债表表头的编制时间时，正确的书写是（　　）。

A. 一定时刻，如 20×3 年 3 月 1 日 15 时

B. 一个会计期间，如 20×3 年 3 月份

C. 任何一个时点，如 20×3 年 3 月 25 日

D. 某一个会计期间的期末，如 20×3 年 3 月 31 日

8. 所有者权益变动表是（　　）。

A. 主表　　B. 报表附注

C. 附表　　D. 月度报表

9. 财务报表分析的最主要依据是（　　）。

A. 企业经营计划　　B. 财务报表

C. 政府网站信息　　D. 行业动态

10. 趋势分析法中的环比分析是将各年数值与（　　）比较，计算出趋势百分比。

A. 上年数　　B. 基期数

C. 各年平均数　　D. 同行业先进数

二、多项选择题

1. 财务报表分析的内容包括（　　　）。

A. 偿债能力分析　　B. 盈利能力分析

C. 营运能力分析　　D. 发展能力分析

2. 筹资活动产生的现金流量包括（　　）。

A. 吸收投资收到的现金

B. 接受劳务支付的现金

C. 处置固定资产、无形资产等长期资产收到的现金

D. 分配股利、利润或偿付利息所支付的现金

3. 企业财务报告体系包括（　　）。

A. 资产负债表　　B. 利润表

C. 附注　　D. 现金流量表

4. 资产负债表和利润表同属于（　　）。

A. 对外报表　　B. 动态报表

C. 个别报表　　D. 财务成果报表

5. 下列项目中，影响企业营业利润的项目有（　　）。

A. 销售费用　　B. 所得税费用

C. 投资收益　　D. 管理费用

6. 下列属于利润总额构成项目的有（　　）。

A. 营业收入　　B. 投资收益

C. 营业外收入　　D. 其他综合收益

7. 下列活动会导致经营活动现金净流量发生变动的有（　　）。

A. 收到前已预付货款的货物　　B. 销售商品收到现金

C. 取得投资收益收到现金　　D. 支付职工薪酬

8. 财务报表分析的主体包括（　　）。

A. 投资者　　B. 债权人

C. 政府部门　　D. 企业经营者

9. 财务综合分析采用的方法主要有（　　）。

A. 比较分析法　　B. 比率分析法

C. 杜邦分析法　　D. 沃尔评分法

三、判断题

1. 资产负债表是反映企业某一特定日期全部资产、负债和所有者权益的报表，应按月编制。（　　）

2. “收入－费用＝利润”这个会计等式是编制利润表的基础。（　　）

3. 可以随时支取的存款不属于现金。（　　）

4. 资产负债表中的“货币资金”项目应根据银行存款日记账余额填列。(　　)

5. 比率分析法是一种特殊形式的比较分析法，它使用相对数进行比较，所以不受规模限制，应用面更广。(　　)

6. 不同利益主体进行财务报表分析有着各自的目的和侧重点。(　　)

7. 投资人既关心企业收益能力，也关心企业的偿债能力及风险等。(　　)

8. 财务报表分析的依据既包括财务信息还包括非财务信息。(　　)

9. 利润表实质上是综合收益表。(　　)

10. 财务报表分析标准的选择是唯一的，分析的指标之间要具有可比性。(　　)

综合训练

实训目标：运用财务报表分析的基本方法作出简单的财务报表分析。

实训资料：上网收集所选上市公司财务报表及相关资料。

实训要求：每个小组选择一家上市公司，对其近两年来的财务报表运用财务报表分析的基本方法作出简单的分析并上交课业报告，报告需同时提交 PPT 和 Word 电子文档，请在报告封面注明组员的姓名及分工明细情况，并准备在班级演示。

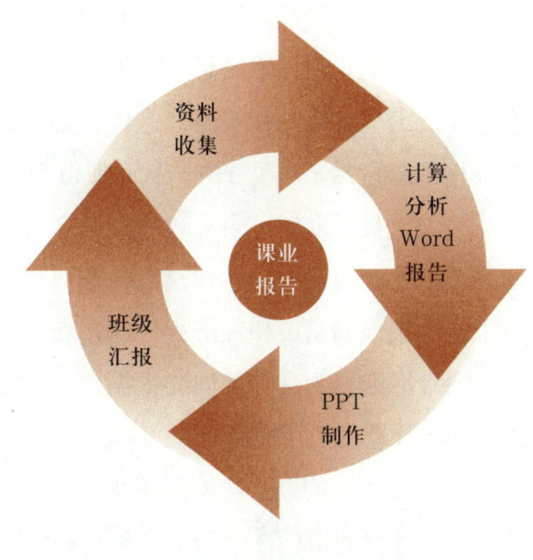

注　意：以后各项目的综合训练分工按照资料收集、计算分析及 Word 报告、PPT 制作、班级汇报等角色轮换。

延伸阅读

财务报表分析的局限性

财务报表分析对于了解企业的财务状况和经营业绩，评价企业的偿债能力和盈利能力，制定经济决策，都有着显著的作用。但由于种种因素的影响，财务报表分析及其分析方法也存在着一定的局限性，但这并不否定财务报表分析的积极意义和作用。在分析中，应注意这些局限性的影响，以保证分析结果的正确性，提高财务报表分析质量。

财务报表分析的主要对象就是财务报表，财务报表的编制要遵循特定的假设前提并要执行统一的规范要求，然而财务报表并不能揭示企业的全部实际情况，财务报表自身的局限性势必造成财务报表分析的局限性。

1. 会计确认基础的局限性（权责发生制下利润的可操作性）

权责发生制会计中存在诸多主观估计和判断以及会计政策的可选择性等因素，致使人们对同一个会计问题的处理可能会得出不同的结论，从而为经营者进行利润操纵提供了较大的空间。因此，经营者往往利用信息不对称的优势对财务报表进行粉饰，如蓝田事件、银广厦事件等都是这一问题的典型反映。因此，利用权责发生制下的会计利润进行财务分析的不确定性的程度较大。

总体来说，传统的企业财务分析指标体系是建立在权责发生制会计确认基础上的，有很大的局限性，对企业财务分析来说不全面，可能导致严重的不利影响。

2. 计量原则的局限性（会计准则、制度和会计政策的可选择性）

由于各企业的具体经营情形不同，企业会计准则不可能事无巨细制定得很完备，只能对企业工作提出基本原则和规范，这样势必给企业留下一定的空间，即对同一会计事项的处理往往有多种备选的会计处理方法，从而使得企业能够结合自身情况，选择更适合本企业的会计政策。企业管理人员可以通过会计政策的选择，来挑选更有利于自身而不是更合适的会计政策，进而达到调节利润的目的。此外，会计准则和会计实践还存在着一定的时滞，会计准则的规定常落后于会计实践的发展和经济行为的创新。当新情况、新领域、新行业出现时，很难找到长期有效的会计准则作为会计处理的依据，因而在实践中常会出现企业的会计处理“无法可依”的现象，为会计准则选择提供了空间。

3. 会计计量的局限性（模糊性）

会计计量的模糊性，是指在对企业经济活动进行会计处理的过程中，往往存在一定的主观判断和估计。会计计量的模糊性主要表现为会计提供的信息具有不清晰性、不确定性和不精确性，往往带有许多人为和估计的成分，依赖于会计人员的专业判断。虽然，在会计核算中应当力求准确，但是，有些经济业务本身就具有很大的不确定性，企业内很多“软资产”如人力资本、市场份额、顾客满意度等因难以“货币化”而被排除于资产之外，导致对资产确认的不完整，再如坏账损失、存货跌价损失、或有损失等，不得不根据经验来作出估计。这就使得会计确认和计量不具备精确性，也给财务数据操纵提供了很大的空间，加大了资产项目数据和净利润的不真实性。

4. 会计准则的局限性（不完全性）

会计准则作为一种合约，其制定不是纯技术的，而是各利益相关方相互间多次博弈的结果，是一种不完全的合约，具有不完全性，主要体现在：

（1）会计准则的制定过程中，各利益相关方为了获取利益，都想使准则对自己有利，如果在制定机构中代表多方利益的机构或关系人较少，会计准则就可能出现一定的偏向性。

（2）会计准则定义或释义的不准确性。如果一项会计准则的含义有多种理解，甚至有歧义，必然会产生实务操作的不确定性。

（3）会计原则应用的不完全性。如果在会计计量中只遵循谨慎性原则，就只会强调预计可能的负债或损失而完全不确认资产或收益，特别是当这种利得有较大可能实现时，将会违背充分披露的可靠性原则。

5. 报告内容的局限性

（1）财务报表所反映的信息只是财务性的信息。财务性信息即用货币计量的定量性、货币性信息，不能用货币计量的信息，如产品的竞争力、人力资源的质量和管理、企业家的能力和责任心、员工的合作精神和工作积极性、企业的综合竞争力、产品和技术的创新能力等，尽管这些信息都是观察和评价一个企业时的重要信息，但由于这些信息无法用货币形式进行描述，所以无法在财务报表中进行列示。那么，对于一个投资者或者其他会计信息使用者来说，就无法通过财务报表上的信息了解企业的真实情况，也就是说，财务报表所提供信息的范围还是很有限的。

（2）财务报表所反映的信息主要是历史性的信息。财务报告主要提供以历史为主的财务信息，无法反映企业未来的经营成果及财务状况。目前，除上市公司要求在年报中披露盈利预测的信息外，其他企业均未要求在报表中反映对将来发展情况的前瞻性和预测性的信息。因此，目前的财务报表普遍缺少前瞻性信息和预测性信息，而许多信息使用者需要的恰恰是企业的前景状况。历史信息虽然在一定程度上可以预示未来，但决不能等同于未来。我们经常可以看到，企业提供的财务报表展示着过去辉煌的业绩，但随后经营状况却直线下降，此时投资者也往往受财务报表的蒙蔽而遭受损失。这一现象说明，在会计信息的供给与需求上存在着供不应求的矛盾。

（3）财务报表提供的信息存在个人判断的差异性。在财务会计核算过程中，有一些内容并不是通过很精确的计算得出来的，而是根据以往的经验和会计人员的职业判断能力估计出来的，其结果常常因时、因地、因人而异。此时，财务报表所反映的信息带有一定的主观性，缺乏精确的理论依据，一般都是近似值。换句话说，在会计上绝对精确的数据是不存在的。

（4）财务报表提供的信息是缺乏可比性的信息。财务报表的信息来源于不同的会计主体，而不同的会计主体均可以在会计准则和制度所允许的范围内选择适合自己的会计政策和会计核算方法，可能导致相同报表中信息的内涵各不相同。即使在同一母公司下的子公司，执行的会计政策、使用的会计估计方法也有所不同，这样，不同企业的财务报表往往不可比，这妨碍了潜在投资者挑选投资对象，潜在债权人挑选放贷对象，妨碍了现有的投资者和债权人对企业作

出公允评价。

（5）财务报表提供的信息往往是滞后性的信息。财务报表对外披露的财务信息的有用性在很大程度上取决于它的及时性，对于会计信息的使用人来讲，会计信息的披露和传递越快越好，及时性是会计信息重要的质量特征。我国《公开发行股票公司信息披露实施细则（试行）》规定了中期和年度财务报告披露时间，但在信息瞬息万变的现代经济社会，这么长的时间间隔内，企业的财务状况会发生怎样大的变化呢？最典型的例子是巴林银行，1994 年年底，其账面净资产为 500 多亿美元，而到 1995 年 2 月底，该银行已进入破产清算境地，此时其 1994 年的财务报告还未完成。

（6）财务报表的技术性弱化其信息的有用性。财务报表项目的分类、汇总和排列，原本是为了更有效地实现其沟通职能，让报表使用者理解明白，然而它们逐渐演变成纯技术，以至于只有精通会计与报表规则的使用者才能理解财务报表所提供的信息。同时，许多会计数据正是在分类、汇总、确认和计量过程中丧失了其本身含义，从而弱化了财务会计信息的有用性。

（7）财务报表的通用性与个体需求差异性的矛盾。现行财务报表是通用的，它假定能够满足所有信息使用者的需要，但是，不同使用者的具体决策及其模式是不相同的，必然决定他们需要的信息是不同的，通用财务报表显然不能同时满足所有使用者的信息需求。

（资料参考：邵明慧．论财务报表分析的局限性．中国会计学会财务管理专业委员会 2012 年学术年会暨第十八届中国财务学年会论文集，2012.）

第二篇
走近财务报表分析

□ 项目二　资产负债表分析

□ 项目三　利润表分析

□ 项目四　现金流量表分析

□ 项目五　所有者权益变动表分析

□ 项目六　财务报表综合分析与评价

项目二

资产负债表分析

知识目标

1. 认知资产负债表初步分析内容及作用；
2. 掌握资产负债表具体项目分析内容；
3. 掌握资产负债表比率分析内容。

能力目标

1. 能阅读资产负债表并进行资产负债表初步分析；
2. 能进行资产负债表项目分析和比率分析。

素养目标

1. 培养学生在财务分析工作中树立大局意识和全局观念；
2. 增强学生对数字的敏感性，增强信息搜集、财务数据处理及文字表达的能力，提高自身职业素养；
3. 提高学生团队合作能力。

资产负债表（Balance Sheet）　　流动比率（Current Ratio）

速动比率（Acid-test Ratio,Quick Ratio）

现金比率（Cash Ratio）
资产负债率（Asset-liability Ratio）
产权比率（Equity Ratio）
利息保障倍数（Interest Earned Ratio）

角色：债权人

林芳刚刚毕业来到青岛一家银行担任信贷助理，信贷部收到青岛海尔的贷款申请及相关报表，经理要求她通过报表分析初步判断该企业的偿债能力、发展趋势，为贷款决策提供参考。林芳初步了解该公司情况后，决定从分析资产负债表入手。林芳要完成以下任务：

任务 2.1　资产负债表初步分析

任务 2.2　资产负债表项目分析

任务 2.3　资产负债表比率分析

任务2.1　资产负债表初步分析

工作任务

林芳首先了解了青岛海尔股份有限公司（简称：青岛海尔）的基本情况，收集青岛海尔的合并资产负债表（如表 2-1 所示）开始阅读，然后进行资产负债表初步分析。

青岛海尔的基本情况：青岛海尔创立于 1984 年，经过几十年的创业创新，从一家资不抵债、濒临倒闭的集体小厂发展成为全球白色家电第一品牌。

表 2-1　合并资产负债表

编制单位：青岛海尔股份有限公司　　20×2 年 12 月 31 日　　单位：百万元　币种：人民币

项目	20×2年12月31日	20×1年12月31日
资产		
流动资产：		
货币资金	16 283.77	12 890.09
应收票据	11 004.08	7 939.39
应收账款	4 196.72	3 090.75
预付款项	719.01	1 088.49
其他应收款	326.53	356.17
存货	7 098.65	5 980.87
其他流动资产	70.93	47.91
流动资产合计	39 699.69	31 393.67
非流动资产：		
其他权益工具投资	10.03	9.30
长期股权投资	2 201.82	1 700.89
投资性房地产	54.30	64.95
固定资产	5 282.77	4 536.75
在建工程	1 063.82	944.67
无形资产	564.59	532.31
长期待摊费用	76.84	11.64
递延所得税资产	734.46	589.56
非流动资产合计	9 988.63	8 390.07
资产合计	49 688.32	39 783.74
负债和所有者权益		
流动负债：		
短期借款	1 097.96	1 143.77
应付票据	7 961.10	6 829.72
应付账款	13 117.03	10 107.62
预收款项	2 499.99	2 212.34
应付职工薪酬	1 199.69	1 024.63
应交税费	972.60	670.28
其他应付款	4 492.87	3 955.90
一年内到期的非流动负债		25.00
流动负债合计	31 341.24	25 969.26
非流动负债：		

续表

项目	20×2年12月31日	20×1年12月31日
长期借款	59.54	
应付债券	699.64	669.85
预计负债	2 054.83	1 492.32
递延所得税负债	12.99	9.48
其他非流动负债	93.94	80.22
非流动负债合计	2 920.94	2 251.87
负债合计	34 262.18	28 221.13
所有者权益（或股东权益）:		
实收资本（或股本）	2 685.13	2 685.13
资本公积	426.72	272.29
专项储备		
盈余公积	1 727.38	1 667.41
未分配利润	6 270.27	3 698.20
外币报表折算差额	19.06	18.37
归属于母公司所有者权益合计	11 128.55	8 341.40
少数股东权益	4 297.59	3 221.20
所有者权益合计	15 426.14	11 562.60
负债和所有者权益总计	49 688.32	39 783.73

法定代表人：杨绵绵　　主管会计工作负责人：梁海山　　会计机构负责人：宫伟

相关知识

2.1.1 资产负债表在财务报告体系中处于怎样的地位?

《企业会计准则第 30 号——财务报表列报》规定，财务报表至少应当包括下列组成部分：资产负债表、利润表、现金流量表、所有者权益（或股东权益）变动表以及附注。其中，资产负债表、利润表、现金流量表和所有者权益变动表之间的勾稽关系如图 2-1 所示。

资产负债表（Balance Sheet），又称财务状况表（Statement of Financial Position），是反映企业在某一特定日期资产、负债及所有者权益的总量、构成及其相互关系的财务报表。通过资产负债表可以判断企业经营的“实力”，展示企业的规模和状况（“底子”）；通过利润表可以分析这种实力的盈利“能力”，展示企业的财务形象（“面子”）；通过现金流量表可以判断企业经营的“活力”，展示制约企业生存的现金流（“日子”）；通过所有者权益变动表可以预测企业未来经营的“潜力”，展示企业股权结构的变化（“份子”）。

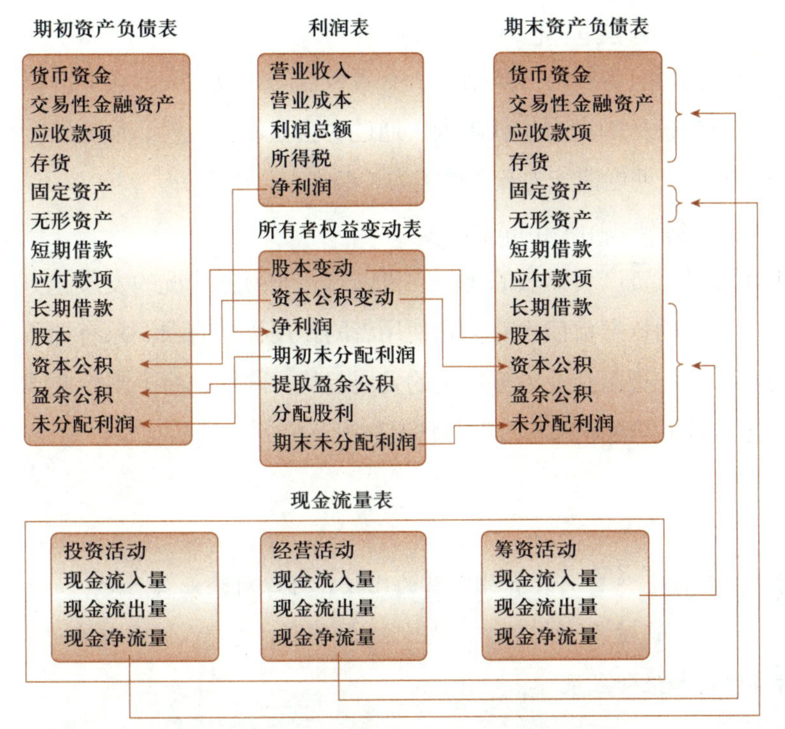

图 2–1　财务报表之间的勾稽关系图

视频："四表一注"之资产负债表分析（一）

利润表可以看作对资产负债表中留存收益（盈余公积和未分配利润两个项目的合计数）金额当期变动原因的具体说明；现金流量表可以看作对资产负债表中货币资金（在一些情况下也包含交易性金融资产）金额当期变动原因的具体说明；而所有者权益变动表则可以看作对资产负债表中所有者权益金额当期变动原因的具体说明。因此，可以这样认为：原来四张表实际上是一张表！而最为核心的是资产负债表，它可以全面、综合地展示企业财务状况的全貌。通过资产负债表分析，有助于分析者总括地分析和判断企业的财务状况。

2.1.2　资产负债表分析有何作用？

资产负债表向人们揭示了企业拥有或控制的能用货币表现的经济资源（即资产）的总体规模及具体的分布形态。资产负债表采用账户式结构编制，以"资产 = 负债 + 所有者权益"为基础。对资产负债表分析的作用具体表现为：

1. 评价企业的短期偿债能力

了解企业的短期偿债能力对其短期债权人来说尤为重要。通过将流动资产、速动资产与流动负债联系起来分析，可以评价企业的短期偿债能力。

2. 评价企业的长期偿债能力

一般而言，企业的所有者权益占负债与所有者权益的比重越大，企业清偿长期债务的能力越强，企业进一步举借债务的潜力也就越大。通过对企业债务规模、债务结构及与所有者权益的对比，可以对企业的长期偿债能力及举债能力（潜力）作出评价。

3. 判断企业财务状况的发展趋势

通过对企业不同时点资产负债表的比较，可以对企业财务状况的发展趋势作出判断。企业某一特定日期（时点）的资产负债表对信息使用者的作用极其有限。只有把不同时点的资产负债表结合起来分析，才能把握企业财务状况的发展趋势。同样，将不同企业同一时点的资产负债表进行对比，还可对不同企业的相对财务状况作出评价。

提示

通过对资产负债表与利润表有关项目的比较，可以对企业各种资源的利用情况以及盈利能力作出评价。通过将资产负债表与利润表、现金流量表联系起来进行分析，可以对企业的财务状况和经营成果作出整体评价。

提示

资产负债表各项目编制说明如表2-2所示。

表2-2　资产负债表各项目编制说明

填列方法			资产负债表项目填列举例
期末余额	直接填列	根据总账账户余额填列	“交易性金融资产”“投资性房地产（公允价值计量模式下）”“递延所得税资产”“短期借款”“交易性金融负债”“应付职工薪酬”“应交税费”“长期应付款”“预计负债”“递延所得税负债”“实收资本（股本）”“资本公积”“库存股”“盈余公积”“专项储备”等项目
	间接填列	根据几个总账账户余额计算填列	“货币资金”“未分配利润”等项目
		根据有关明细账账户余额计算填列	“预收账款”“应付票据”“应付账款”“开发支出”“一年内到期的非流动资产”“一年内到期的非流动负债”“其他债权投资”等项目
		根据总账账户和明细账账户的期末余额分析计算填列	“长期待摊费用”“长期借款”“应付债券”“长期应付款”等项目

续表

<table>
<tr><th colspan="3">填列方法</th><th>资产负债表项目填列举例</th></tr>
<tr><td rowspan="2">期末余额</td><td rowspan="2">间接填列</td><td>根据有关总账账户与其备抵账户抵消后的净额填列</td><td>“应收票据”“应收账款”“其他应收款”“持有待售资产”“债权投资”“长期股权投资”“在建工程”等项目</td></tr>
<tr><td>综合运用上述填列方法分析填列</td><td>“存货”“其他权益工具投资”“预付款项”“长期应收款”“固定资产”“无形资产”“投资性房地产（成本计量模式下）”等项目</td></tr>
<tr><td colspan="2">年初余额</td><td colspan="2">根据上年年末资产负债表的“期末余额”栏内所列数字填列，如果本年度资产负债表规定的各个项目的名称和内容同上年度不一致，应对上年年末资产负债表各项目的名称和数字按本年度的规定进行调整，按调整后的数字填入本表“年初余额”栏内</td></tr>
<tr><td colspan="2">备注</td><td colspan="2">企业需要提供比较资产负债表，以便于报表使用者通过比较不同时期财务数据，判断企业财务状况的未来发展趋势。因此，资产负债表的各项目分为“期末余额”和“年初余额”两栏分别填列</td></tr>
</table>

2.1.3　如何对资产负债表进行初步分析?

对资产负债表初步分析的正确方法是：由粗到细，先总括了解资产、负债、所有者权益总量和结构及其变动情况，分析其总量增减和结构变动是否合理，初步判断财务状况的发展趋势是否有利，即：总量变动看规模，结构变动看质量。然后逐层分解，找到需重点分析的具体项目。

通过资产负债表的初步分析，可以大致了解企业所拥有的资产状况，企业所负担的债务及所有者权益状况。从总体上考察企业的生产经营状况，就是要对一定时期生产经营状况的优劣作出总括评价，判断企业是处于高速发展、稳定成长或停滞徘徊状态，还是处于衰退、困难的境地，并且指明改进生产经营的方向，促使企业的生产经营经常处于良性循环的最佳状况。

1. 了解企业的背景资料

在分析企业的资产负债表和其他报表之前，读者应该首先对企业所从事行业、企业的基本发展沿革、企业股权结构等重要方面有一个基本了解。这些信息是财务报表分析的基础，对财务报表分析的结果会产生重大影响。这些信息均可以从企业披露的年度报告中直接获取。

提示

报表使用者可以从附注中了解企业的历史沿革、所处行业、经营范围、主要产品或提供的劳务等，可以对已获取的财务报表信息起到修正作用，从而可以更准确地理解财务数据。我国上市公司中存在一些企业粉饰财务报表的现象，通过对财务报表附注进行认真的分析，可以发现问题，减少报表使用者的风险和损失。比如，在财务报表附注中，有关偿债能力的内容主要是或有负债。如果存在或有负债，显然会减弱企业流动资产的变现能力。所以，在进行企业偿债能力分析时，必须考虑财务报表附注中披露的或有负债。

2. 关注资产总体规模

有的报表使用者习惯于从资产负债表的第一项开始，逐项往下阅读。其实，这种方法可能并不好——很难有大局观。正确的方法是：首先应对企业资产的总体规模及其变化情况有一个大致认识。实际分析时，可以结合企业产品的竞争优势、产品的市场占有率以及品牌战略等各项因素，了解企业在其行业内的定位选择偏好，从而进一步判断其资产规模的合理性。此外，还应该分析资产总额在年度间的变化情况，以对企业所拥有或控制的资源规模的变化及其方向（是越来越雄厚而得以持续发展，还是越来越萎缩等）有一个初步认识。

3. 关注资产结构

资产结构，是指企业流动资产与非流动资产各主要项目占资产总额的比重。企业的资产要最大限度地发挥其功能，就必须有一个合理的配置。资产结构分析就是通过分析资产负债表中各类资产占总资产的比重，以及各类资产之间的比例关系，来反映企业各种经济资源的配置情况。

对资产结构的合理性进行分析，可以看出企业的行业特点、经营特点和技术装备特点，工业企业的非流动资产往往大于流动资产，而商品流通企业的情况正好相反。在同一行业中，流动资产和负债较高的企业稳定性差，却较灵活；而那些非流动资产和自有资本占较大比重的企业底子较厚，但灵活性差；长期投资规模较大的企业，金融风险和利润都高；无形资产持有多、增长快的企业，开发创新能力强；固定资产折旧比例较高的企业，技术更新换代快。

4. 关注资本结构

资本结构，反映的是各种资本的构成及其比例关系。资本结构分析主要是分析企业是否合理地组织了资金来源，使不同来源的资金保持一个最佳的比例关系。

资本结构对于所有者、债权人及经营者，都是值得关注的项目。企业的资本结构主要反映企业可能面临的财务风险。对于债权人，可以通过评价企业的偿债能力，判断企业债权的保障程度，从而对是否继续向企业提供资金或者是否提前收回资金作出决策；对于经营者，可以判断企业是否面临着比较大的财务风险，对是否要采用一定措施来改善财务资金结构作出决策；对于投资者，可以判断其投资所承担的财务风险的大小，以及负债对投资报酬的影响，从而为投资决策服务；对于所有者，可以明确自身资金所承担的风险，对自身的利益是否有比较大的影响，对是否需要进行结构调整作出决策。

提示

市场经济是风险经济，财务活动经常是在有风险的情况下进行的。所谓风险，是指在一定条件下和一定时期可能发生的各种结果的变动程度。财务风险，是指企业用现金偿还到期债务的不确定性。它具有以下特征：不确定性；与负债经营相关；与投资相关；与流动资产相对应；与投资者相关。

利用资产负债表信息可以分析企业的经营风险和财务风险。资产负债表左方按资产价值实现的难度排序，自上而下，经营风险逐渐增大。右方的负债及所有者权益按融资的偿还压力大小排序，自上而下，财务风险逐渐减少。当企业经营风险较大时，通过降低财务风险，就可以使企业总风险降低；当企业财务风险较大时，可以通过降低经营风险而使企业总风险降低。

实践中存在表 2-3 所示的四种资本结构类型。

表 2-3　资本结构类型

类型	含义	标志	结果	适用企业
保守型	资本结构中主要采取权益资本融资，且负债融资的结构中又以长期负债融资为主	企业全部资产的资金来源都依靠长期资金来满足	① 企业风险极低； ② 资金成本较高； ③ 筹资结构弹性弱	理论上适用于任何企业，但在实务中，很少被企业采用
稳健型	非流动资产的资金需要依靠长期资金来解决，流动资产的资金需要使用长期资金和短期资金共同解决	企业流动资产的一部分资金需要由流动负债来满足，另一部分资金需要由长期负债来满足	① 较强的短期偿债能力和较小的企业风险； ② 负债成本相对较低； ③ 无论是资产结构还是资本结构，都具有一定的弹性	各种企业

续表

类型	含义	标志	结果	适用企业
平衡型	以流动负债满足流动资产的资金需要，以非流动负债和所有者权益满足非流动资产的资金需要	流动资产的资金需要全部依靠流动负债来满足	① 企业风险均衡； ② 负债政策要依据资产结构变化进行调整； ③ 存在潜在的风险	经营状况良好，具有较好成长性的企业
风险型	在资本结构中主要（甚至全部）采用负债融资，并且流动负债被大量长期资产所占用	以短期资金来满足部分长期资产的资金需要	① 财务风险较大； ② 负债成本最低； ③ 企业存在"黑字破产"的潜在危险	企业只能在某一段较短的时间内使用，并要有准确的市场预测和良好的信用状况及环境

应用举例

西康公司20×3年年末资产负债表主要项目构成如表2-4所示。请说明西康公司的资本结构属于哪一种。

表2-4 西康公司20×3年年末资产负债表主要项目构成表

单位：万元

项目	20×3年年末	项目	20×3年年末
流动资产	40	流动负债	30
非流动资产	60	非流动负债	20
		所有者权益	50
总资产	100	负债和所有者权益合计	100

根据表2-4分析，西康公司的全部资金来源中，负债和所有者权益各为50万元，其中流动负债为30万元；资产构成中流动资产为40万元。这说明流动资产的资金来源中有流动负债和长期资金，资本结构属于稳健型。

提示

在分析中应注意资产规模和结构发生的重大变化及其方向性影响。关注主要的不良资产区域，对预测企业的发展前景和业绩变动趋势将会提供重要帮助。不良资产主要集中在其他应收款、周转缓慢的存货、因被投资企业巨额亏损而严重贬值的长期股权投资、利用率不高且难以产生效益的固定资产、无明确对应关系的无形资产、长期待摊费用等。

任务实施

林芳根据初步分析步骤，决定进行总量分析、资产结构分析、资本结构分析，以了解资产、负债、所有者权益总额及其变动情况，以及各具体项目金额及结构变动情况，从中找出变化较大的项目作为重点分析的项目。

【步骤 1】总量变动及发展趋势分析，如表 2-5 所示。

表 2-5　青岛海尔总量变动分析

项目	20×2年年末/百万元	20×2年年初/百万元	增加额/百万元	增幅/%
资产	49 688.32	39 783.74	9 904.58	24.90
负债	34 262.18	28 221.13	6 041.04	21.40
所有者权益	15 426.14	11 562.60	3 863.54	33.41

从表 2-5 可以看出，青岛海尔 20×2 年年末资产总量较年初__________，增幅为__________。负债比年初__________，所有者权益比年初__________。初看增长形势很好。要对企业的财务状况作出准确、客观的判断和评价，还要做进一步的深入分析。

恭喜您完成了！

【步骤 2】资产结构及其合理性分析，如表 2-6 所示。

表 2-6　青岛海尔资产结构分析

项目	20×2年年末/百万元	20×2年年初/百万元	20×2年年末比重/%	20×2年年初比重/%	变动/%
流动资产	39 699.69	31 393.67	79.90	78.91	+0.99
非流动资产	9 988.63	8 390.07	20.10	21.09	−0.99
资产	49 688.32	39 783.74	100.00	100.00	0.00

根据表 2-6 分析，青岛海尔连续两年流动资产和非流动资产比重没有较大变化，保持稳定，流动资产占比约为 79%，非流动资产占比约为 21%。

但该公司的流动资产比重及非流动资产比重到底是否合适？这就需要收集行业相关数据来进行一些深入的分析。因为不同行业差别比较大，如房地产行业就与传统制造业的资产结构有很大地不同（一般来说，房地产行业的流动资产比重大）。即使是同一行业，由于经营特点与发展重点不同，也会造成资产结构比较大的差异。林芳找来与青岛海尔同行业的格力电器、苏泊尔，对比它们的资产结构，如表 2–7 所示。

表 2–7 同行业资产结构对比分析

20×2年年末比重/%	青岛海尔	格力电器	苏泊尔
流动资产	79.90	80.00	75.00
非流动资产	20.10	20.00	25.00

林芳根据表 2–7 分析，青岛海尔 20×2 年年末流动资产比重介于格力电器和苏泊尔之间，而且都在 70%～80% 之间，符合一般制造业的资产结构特点，资产结构__________。

恭喜您完成了！

【步骤 3】资本结构分析，如表 2–8 所示。

表 2–8 青岛海尔资本结构分析

项目	20×2年年末/百万元	20×2年年初/百万元	20×2年年末比重/%	20×2年年初比重/%	变动/%
负债	34 262.18	28 221.13	68.95	70.94	−1.99
所有者权益	15 426.14	11 562.60	31.05	29.06	+1.99
资产	49 688.32	39 783.74	100.00	100.00	0.00

根据表 2–8 分析，公司的负债比重由年初的 70.94% 下降为年末的 68.95%，下降了 1.99%，但绝对比重仍较高，所有者权益占公司总资产的比重较小，初步判断其资本结构为负债比重较高的资本结构。

为了更深入地分析青岛海尔的资本结构，林芳计算了 20×2 年年末格力电器和苏泊尔等同行业公司的资本结构数据，对比分析如表 2–9 所示。

表 2–9 同行业资本结构对比分析

20×2年年末比重/%	青岛海尔	格力电器	美菱电器	小天鹅	苏泊尔
负债	68.95	75.00	63.00	50.00	32.00
所有者权益	31.05	25.00	37.00	50.00	68.00
合计	100.00	100.00	100.00	100.00	100.00

林芳根据表 2-9 分析，青岛海尔的负债率在同行业中比较高。要最终确定青岛海尔的资本结构属于哪一种，还需要与资产结构对应分析。

【步骤 4】分析资产结构与资本结构的对称性。

结合前面的数据可知，20×2 年年末青岛海尔流动资产占总资产的比重为 79.90%，流动负债占全部资金来源的比重为 63.07%（31 341.24÷49 688.32），公司流动资产的资金大部分来源于流动负债，其他则来源于长期资金。虽总体负债率偏高，但公司的资产结构与资金结构对称性搭配__________，属于__________资本结构。

恭喜您完成了！

【步骤 5】通过水平分析和垂直分析找出需重点分析的项目。

林芳对资产负债表的各类项目（流动资产、非流动资产、流动负债、非流动负债、所有者权益）进行结构分析和水平分析，找出变化较大的__________等项目，作为重点分析的项目。

恭喜您完成了！

1. 流动资产分析

林芳根据报表资料进行流动资产分析，编制了流动资产结构分析表（如表 2-10 所示）和流动资产水平分析表（如表 2-11 所示）。根据表 2-10 分析，比重变化较大的项目有应收票据、应收账款和预付款项；根据表 2-11 分析，金额增减幅度较大的项目有应收票据、应收账款、预付款项和其他流动资产。因此，她认为流动资产中值得重点关注的项目为应收票据、应收账款、预付款项和其他流动资产。

表 2-10　青岛海尔流动资产结构分析表

项目	20×2年年末/百万元	20×2年年初/百万元	20×2年年末比重/%	20×2年年初比重/%	差异/%
货币资金	16 283.77	12 890.09	41.02	41.06	−0.04
应收票据	11 004.08	7 939.39	27.72	25.29	2.43
应收账款	4 196.72	3 090.75	10.57	9.85	0.72
预付款项	719.01	1 088.49	1.81	3.47	−1.66
其他应收款	326.53	356.17	0.82	1.13	−0.31
存货	7 098.65	5 980.87	17.88	19.05	−1.17
其他流动资产	70.93	47.91	0.18	0.15	0.03
流动资产合计	39 699.69	31 393.67	100.00	100.00	0.00

表 2-11　青岛海尔流动资产水平分析表

项目	20×2年年末/百万元	20×2年年初/百万元	增减额/百万元	增减/%
货币资金	16 283.77	12 890.09	3 393.68	26.33
应收票据	11 004.08	7 939.39	3 064.69	38.60
应收账款	4 196.72	3 090.75	1 105.97	35.78
预付款项	719.01	1 088.49	−369.48	−33.94
其他应收款	326.53	356.17	−29.64	−8.32
存货	7 098.65	5 980.87	1 117.78	18.69
其他流动资产	70.93	47.91	23.02	48.05
流动资产合计	39 699.69	31 393.67	8 306.02	26.46

2. 非流动资产分析

林芳进行非流动资产分析，编制了非流动资产结构分析表（如表 2-12 所示）和非流动资产水平分析表（如表 2-13 所示）。根据表 2-12 分析，长期股权投资和固定资产比重变化最大；根据表 2-13 分析，长期股权投资和长期待摊费用金额变化幅度最大。因此，她决定把这三个项目作为重点分析的非流动资产项目。

表 2-12　青岛海尔非流动资产结构分析表

项目	20×2年年末/百万元	20×2年年初/百万元	20×2年年末比重/%	20×2年年初比重/%	差异/%
其他权益工具投资	10.03	9.30	0.10	0.11	−0.01
长期股权投资	2 201.82	1 700.89	22.04	20.27	1.77
投资性房地产	54.30	64.95	0.54	0.77	−0.23
固定资产	5 282.77	4 536.75	52.89	54.07	−1.18
在建工程	1 063.82	944.67	10.65	11.26	−0.61
无形资产	564.59	532.31	5.65	6.34	−0.69
长期待摊费用	76.84	11.64	0.77	0.14	0.63
递延所得税资产	734.46	589.56	7.35	7.03	0.32
非流动资产合计	9 988.63	8 390.07	100.00	100.00	0.00

表 2-13　青岛海尔非流动资产水平分析表

项目	20×2年年末/百万元	20×2年年初/百万元	增减额/百万元	增减/%
其他权益工具投资	10.03	9.30	0.72	7.74
长期股权投资	2 201.82	1 700.89	500.93	29.45
投资性房地产	54.30	64.95	−10.65	−16.40
固定资产	5 282.77	4 536.75	746.02	16.44
在建工程	1 063.82	944.67	119.15	12.61
无形资产	564.59	532.31	32.28	6.06
长期待摊费用	76.84	11.64	65.20	560.14
递延所得税资产	734.46	589.56	144.90	24.58
非流动资产合计	9 988.63	8 390.07	1 598.56	19.05

3. 流动负债分析

林芳进行流动负债分析，编制了流动负债结构分析表（如表 2-14 所示）和流动负债水平分析表（如表 2-15 所示）。根据表 2-14 分析，应付账款、应付票据和其他应付款的比重变化较大；根据表 2-15 分析，应付票据、应付账款、应交税费和其他应付款的金额变化幅度较大。因此她决定把应付票据、应付账款、应交税费和其他应付款作为流动负债的重点分析项目。

表 2-14　青岛海尔流动负债结构分析表

项目	20×2年年末/百万元	20×2年年初/百万元	20×2年年末比重/%	20×2年年初比重/%	差异/%
短期借款	1 097.96	1 143.77	3.50	4.40	−0.90
应付票据	7 961.10	6 829.72	25.40	26.30	−0.90
应付账款	13 117.03	10 107.62	41.85	38.92	2.93
预收款项	2 499.99	2 212.34	7.98	8.52	−0.54
应付职工薪酬	1 199.69	1 024.63	3.83	3.95	−0.12
应交税费	972.60	670.28	3.10	2.58	0.52
其他应付款	4 492.87	3 955.90	14.33	15.23	−0.90
一年内到期的非流动负债		25.00	0.00	0.10	−0.10
流动负债合计	31 341.24	25 969.26	100.00	100.00	0.00

表 2-15　青岛海尔流动负债水平分析表

项目	20×2年年末/百万元	20×2年年初/百万元	增减额/百万元	增减/%
短期借款	1 097.96	1 143.77	−45.81	−4.01
应付票据	7 961.10	6 829.72	1 131.38	16.57
应付账款	13 117.03	10 107.62	3 009.41	29.77
预收款项	2 499.99	2 212.34	287.65	13.00
应付职工薪酬	1 199.69	1 024.63	175.06	17.09
应交税费	972.60	670.28	302.32	45.10
其他应付款	4 492.87	3 955.90	536.97	13.57
一年内到期的非流动负债		25.00	−25.00	−100.00
流动负债合计	31 341.24	25 969.26	5 371.98	20.69

4. 非流动负债分析

林芳进行非流动负债分析，编制了非流动负债结构分析表（如表 2-16 所示）和非流动负债水平分析表（如表 2-17 所示）。根据表 2-16 分析，预计负债和应付债券比重变化最大；根据表 2-17 分析，长期借款、预计负债和递延所得税负债金额变化幅度较大，因此，她决定把预计负债、应付债券、长期借款、递延所得税负债作为非流动负债的重点分析项目。

表 2-16　青岛海尔非流动负债结构分析表

项目	20×2年年末/百万元	20×2年年初/百万元	20×2年年末比重/%	20×2年年初比重/%	差异/%
长期借款	59.54	0.00	2.04	0.00	2.04
应付债券	699.64	669.85	23.95	29.75	−5.79
预计负债	2 054.83	1 492.32	70.35	66.27	4.08
递延所得税负债	12.99	9.48	0.44	0.42	0.02
其他非流动负债	93.94	80.22	3.22	3.56	−0.35
非流动负债合计	2 920.94	2 251.87	100.00	100.00	0.00

表 2-17　青岛海尔非流动负债水平分析表

项目	20×2年年末/百万元	20×2年年初/百万元	增减额/百万元	增减/%
长期借款	59.54	0	59.54	100.00
应付债券	699.64	669.85	29.79	4.45
预计负债	2 054.83	1 492.32	562.51	37.69
递延所得税负债	12.99	9.48	3.51	37.03
其他非流动负债	93.94	80.22	13.72	17.10
非流动负债合计	2 920.94	2 251.87	669.07	29.71

5. 所有者权益分析

林芳进行所有者权益分析，编制了所有者权益结构分析表（如表 2-18 所示）和所有者权益水平分析表（如表 2-19 所示）。根据表 2-18 分析，比重变化最大的项目是未分配利润和实收资本；根据表 2-19 分析，实收资本金额没有变化，增幅最大的项目是未分配利润。因此，她决定把未分配利润项目作为重点分析的项目。

表 2-18　青岛海尔所有者权益结构分析表

项目	20×2年年末/百万元	20×2年年初/百万元	20×2年年末比重/%	20×2年年初比重/%	差异/%
实收资本（或股本）	2 685.13	2 685.13	17.41	23.22	−5.82
资本公积	426.72	272.29	2.77	2.35	0.41
盈余公积	1 727.38	1 667.41	11.20	14.42	−3.22
未分配利润	6 270.27	3 698.20	40.65	31.98	8.66
外币报表折算差额	19.06	18.37	0.12	0.16	−0.04
归属于母公司所有者权益合计	11 128.55	8 341.40	72.14	72.14	0.00
少数股东权益	4 297.59	3 221.20	27.86	27.86	0.00
所有者权益合计	15 426.14	11 562.60	100.00	100.00	0.00

表 2-19　青岛海尔所有者权益水平分析表

项目	20×2年年末/百万元	20×2年年初/百万元	增减额/百万元	增减/%
实收资本（或股本）	2 685.13	2 685.13	0.00	0.00
资本公积	426.72	272.29	154.43	56.72
盈余公积	1 727.38	1 667.41	59.97	3.60
未分配利润	6 270.27	3 698.20	2 572.07	69.55
外币报表折算差额	19.06	18.37	0.69	3.76
归属于母公司所有者权益合计	11 128.55	8 341.40	2 787.15	33.41
少数股东权益	4 297.59	3 221.20	1 076.39	33.42
所有者权益合计	15 426.14	11 562.60	3 863.54	33.41

提示

资产负债表具体项目分析可以拿着报表从上往下看，左右对比看。从上往下是对逐个项目进行观察，而左右对比就要看哪个项目发生的变化最大，哪个项目发生变化的速度最快，哪个项目就是主要原因，需重点分析。

任务2.2　资产负债表项目分析

工作任务

林芳对资产负债表重点项目进行分析。

相关知识

2.2.1　如何对资产负债表资产类项目进行分析？

按照资产负债表的结构，资产类项目按照流动性由强到弱的顺序进行依次排列，需重点分

析如下项目：

视频："四表一注"之资产负债表分析（二）

1. 流动资产项目分析

（1）"货币资金"项目分析。"货币资金"项目由库存现金、银行存款、其他货币资金三部分构成，各项目具体数额必须通过分析资产负债表的附注查看，如图 2-2 青岛海尔报表附注示例所示。货币资金是企业正常生产经营、面对困难时期（偿还到期债务），以及企业未来发展的最直接的财务资源，如果企业货币资金储备快速下降且长时期保持低位，那么企业很难实现扩张，即便市场有机遇也无法把握住。然而，企业货币资金储备过多，而且长时期保持高位，很可能意味着企业找不到好的投资项目，未来的成长性难以实现。

合并资产负债表

20×2 年 12 月 31 日

编制单位：青岛海尔股份有限公司

单位：元　币种：人民币

项目	附注	期末余额	期初余额
流动资产：			
货币资金	七、1	16 283 769 901.77	12 890 088 291.80
结算备付金			
拆出资金			
交易性金融资产			

七、合并财务报表主要项目注释

1. 货币资金

项目	期末数	期初数
现金		
其中：人民币	10 168.54	27 567.94
小计	10 168.54	27 567.94
银行存款		
其中：人民币	15 391 743 468.43	11 150 689 226.59
小计	16 220 142 377.94	12 268 917 946.66
其他货币资金		
其中：人民币	63 617 355.29	621 142 777.20
小计	63 617 355.29	621 142 777.20
合计	16 283 769 901.77	12 890 088 291.80

图 2-2　青岛海尔报表附注示例

（2）"应收票据""应收账款"项目分析。"应收票据""应收账款"项目反映资产负债表日以摊余成本计量的、企业因销售商品或提供服务等经营活动应收取的款项，以及收到的商业汇票，包括银行承兑汇票和商业承兑汇票。该项目应根据"应收票据"和"应收账款"账户的期末余额，减去"坏账准备"账户中相关坏账准备期末余额后的金额填列。"应收票据"反映企业持有的应收商业汇票的账面价值。应收票据增加意味着企业短期的债权增加，会降低资金周转速度。应收票据减少，其一可能是应收资金收回；其二可能是到期转账增加了应收账款；其三可能是办理了银行贴现业务。三种情况中若是第一、第三种可能表明企业资金已经回笼，但第三种可能还要结合资产负债表附注部分进一步分析，是否实质上转移了所有权或是具有连带还款义务，若是实质上转移了所有权，则表明企业的资金收回，若是仍具有连带还款义务，则表明企业的该笔资金仍处于悬而未决的境遇；若是第二种可能意味着资金仍未收回。此项目增加或减少是利好消息还是不利消息，还需通过进一步的报表分析来实现。“应收账款”是源于企业采取赊销方式而形成的。如果应收账款数额较大，可能说明企业的产品在市场上不是很受欢迎，起码不是畅销货；此时企业的产品可能销售不畅，存在产品积压情况，而企业为了减少库存采用赊销的手段，故而产生比较大的应收账款。此时的经营可能存在较大的风险，未来的销售可能会下降。总之，该项目金额不宜过大。

应用举例

年终华丰公司总结时，财务经理陈总笑容满面地把各种报表放到李总经理面前：“李总，今年的财务状况非常好。”李总经理对财务并不太熟悉，但他把财务中一些非常关键的，关系到企业存亡发展的科目熟记于心。这次依然这样，去看报表中的几个关键科目发现了问题——资产负债表中虽然负债与资产结构很合理，但在资产中，应收账款过多，而且多数集中在一家最大的采购商处。平时这家采购商基本都能按账期结付，这次为什么会拖欠而且数额巨大呢？如果这家采购商出了什么问题，企业的资金链就危险了，因为企业上游还有原料供应商，也都是有赊销账期的，如果回款不及时，无法如期偿付，上游断货，生产将受到严重影响。李总马上下达指令：暂停新项目的投资，把未投入的资金转做流动资金，作为准备金；停止向该采购商继续赊销，及时催讨账款。

原来那家采购商经营出现了问题，重大的投资决策失误导致资金周转紧张，拖欠华丰公司的货款依然无法在短时间内偿还，这时华丰公司部分银行贷款到期，幸好李总事先有准备，企业才没有出现大问题。

（3）“存货”项目分析。“存货”项目反映企业潜在的销售收入来源——原料、半成品可以生产出成品进行销售，产成品可以直接用于销售。存货金额不宜过多，多即意味着企业的存货可能滞销或者积压，资金不能迅速回笼，影响企业正常经营，长期维持此种情况，企业经营会出现问题，必须考虑转产或停产，但小幅变动影响不大。

提示

如果存货的增长率大于主营业务成本的增长率，需要检查库存商品的构成。如果库存商品数额增长率大于销售成本增长率，则说明企业有可能存在商品销售不畅、商品积压情况。此时应及时处理，减少库存，进而减少营运资金的占用。如果是原材料的增长率大于存货的增长率，则说明企业有可能是下游需求旺盛，企业为生产销售而采购和储备大量原材料，未来企业的销售可能会实现快速增长。

2. 非流动资产项目分析

（1）“长期股权投资”项目分析。“长期股权投资”项目反映企业对外进行长期投资的资金实力，对外投资多，说明企业资金充足；但若企业对外投资过多，可能意味着自身发展潜力的缺乏，这种情况不能一概而论。

（2）“固定资产”项目分析。“固定资产”项目反映资产负债表日企业固定资产的期末账面价值和企业尚未清理完毕的固定资产清理净损益。该项目应根据“固定资产”账户的期末余额，减去“累计折旧”和“固定资产减值准备”账户的期末余额后的金额，以及“固定资产清理”账户的期末余额填列。分析固定资产项目的增加或减少的变动是否合理，需根据企业的实际情况，结合未来的发展趋势作出合理的分析与判断。固定资产增加可能说明企业欲扩大经营规模，固定资产减少可能说明企业欲减小规模、缩减经营、转产或其他情况。固定资产小幅变动亦属正常情况，切不能妄加评论。

（3）“长期待摊费用”项目分析。“长期待摊费用”项目反映企业已经发生但应由本期或以后各期负担的分摊期限在一年以上的各项费用，在总资产中不应占比过大。分析本项目应注意企业是否存在人为将长期待摊费用作为利润调节器的情况。若结合相关业务如经营租入固定资产的改良业务等分析会更明了。

2.2.2　如何对资产负债表负债类项目进行分析？

1. 流动负债项目分析

（1）“短期借款”项目分析。“短期借款”项目反映企业需要在一年内（含一年）偿还的借款。通常用于补充企业的流动资金，不能用于长期投资。分析时可以通过与货币资金的数量对比来观察短期借款的规模是否合理。

（2）“应付票据”“应付账款”项目分析。“应付票据”“应付账款”项目，反映资产负债表日企业因购买材料、商品和接受服务等经营活动应支付的款项，以及开出、承兑的商业汇票，包括银行承兑汇票和商业承兑汇票。该项目应根据“应付票据”账户的期末余额，以及“应付账款”和“预付账款”账户所属的相关明细账户的期末贷方余额合计数填列。“应付票据”反映企业购买材料、商品和接受劳务供应等开出、承兑的商业汇票。分析时应同时关注“应付账款”的变化，其中就可能有由应付票据结转而增加的。“应付账款”反映企业因购买材料、商品和接受劳务供应等经营活动支付的价、税等款项。分析时应关注其变动情况，应特别注意应付账款与应付票据的规模变化及其与企业存货规模变化之间的关系。在企业存货规模增加较快，同时企业应付票据与应付账款的规模也增长较快的情况下，这种应付账款与应付票据的增加可能在很大程度上代表了企业供应商的债权风险。

（3）“预收款项”项目分析。“预收款项”项目反映企业按照合同预收的款项，一般是在销售过程中因企业经营的商品或物资短缺、畅销等而预先收取购货款、后发货的销售行为。此项目不宜过多，过多可能是企业商品供应不到位等，长期发展可能会影响企业的信誉。但仍需具体问题具体分析，分析时可比较多期数据和相关资料。

2. 非流动负债项目分析

（1）“长期借款”项目分析。“长期借款”项目反映企业向银行或其他金融机构借入的期限在一年以上（不含一年）的各项借款，分析时必须注意本项目仅仅反映的是实质上的长期借款。其可能因企业长期资产的增减而增减变动，但不一定同比例变动，这要依据企业自有资金的情况来决定。

（2）“预计负债”项目分析。“预计负债”项目反映企业确认的对外提供担保、未决诉讼、产品质量保证、重组义务、亏损性合同等原因产生的预计负债，一般企业不会经常发生。

提示

一项或有事项是否会被确认为负债，在很大程度上要由人来主观判断，因此不可避免会出现有的企业利用该项目来进行利润操纵的现象。是否具有利用预计负债操纵利润的嫌疑，要根据财务报告中的其他资料以及企业的历史资料进行判断。

2.2.3　如何对资产负债表所有者权益类项目进行分析？

1.“实收资本（或股本）”项目分析

“实收资本（或股本）”项目反映企业接受投资者投入的实收资本。本项目一般不会减少，增加的情况也为数不多，一般在年度内变化不大。如有变化，应结合相关资料认真分析。

2.“资本公积”项目分析

“资本公积”项目反映企业收到投资者出资额超出其注册资本或股本中所占份额的部分。分析时不能只关注资产负债表主表，应结合附注认真分析。

3. “专项储备”项目分析

“专项储备”项目反映高危行业企业按国家规定提取的安全生产费的期末账面价值。项目金额应结合行业具体分析。

4. “盈余公积”项目分析

“盈余公积”项目反映企业从净利润中提取的盈余公积，分析时注意本项目各年之间是否平稳增加，本项目平稳增加说明企业经营平稳。

5. “未分配利润”项目分析

“未分配利润”项目反映企业由净利润分配后历年滚存而形成的累计未分配利润（或待弥补的亏损）。这一项目增加，表明企业经营情况稳健；这一项目减少，则意味着可能企业经营发生亏损或者多分配了以往留存的未分配利润。具体仍需结合附注分析。

任务实施

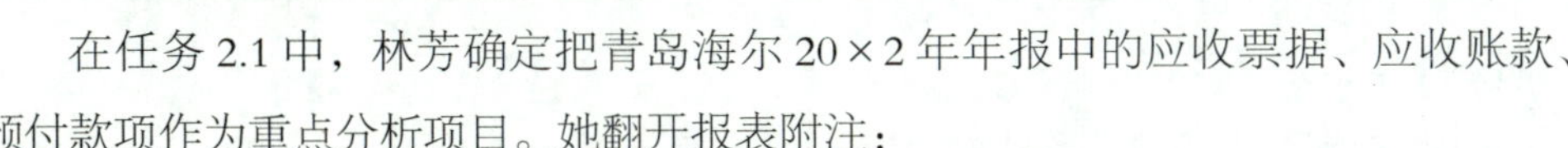

林芳结合财务报表附注对青岛海尔合并资产负债表重点项目进行分析。

附注七

1. 应收项目（附注七、2~4）

在任务 2.1 中，林芳确定把青岛海尔 20×2 年年报中的应收票据、应收账款、预付款项作为重点分析项目。她翻开报表附注：

应收票据情况（附注七、2）如表 2-20 所示。

表 2-20　应收票据情况表

单位：元

项目	20×2年年末	20×1年年末
银行承兑汇票	5 331 082 531.09	4 202 927 502.31
商业承兑汇票	5 672 995 525.35	3 736 461 620.08
合计	11 004 078 056.44	7 939 389 122.39

青岛海尔期末质押的应收票据为 4 868 144 433.19 元。应收票据中包含应收关联公司重庆海尔电器销售有限公司及其他关联方的票据；期末账面余额较期初上升 38.60%，主要是未到期结算票据增加所致。

从附注中可以看出，应收票据的增加主要是未到期结算票据增加所致，主要是经销商加大了银行承兑汇票的使用

量，不影响资产质量，公司对供应商的应付票据也大幅增加，增加的部分也是以票据为主。

应收账款情况（附注七、3）如下：

青岛海尔应收账款 20×2 年 12 月 31 日的账面价值为 4 196 720 339.90 元，20×1 年 12 月 31 日的账面价值为 3 090 747 300.64 元。计提的坏账准备情况如表 2–21 所示。

表 2–21　组合中计提坏账准备的应收账款情况表

账龄	20×2年年末			20×1年年末		
	账面余额/元	比例/%	坏账准备/元	账面余额/元	比例/%	坏账准备/元
1年以内	4 268 618 832.83	96.62	213 430 941.66	3 218 378 441.56	98.92	160 895 822.95
1～2年	132 415 422.43	3.00	6 620 771.12	18 139 281.19	0.56	906 964.06
2～3年	16 273 598.99	0.37	813 679.95	15 362 422.51	0.47	768 121.13
3年以上	292 503.56	0.01	14 625.18	1 513 751.07	0.05	75 687.55
合计	4 417 600 357.81	100.00	220 880 017.91	3 253 393 896.33	100.00	162 646 595.69

（1）期末应收账款中前 5 名的金额总计为 2 672 851 628.72 元，占应收账款账面余额的 60.50%，其对应的账龄均为 1 年以内。

（2）期末应收关联方账款占应收账款账面余额的 46.51%。

（3）期末无应收持本公司 5%（含 5%）以上表决权股份的股东单位的款项。

（4）期末账面余额较期初上升 35.78%，主要是销售规模增加所致。

从表 2–21 中可以看出，青岛海尔 20×2 年年末的应收账款绝大多数都处于一年之内，属于正常的信用范围，结合利润表中营业收入资料，应收账款增加和营业收入规模相适应。

预付款项情况（附注七、4）如下：

青岛海尔预付款项账龄情况如表 2–22 所示。

表 2–22　预付款项账龄情况表

账龄	20×2年年末		20×1年年末	
	账面余额/元	比例/%	账面余额/元	比例/%
1年以内	638 031 631.19	88.74	1 047 690 893.93	96.25
1～2年	72 232 101.41	10.05	32 497 472.66	2.99
2～3年	6 144 634.27	0.85	1 236 668.52	0.11
3年以上	2 601 761.60	0.36	7 066 984.01	0.65
合计	719 010 128.47	100.00	1 088 492 019.12	100.00

（1）期末预付款项中前 5 名的金额总计 317 984 207.84 元，占预付款项账面余额的 44.23%，其对应的账龄均为 1 年以内。

（2）期末预付关联方款项占预付款项账面余额的 42.58%。

（3）期末无持本公司 5%（含 5%）以上表决权股份的股东单位预付款项。

（4）期末预付款项较期初下降 33.94%，主要是预付工程及设备款余额减少所致。

从表 2-22 可以看出，88.74% 的预付款项都在一年以内，期末预付款项较期初下降 33.94%，主要是预付工程及设备款余额减少所致。

2. 长期股权投资（附注七、10）

在任务 2.1 中，林芳确定把青岛海尔 20×2 年年报中的长期股权投资作为重点分析项目。她翻开报表附注七、10。

长期股权投资明细情况如表 2-23 所示，成本法核算的长期股权投资情况如表 2-24 所示，权益法核算的长期股权投资情况如表 2-25 所示，长期股权投资减值准备情况如表 2-26 所示。

表 2-23　长期股权投资明细情况表

单位：元

项目	20×2年年末余额		20×1年年末余额	
	账面余额	减值准备	账面余额	减值准备
长期股权投资				
其中：成本法核算的长期股权投资	383 328 736.35	3 200 000.00	383 428 736.35	3 200 000.00
权益法核算的长期股权投资	1 838 933 610.02	17 238 692.25	1 337 898 446.65	17 238 692.25
合计	2 222 262 346.37	20 438 692.25	1 721 327 183.00	20 438 692.25

表 2-24　成本法核算的长期股权投资情况表

被投资公司名称	初始投资额/元	20×1年年末/元	本期权益增减额/元	20×2年年末/元	占注册资本比例/%
青岛银行	376 303 736.35	376 303 736.35		376 303 736.35	9.45
青岛海尔设备管理有限公司	2 000 000.00	2 000 000.00		2 000 000.00	

续表

被投资公司名称	初始投资额/元	20×1年年末/元	本期权益增减额/元	20×2年年末/元	占注册资本比例/%
海尔金塑制品有限公司	900 000.00	900 000.00		900 000.00	10
青岛海尔海外电器有限公司		400 000.00	−400 000.00		
武汉家电集团公司	1 000 000.00	1 000 000.00		1 000 000.00	
武汉华信高新技术股份公司	200 000.00	200 000.00		200 000.00	
海尔家居集成股份有限公司	2 500 000.00	2 500 000.00		2 500 000.00	5
青岛海永成认证服务有限公司	100 000.00	100 000.00		100 000.00	20
海尔创新技术服务有限公司	25 000.00	25 000.00		25 000.00	5
北京家维亿科技有限公司	300 000.00		300 000.00	300 000.00	15
合计	383 328 736.35	383 428 736.35	−100 000.00	383 328 736.35	

表 2-25　权益法核算的长期股权投资情况表

单位：元

被投资单位名称	初始投资额	期初数	本期增加投资	本期被投资单位权益增减额	本期分得现金红利额	其他减少	期末数
联营企业							
海尔集团财务有限责任公司	420 000 000.00	1 246 837 494.20		485 514 294.88			1 732 351 789.08
青岛海尔软件投资有限公司	12 500 000.00	17 447 299.15		137 419.68			17 584 718.83
上海海尔集成电路设计有限公司	47 557 111.00	51 453 542.50		10 634 469.71			62 088 012.21
合肥华东包装有限公司	6 840 000.00	22 160 110.80		4 748 979.10			26 909 089.90
合计	486 897 111.00	1 337 898 446.65		501 035 163.37			1 838 933 610.02

表 2-26　长期股权投资减值准备情况表

单位：元

项目	20×2年年末余额		20×1年年末余额	
	账面余额	减值准备	账面余额	减值准备
武汉家电集团公司	1 000 000.00	1 000 000.00	1 000 000.00	1 000 000.00
武汉华信高新技术股份公司	200 000.00	200 000.00	200 000.00	200 000.00
青岛海尔设备管理有限公司	2 000 000.00	2 000 000.00	2 000 000.00	2 000 000.00
上海海尔集成电路设计有限公司	62 088 012.21	17 238 692.25	51 453 542.50	17 238 692.25
合计	65 288 012.21	20 438 692.25	54 653 542.50	20 438 692.25

从表 2-23～表 2-26 可以看出，长期股权投资增加主要来源于权益法核算的海尔集团财务有限责任公司权益增加，本期长期股权投资减值准备没有变化，不存在通过计提减值准备操纵利润的现象。

3. 固定资产（附注七、12）

青岛海尔固定资产情况如表 2-27 所示。

表 2-27　固定资产情况表

单位：元

固定资产类别	期初数	本期增加	本期减少	期末数
（1）固定资产原始价值				
房屋及建筑物	2 968 853 930.46	402 391 691.71	8 021 414.83	3 363 224 207.34
生产设备	5 428 239 044.61	960 805 675.41	200 190 901.62	6 188 853 818.40
运输设备	112 176 649.08	21 516 170.78	4 619 891.43	129 072 928.43
办公设备	134 069 918.82	9 425 047.09	3 678 674.26	139 816 291.65
其他	324 740 493.77	37 296 262.06	14 873 996.02	347 162 759.81
合计	8 968 080 036.74	1 431 434 847.05	231 384 878.16	10 168 130 005.63
（2）累计折旧				
房屋及建筑物	1 001 659 700.71	135 568 235.55	3 206 150.92	1 134 021 785.34

续表

固定资产类别	期初数	本期增加	本期减少	期末数
生产设备	3 070 783 300.12	445 964 148.87	149 843 408.13	3 366 904 040.86
运输设备	67 014 279.85	11 094 741.53	3 763 673.80	74 345 347.58
办公设备	84 494 592.66	15 088 472.11	3 335 314.66	96 247 750.11
其他	194 966 075.50	12 490 759.00	11 525 764.86	195 931 069.64
合计	4 418 917 948.84	620 206 357.06	171 674 312.37	4 867 449 993.53
（3）固定资产减值准备				
房屋及建筑物				
生产设备	12 411 662.86	5 138 806.78		17 550 469.64
运输设备				
办公设备				
其他		364 325.65		364 325.65
合计	12 411 662.86	5 503 132.43		17 914 795.29
（4）固定资产账面价值				
房屋及建筑物	1 967 194 229.75			2 229 202 422.00
生产设备	2 345 044 081.63			2 804 399 307.90
运输设备	45 162 369.23			54 727 580.85
办公设备	49 575 326.16			43 568 541.54
其他	129 774 418.27			150 867 364.52
合计	4 536 750 425.04			5 282 765 216.81

本期由在建工程完工转入固定资产金额共计 1 392 913 809.22 元，因此固定资产增加属正常增加。

4. 长期待摊费用（附注七、15）

林芳找到长期待摊费用情况（附注七、15）如表 2-28 所示。

表 2-28　长期待摊费用情况表

单位：元

种类	原始金额	20×1年年末	本期增加	本期摊销	20×2年年末	剩余年限
装修费	5 973 234.77	4 596 856.16	183 133.98	1 048 551.82	3 731 438.32	1～5年
租赁厂房改造支出	73 513 835.48	2 857 497.22	67 845 476.52	7 845 578.49	62 857 395.25	1～10年
其他	15 234 570.59	4 185 753.26	8 955 940.70	2 891 289.31	10 250 404.65	1～10年
合计	94 721 640.84	11 640 106.64	76 984 551.20	11 785 419.62	76 839 238.22	

由表 2-28 可以看出，长期待摊费用较期初增加 560.14%，主要是新增租赁厂房改造维修费、生产线改造的设计费增加所致。

5. 应付账款（附注七、20）

通过查看附注七、20 得知青岛海尔 20×2 年应付账款期末账面余额中无欠持有本公司 5%（含 5%）以上表决权股份的股东单位的款项。其应付账款主要是对供应商的欠款，与销售规模增大相适应，属于正常的增长。

6. 应交税费（附注七、23）

结合附注七、23 可以看出，本报告期末应交税费较期初增加 45.10%，主要是应交企业所得税增加所致，结合利润表判断为利润增加所致的正常增长。

7. 应付利息（附注七、24）

青岛海尔应付利息情况如表 2-29 所示。

表 2-29　应付利息情况表

单位：元

项目	20×2年年末	20×1年年末
短期借款利息	7 487 285.61	8 802 932.76
企业债券利息		9 151 908.00
合计	7 487 285.61	17 954 840.76

本报告期期末应付利息较期初减少 58.30%，主要是偿还企业债券利息所致。

8. 应付股利（附注七、25）

通过查看附注七、25 可以看出本报告期期末应付股利较期初下降 92.01%，主要是本期子公司支付股东股利所致。

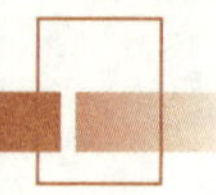

9. 其他应付款（附注七、26）

分析附注七、26可知，本报告期期末其他应付款较期初增加32.07%，主要是本期应付未付费用增加所致。期末账面余额中主要包含售后维修费、广告费等已发生尚未支付的费用。

10. 预计负债（附注七、30）

青岛海尔预计负债情况如表2-30所示。

表2-30　预计负债情况表

单位：元

项目	20×2年年末	20×1年年末
售后维修费	1 626 564 062.02	1 377 322 768.63
购买少数股东股权	428 270 000.00	115 000 000.00
合计	2 054 834 062.02	1 492 322 768.63

预计负债期末较期初增加37.69%，主要是由于预计的需要支付购买少数股东股权款项的增加，以及因销售规模增大，计提的售后三包费增加所致，属于________增长。

恭喜您完成了！

11. 递延所得税负债（附注七、31）

通过附注七、31看出，递延所得税负债较期初增加36.95%，主要是其他应纳税暂时性差异增加所确认的递延所得税负债增加所致。

12. 未分配利润（附注七、36）

通过附注七、36可以看出，未分配利润的大幅增长主要归因于本年度母公司所有者的净利润增加所致。结合利润表分析，这一项目的平稳增加，表明企业经营情况平稳上升、经营稳健，企业经营情况良好。

技能训练

正方公司20×2年和20×3年年末的资产负债表有关资料如表2-31所示。

表2-31　比较资产负债表

企业名称：正方公司　　　　20×3年12月31日　　　金额单位：万元　币种：人民币

项目	20×3年12月31日	20×2年12月31日
资产：		
速动资产	3 800	4 000

续表

项目	20×3年12月31日	20×2年12月31日
存货	6 300	5 000
流动资产合计	10 100	9 000
固定资产净额	17 000	15 000
资产合计	27 100	24 000
负债:		
流动负债	5 600	5 000
非流动负债	3 500	3 000
所有者权益:		
实收资本	13 000	13 000
公积金	3 200	1 900
未分配利润	1 800	1 100
所有者权益合计	18 000	16 000
负债及所有者权益合计	27 100	24 000

【要求】请编制该公司的“资产负债表水平分析表”，并对资产和权益的变动情况进行分析。

任务2.3　资产负债表比率分析

工作任务

林芳要对青岛海尔资产负债表进行比率分析，通过比率分析其偿债能力。

2.3.1 什么是短期偿债能力分析？

视频："四表一注"之资产负债表分析（三）

短期偿债能力，是指企业用流动资产偿还流动负债的能力。一个企业短期偿债能力的大小，要看流动资产和流动负债的多少和质量状况。企业流动资产包括货币资金、交易性金融资产、应收及预付款项、存货等。流动资产是影响企业短期偿债能力的基本因素。

1. 流动比率

流动比率，是指流动资产与流动负债的比率，表明企业以流动资产偿还流动负债的能力。它是考核企业短期偿债能力的最基本、最通用的指标。其计算公式为：

$$流动比率=\frac{流动资产}{流动负债}\times 100\%$$

流动比率越高，说明企业偿还流动负债的能力越强，短期债权人利益的安全程度也就越高。

20 世纪初，美国银行家一般以企业流动比率作为其核定企业贷款的依据，而且要求这一比率在 2 以上。但是对于企业来说，流动比率过高并非好现象。流动比率越高，说明企业滞留在流动资产上的资金较多，很可能企业资金未能有效加以利用。

不同的行业对流动比率大小的要求并不相同。生产周期较短的企业，流动比率可能相对低一些；生产周期较长的企业，流动比率相对高一点。流动比率的评价，应当结合不同行业的特点和企业流动资产的结构等因素。例如，一个发电厂的流动比率为 1，很可能比较正常；某一个船舶制造厂的流动比率为 2，也可能是正常的。

2. 速动比率

速动比率，是指速动资产与流动负债的比率。速动资产，是企业流动资产中流动性（变现能力）较强的那部分资产，主要包括货币资金、交易性金融资产和应收款项。流动资产中的存货因变现速度较慢，不包括在速动资产中。预付账款也不能拿来偿还流动负债。速动比率衡量企业流动资产中可立即用于偿还流动负债的能力，是流动比率的一个重要辅助指标，这个指标也称为酸性测试比率。其计算公式为：

$$速动比率=\frac{速动资产}{流动负债}\times 100\%$$

$$速动资产=流动资产-存货-预付账款$$

速动比率越高，表明企业偿还流动负债的能力越强。

一般认为，如果每一元的流动负债有一元的速动资产来偿还，即速动比率为 100% 时，则

表明企业既有良好的债务偿还能力，又有较为合理的流动资产结构。速动比率没有统一的标准，各行业的速动比率会有很大差别。

3. 现金比率

现金比率，是指现金类资产与流动负债的比率。现金类资产，是指企业所拥有的现金及现金等价物。现金，是指货币资金（包括库存现金、银行存款和其他货币资金）；现金等价物，是指企业拥有的持有期限短、流动性强、易于转换为已知金额的现金及价值变动风险很小的投资。现金比率衡量企业以现金类资产即刻直接支付流动负债的能力，其计算公式为：

$$现金比率=\frac{现金及现金等价物}{流动负债}\times 100\%$$

现金比率应当维持在什么水平，也应当根据企业行业特点和生产经营活动的规模来确定。现金比率过低，很可能使企业陷入无力偿还或不能及时采购原材料、及时支付职工工资的财务困境；现金比率过高，也可能导致企业机会成本增加，失去若干可以获利的机会。一般认为，现金比率保持在 30% 左右较为适宜。

提示

进行短期偿债能力分析时，不能孤立地看某个指标，应该综合考察，才能全面和客观地判断企业短期偿债能力的大小。如果商业债权占流动资产比重很大，即使流动比率和速动比率指标都很高，其短期偿债能力仍值得怀疑，还要进一步分析原因。同样，分析企业短期偿债能力时，必须考虑存货的变现速度。此外，有些财务报表资料中没有反映出来的因素，也会影响企业的短期偿债能力：一是可动用的银行贷款指标；二是准备很快变现的长期资产；三是偿债能力的声誉；四是担保责任引起的负债。

2.3.2 什么是长期偿债能力分析?

长期偿债能力，是指企业偿付长期债务的能力。对企业进行长期偿债能力分析，主要考虑两个方面：一是企业的资本结构，包括企业非流动负债的规模和结构、企业资产与负债及所有者权益各组成因素之间的比例关系等；二是企业的获利能力，从长远看，企业获取的利润与长期偿债能力之间有紧密的联系。

1. 资产负债率

资产负债率，是指企业负债总额与资产总额的比例关系，也称负债比率。资产负债率反映总资产中有多大比例是通过负债取得的，可以表明企业清算时资产对债权人权益的保障程度。

其计算公式为：

$$资产负债率=\frac{负债总额}{资产总额}\times 100\%$$

当资产负债率高于50%时，表明企业资产来源主要依靠的是负债，财务风险较大；当资产负债率低于50%时，表明企业资产的主要来源是所有者权益，财务比较稳健。这一比率越低，表明企业资产对负债的保障能力越高，企业的长期偿债能力越强。

作为资产负债率指标，应当从债权人、所有者、企业经营管理者等不同角度考虑。从债权人的立场看，资产负债率越低越好，企业偿债有保证，贷款不会有太大风险；从所有者的立场看，其关心的是举债的效益。在全部资本利润率高于借款利息率时，负债比率越大越好，因为股东所得到的利润就会加大。从经营者的立场看，其进行负债决策时，更关注如何实现风险和收益的平衡。资产负债率较低表明财务风险较低，但同时也意味着可能没有充分发挥财务杠杆的作用，盈利能力也较低；而较高的资产负债率表明较大的财务风险和较高的盈利能力。只有当负债增加的收益能够涵盖其增加的风险时，经营者才考虑借入负债。而在风险和收益实现平衡的条件下，是选择较高的负债水平还是较低的负债水平，则取决于经营者的风险偏好等多种因素。

提示

对资产负债率分析时，应结合以下几个方面：① 结合营业周期分析：营业周期短的企业，资产周转速度快，可以适当提高资产负债率。② 结合资产构成分析：流动资产所占比率较大的企业可以适当提高资产负债率。③ 结合企业经营状况分析：处于成长期的企业可适当提高资产负债率。④ 结合客观经济环境分析：如利率和通货膨胀水平。当利率提高时，会加大企业负债的实际利率水平，增加企业的偿债压力，这时企业应降低资产负债率。⑤ 结合资产质量和会计政策分析。⑥ 结合行业差异分析：不同行业资产负债率有较大差异。

2. 产权比率

产权比率，是指负债总额与所有者权益总额的比例关系，它是表明企业财务结构稳健与否的重要标志，是衡量长期偿债能力的指标之一。产权比率反映由债务人提供的资本与所有者提供的资本的相对关系，即企业财务结构是否稳定；而且反映债权人资本受股东权益保障的程度，或者是企业清算时对债权人利益的保障程度。其计算公式为：

$$产权比率=\frac{负债总额}{所有者权益总额}\times 100\%$$

一般来说，这一比率越低，表明企业长期偿债能力越强，债权人权益保障程度越高。在分

析时同样需要结合企业的具体情况加以分析，当企业的资产收益率大于负债成本率时，负债经营有利于提高资金收益率，获得额外的利润，这时的产权比率可适当高些。产权比率高，是高风险、高报酬的财务结构；产权比率低，是低风险、低报酬的财务结构。

提示

产权比率与资产负债率对评价偿债能力的作用基本一致，只是资产负债率侧重于分析债务偿付安全性的物质保障程度；产权比率则侧重于揭示财务结构的稳健程度以及自有资金对偿债风险的承受能力。

3. 利息保障倍数

利息保障倍数也称已获利息倍数，是指企业的息税前利润与所支付的利息费用之间的倍数关系。该指标能测定企业以获取的利润承担借款利息的能力，是评价债权人投资风险程度的重要指标之一。利息保障倍数是从企业盈利方面来考察其长期偿债能力，其计算公式为：

$$利息保障倍数=\frac{息税前利润}{利息费用}=\frac{利润总额+利息费用}{利息费用}$$

利息保障倍数越高，表明企业对偿还债务的保障程度就越强。从长期来看，利息保障倍数至少应大于1，企业长期债务才有保障偿还。

提示

企业短期偿债能力指标主要有流动比率、速动比率和现金比率。长期偿债能力指标主要有资产负债率、利息保障倍数、产权比率等。如果偿债能力比率中资产的管理及周转出现困难，那么这些比率将不能客观地反映企业财务状况。

任务实施

林芳对青岛海尔进行资产负债表比率分析。

【步骤1】计算分析青岛海尔短期偿债能力指标如下：

流动比率（20×2年年初）=31 393.67÷25 969.26=1.21

流动比率（20×2年年末）=39 699.69÷31 341.24=1.27

速动比率（20×2年年初）=（31 393.67−5 980.87−1 088.49）÷25 969.26=0.94

速动比率（20×2年年末）=（39 699.69−7 098.65−719.01）÷31 341.24=1.02

现金比率（20×2 年年初）=12 890.09÷25 969.26=0.50

现金比率（20×2 年年末）=16 283.77÷31 341.24=0.52

上述计算分析表明，青岛海尔一年来的主要短期偿债能力指标，如流动比率、速动比率和现金比率比年初都有所增加，说明公司短期偿债能力不断提高。流动比率的指标无论是年初还是年末，都超过 1.2，速动比率都在 1 左右，现金比率在 0.5 以上，基本符合一般公认的标准，初步说明企业短期偿债能力良好。

【步骤 2】计算分析青岛海尔长期偿债能力指标如下：

资产负债率（20×2 年年初）=28 221.13÷39 783.74=0.71

资产负债率（20×2 年年末）=34 262.18÷49 688.32=0.69

产权比率（20×2 年年初）=28 221.13÷11 562.60=2.44

产权比率（20×2 年年末）=34 262.18÷15 426.14=2.22

利息保障倍数（20×2 年年初）=（4 413.54+115.38）÷115.38=39.25

该公司 20×2 年年末财务费用为负数。

上述计算分析表明，该公司一年来的主要长期偿债指标，虽逐渐下降，但依然都高于公认标准，说明公司长期偿债能力较弱，公司运用的是高风险、高报酬的财务结构。20×2 年年末财务费用为负数，表明企业从盈利角度看长期偿债能力在增强。具体分析时还要看财务费用的构成。

结论（债权人角色）：根据以上分析，林芳认为＿＿＿＿＿＿青岛海尔贷款。原因是＿＿＿＿＿＿＿＿＿＿＿＿＿＿＿＿＿＿＿＿＿＿＿＿＿＿。

资产负债表比率分析总结如表 2-32 所示。

表 2-32　资产负债表比率分析总结

比率		公式	含义
偿债能力	短期	流动比率＝流动资产／流动负债	表明企业以流动资产偿还流动负债的能力
		速动比率＝速动资产／流动负债	表明企业流动资产中有多少可以立即用于偿付流动负债的能力
		现金比率＝（货币资金＋短期有价证券）／流动负债	表明企业直接支付流动负债的能力
	长期	资产负债率＝（负债总额／资产总额）×100%	表明企业资产对债权人权益的保障程度
		产权比率＝（负债总额／所有者权益总额）×100%	表明企业财务结构稳健与否的重要标志
		利息保障倍数＝（税前利润＋利息支出）／利息费用	表明企业以利润承担借款利息的能力

资产负债表分析要点如表 2-33 所示。

表 2-33　资产负债表分析要点

七看	分析要点
看左方	资产规模、资产结构和资产质量
看右方	资产取得的方式、负债规模结构和自有资本实力
看资产负债表（BS）重点项目	影响财务状况的主要原因
左右对比看	偿债能力、支付能力和财务风险
前后对比看	财务状况发展变化趋势及原因
与现金流量表（CS）对比看	现金周转能力和偿债压力
与利润表（IS）对比看	盈利能力和周转能力

技能训练

京美公司是一家商业企业，20×3 年的资产负债表的主要报表数据如表 2-34 所示。

表 2-34　资产负债表的主要报表数据

单位：元

项目	20×3年年末	20×3年年初	项目	20×3年年末	20×3年年初
存货	96 000	88 000	流动负债	60 000	56 000
流动资产	140 000	117 600	长期负债	280 000	40 000
资产总额	876 000	628 000			

【要求】根据表 2-34：

（1）计算反映该公司 20×3 年年末及年初短期偿债能力的指标；

（2）计算反映该公司 20×3 年年末及年初长期偿债能力的指标。

德技并修

国内首例债券违约事件

2014 年 3 月 4 日，注定是中国资本市场极不平凡的日子。当晚，深圳证券交易所披露的《上海超日太阳能科技股份有限公司 2011 年公司债券第二期利息无法按期全额支付的公告》称，超日太阳于 2012 年 3 月 7 日发行的 2011 年公司债券（简称“11 超日债”）第二期利息原定金额共计人民币 8 980 万元，但由于各种不可控的因素，公司付息资金仅落实人民币 400 万元。因此，“11 超日债”本期利息将无法于原定付息日按期全额支付，仅能够按期支付共计人民币 400 万元。

3 月 7 日当天，上述公告中所述事实兑现。至此，“11 超日债”正式违约，成为国内首例债券违约事件。

超日太阳于 2010 年 11 月在深交所中小企业板上市，2012 年 3 月 7 日发债之后，即于 4 月 16 日预报 2011 年亏损 6 000 万元。2013 年 1 月 17 日，公司发布公告称 2012 年预计亏损 9 亿~11 亿元，并披露公司面临流动性风险，大多数资产已被质押、抵押或查封。2013 年 1 月 23 日，公司公告称因涉嫌未按规定披露信息，证监会上海稽查局于 22 日已对其立案调查。

2013 年 5 月 20 日，由于超日太阳 2011 年、2012 年连续两年亏损，深圳证券交易所决定将超日太阳发行的 2011 年公司债券暂停上市。

2014 年 5 月 22 日，由于超日太阳 2013 年继续亏损，深圳证券交易所决定超日太阳 2011 年公司债券自 2014 年 5 月 30 日起终止上市。

（资料来源：和讯网）

思考：“11 超日债”事件有何影响？对同学们有何启发？

启示：“11 超日债”事件成为国内首例债券违约事件，给市场各方带来深刻反思。超日太阳信息披露违规不仅会影响公司的企业形象并降低公司的价值，而且会增加信息不对称程度进而增大信用风险并引发投资者的非理性行为。

在财务工作中，同学们应该树立平衡观、企业整体观，切不可为了眼前短利而隐瞒相关财务信息，造成信息披露违规事件。

同步测试

一、单项选择题

1. 若流动比率大于 1，则下列结论成立的是（　　）。

   A. 速动比率大于 1　　B. 营运资金大于零

   C. 短期偿债能力绝对有保障　　D. 资产负债率大于 1

2. 最稳健的衡量企业短期偿债能力的方法是采用（　　）。

   A. 流动比率　　B. 速动比率

   C. 现金比率　　D. 以上均不是

3. 在计算速动比率时，之所以要扣除存货项目，是由于（　　）。

A. 存货的价值变动较大　　B. 存货的数量不易确定

C. 存货的质量难以保证　　D. 存货的变现能力较差

4. 下列叙述中，正确的选项是（　　）。

A. 流动比率大于 1，则速动比率大于 0.5

B. 流动比率大于 1，则速动比率大于 20%

C. 流动比率大于 1，则短期偿债能力绝对有保障

D. 流动比率、速动比率及现金比率三者之间没有明确的数量关系

5. 企业的长期偿债能力主要取决于（　　）。

A. 资产的短期流动性　　B. 获利能力

C. 资产的多少　　D. 债务的多少

6. 在正常情况下，下列说法错误的是（　　）。

A. 货币资产比非货币资产流动性强

B. 金融资产比实物资产流动性弱

C. 短期资产比非货币长期资产流动性强

D. 临时波动资产比永久固定资产流动性强

7. 能增加企业变现能力的因素除了从财务报表中反映出来以外，还有（　　）。

A. 未作记录的或有负债　　B. 可动用的银行贷款指标

C. 售出产品可能发生的质量事故赔偿　　D. 担保责任引起的负债

8.（　　）资本结构的主要标志是企业流动资产的一部分资金需要由流动负债来满足，另一部分资金需要则是由非流动负债来满足。

A. 保守型　　B. 稳健型

C. 平衡型　　D. 风险型

9. 以下不属于偿债比率的是（　　）。

A. 产权比率　　B. 资产负债率

C. 应收账款周转率　　D. 利息保障倍数

10. 某企业库存现金 50 万元，银行存款 800 万元，应收账款 400 万元，存货 1 200 万元，流动负债 2 000 万元，长期待摊费用忽略不计。据此计算出该企业的速动比率为（　　）。

A. 0.625　　B. 0.905

C. 1.505　　D. 0.305

11. 资本结构具体是指企业的（　　）的构成和比例关系。

A. 各种资本　　B. 长期股权投资与流动负债

C. 长期应付款与固定资产　　D. 递延资产与应付账款

12. 某企业的流动资产为 230 000 元，长期资产为 4 300 000 元，流动负债为 105 000 元，长期负债为 830 000 元，则资产负债率为（　　）。

A. 19%　　B. 18%

C. 45%　　D. 21%

二、多项选择题

1. 以下有关资产负债率的论述错误的有（　　）。

A. 该指标反映了债权人提供的资本占全部资本的比例

B. 债权人希望资产负债比率越高越好，否则其贷款不安全

C. 股东关心的是全部资本利润率是否超过借入资金的利率

D. 对股东而言，资产负债比率越低越好，因为财务风险小

2. 企业速动资产包括（　　）等。

A. 现金　　B. 存货

C. 短期投资　　D. 应收账款

3. 速动比率能表明企业的短期偿债能力，但影响速动比率可信度的重要因素是（　　）。

A. 现金的多少　　B. 待摊费用的大小

C. 短期投资的变现能力　　D. 应收账款的变现能力

4. 反映企业偿债能力的指标有（　　）。

A. 利息保障倍数　　B. 净资产收益率

C. 资产损失比率　　D. 资产负债率

5. 下列比率越高，反映企业偿债能力越强的有（　　）。

A. 速动比率　　B. 流动比率

C. 资产负债率　　D. 现金比率

6. 当企业全部资本利润率高于借款利息率时，负债比例越大越好，这是从（　　）的角度来说的。

A. 经营者　　B. 财务管理

C. 债权人　　D. 股东

7. 下列说法正确的有（　　）。

A. 一般来说，流动比率越高，说明资产的流动性越强，短期偿债能力越强

B. 一般来说，速动比率越高，说明企业短期内可变现资产偿还短期内到期债务的能力越强

C. 流动比率越高，则速动比率也越高

D. 对企业而言，现金比率越高越有利

8. 企业的资本结构类型包括（　　）。

A. 保守型　　　　B. 稳健型

C. 平衡型　　　　D. 风险型

9. 如果流动资产大于流动负债，则月末用现金偿还一笔应付款会使（　　）。

A. 速动比率提高　　　　B. 速动比率变化不确定

C. 流动比率提高　　　　D. 流动比率降低

10. 流动比率为1.2，则赊购材料一批（不考虑增值税），将会导致（　　）。

A. 流动比率提高　　　　B. 流动比率降低

C. 流动比率不变　　　　D. 速动比率降低

三、判断题

1. 对债权人而言，企业的资产负债率越高越好。（　　）
2. 如果本期总资产比上期有较大幅度增加，表明企业本期经营盈利。（　　）
3. 只要本期未分配利润增加，就可以断定企业本期经营盈利。（　　）
4. 固定资产比重越高，企业资产的弹性越差。（　　）
5. 负债结构变动一定会引起负债规模发生变动。（　　）
6. 如果企业的资金全部是股东出资，则企业既无财务风险也无经营风险。（　　）
7. 尽管流动比率可以反映企业的短期偿债能力，但有的企业流动比率较高，却没有能力支付到期的应付账款。（　　）
8. 风险型资本结构的主要标志是流动资产的一部分资金需要由长期资金来解决。（　　）
9. 提取坏账准备表明企业应收款项的实际金额减少。（　　）
10. 现金比率越高越好。（　　）

综合训练

实训目标：对资产负债表进行全面分析。

实训资料：上网收集所选上市公司报表及相关资料。

实训要求：每个小组选择一家上市公司，对其近两年来的资产负债表进行全面分析并上交课业报告，报告需同时提交PPT和Word电子文档，请在报告封面注明组员的姓名及分工明细情况（注意角色轮换），并准备在班级演示。

延伸阅读

应收账款及票据激增六成四　博瑞医药拟冲科创板对手多为上市公司

博瑞生物医药（苏州）股份有限公司（下称博瑞医药）前五大客户中，国内客户不断变化，且报告期内存货金额较高。而全资子公司广泰生物、博瑞泰兴曾因安全生产问题被处罚。当谷歌公司宣布其最新人工智能 AlphaFold 已成功根据基因序列预测出生命基本分子——蛋白质的三维结构，也就意味着通过某种“重新编程”改造人体内 2.3 万个基因以延缓衰老或远离疾病的设想，不再属于“科幻片”范畴。

不过，无论是 2045 年还是更长远的时间，在达成这一目标前，随着全球人口老龄化程度加速度提高，来自疾病的困扰以及由此派生出对高端化学药的需求，无疑是一门利益巨大的生意。也正因如此，截至 2019 年 4 月 14 日上交所科创板股票发行合计 72 家待审企业中出现 14 家医药和生物科技企业，权重达到 19.4%，就再正常不过。

近日，上交所官网披露了博瑞医药首次公开发行股票招股说明书。据悉，博瑞医药此次拟公开发行股票不超过 4 100 万股，募集资金 3.6 亿元，保荐机构为民生证券，联席主承销商包括中信证券（600030）。公开资料显示，该公司控股股东为袁建栋，其直接以外资股持有该公司 30.77% 的股份。袁建栋与其母亲钟伟芳合计控制博瑞医药 1.88 亿股的表决权，占比 50.94%。博瑞医药自称是一家“研发驱动、参与国际竞争的化学制药全产业链企业”，主要从事高技术壁垒的医药中间体、原料药和制剂产品的研发和生产业务。

2016—2018 年（下称报告期），该公司已发展出覆盖抗真菌、抗病毒、心脑血管、抗肿瘤等领域一系列产品和技术，并通过医药中间体和原料药的生产销售、参与制剂销售分成以及相关研发技术转让实现商业化运营。不过《投资时报》研究员发现，报告期内该公司的存货账面价值偏高；前五大客户中国内客户不断变化；同时，外销占总营收的比例均超 50%。而 2018 年，该公司全资子公司广泰生物、博瑞泰兴还曾因安全问题受到安全生产监督管理局的行政处罚，处罚金额合计 5 万元。尤其值得注意的是，该公司 2018 年年度应收账款及应收票据出现大幅增长。

存货金额偏高

报告期内，博瑞医药实现营业收入分别为 2 亿元、3.17 亿元、4.11 亿元，实现净利润分别为 1 706.10 万元、4 587.64 万元、7 624.37 万元，营业收入及利润增速平稳。而上述三年公司的综合毛利率分别为 57.67%、58.93% 和 58.83%，净利率亦从 8.5% 升至 18.5%。

但与此同时，报告期内该公司存货的账面价值分别达到 0.63 亿元、0.86 亿元和 1.03 亿元，占同期营业收入的比例为 31.5%、27.13% 及 25.06%。虽有下降趋势，相较而言存货占比仍然偏高。对此，博瑞医药在回应《投资时报》时表示，一方面由于公司产品具有技术壁垒高、仿制

难度大、市场相对稀缺的特性，存货跌价风险相对较低。另一方面公司的产品从原材料到产成品的周期相对较长，为了及时响应客户需求，需要储备一定的安全库存。

应收账款及应收票据大幅增加

据招股书显示，2016 年博瑞医药的前五大客户中，国内客户为广东泓森医药有限公司和福建广生堂（300436）药业有限公司。2017 年，该公司的前五大客户中，国内客户变成了杭州中美华东制药有限公司。而到了 2018 年，该公司的前五大客户中，国内客户变成了江苏恒瑞医药（600276）有限公司和江苏盛迪医药有限公司。

《投资时报》研究员查阅招股书发现，该公司前五大客户中，国内客户每年都在变化，而国外客户却相对稳定。博瑞医药表示，公司拥有庞大且优质的客户群体，覆盖全球知名的仿制药和料药企业以及国内大型仿制药企业。随着公司产品数量和业务规模的不断增长，新增客户数量将持续增加。

另外，值得注意的还有该公司的前五大产品国内的竞争对手。

据招股书显示，2018 年博瑞医药前五大产品为卡泊芬净、恩替卡韦、米卡芬净、阿尼芬净和吡美莫司，占营业收入的比例分别为 26.09%、15.18%、12.76%、11.33% 和 7.84%。

据悉，截至 2018 年年底，国内市场卡泊芬净制剂除默沙东原研药外，其主要竞争厂商为恒瑞医药（600276.SH）；而恩替卡韦是目前世界卫生组织和各国临床指南推荐的慢性乙型肝炎患者抗病毒医治的一线用药，其主要竞争厂商为奥翔药业（603229.SH）；截至 2018 年年底，国内米卡芬净制剂有 1 家进口制剂获得生产批文，2 家国内企业获得生产批文，其主要竞争厂商为海正药业（600267）（600267.SH）。对于阿尼芬净和吡美莫司，目前国内市场尚未有阿尼芬净制剂获批上市；对于后者，目前国内制剂仅 MEDA Pharna（美达制药）获批生产。

可以看到，博瑞医药前五大产品中，有三大产品直接面临国内上市药企的竞争。业内分析人士认为，对于原料药、中间体行业，一旦未来行业竞争加剧，势必使得公司毛利率水平下滑，将影响公司整体盈利水平。

此外，该公司的应收账款及应收票据也有异动迹象。

报告期内，博瑞医药实现净资产收益率为 8.06%、11.45% 和 15.74%，而同期其现金流量净额分别为 0.3 亿元、0.36 亿元和 0.64 亿元，2017 年及 2018 年同比增长为 20% 和 77.78%。虽然公司现金流净额和净资产收益在 2018 年有显著增加，但其应收账款和应收票据也显著增加。据招股书显示，博瑞医药报告期内应收账款及应收票据合计分别为 0.79 亿元、0.87 亿元和 1.42 亿元，2017 年及 2018 年同比增长分别为 10.13% 和 63.22%。

（摘自：王彦强. 应收账款及票据激增六成四
博瑞医药拟冲科创板对手多为上市公司. 投资时报. 2019-04-17.）

项目三

利润表分析

学习目标

知识目标

1. 了解利润表初步分析内容及作用；
2. 掌握利润表项目分析内容；
3. 掌握利润表比率分析内容，能够分析企业盈利能力、营运能力和发展能力。

能力目标

1. 能阅读利润表并进行利润表初步分析；
2. 能对利润表进行项目分析和比率分析。

素养目标

1. 培养学生在财务分析工作中的平衡观、企业整体观；
2. 强化责任意识，提高自身职业素养；
3. 增强遵守法律法规的意识。

关键术语

利润表（Income Statement）

营业利润（Business/Operating Profit）

净利润（Net Profit）

综合收益（Overal Revenue）
盈利能力分析（Analysis of Profitability）
营业净利率（Net Profit Margin）
资产净利率（Net Asset Profit Rate）
净资产收益率（Rate of Return on Equity）
市盈率（Price Earning Ratio）
总资产周转率（Total Assets Turnover）
营业增长率（Increase Rate of Main Business Revenue）
可持续增长率（The Sustainable Growth Rate）

角色：投资者

孙红在 20×1 年年初购买了 1 000 股青岛海尔的股票，作为股东，她非常希望青岛海尔股票给她带来更多的家庭财富，因此，她非常关注公司的经营业绩和盈利能力。当青岛海尔 20×2 年年度报告公布后，她很快收集了合并利润表进行盈利能力分析，她需要完成以下任务：

任务 3.1　利润表初步分析
任务 3.2　利润表项目分析
任务 3.3　利润表比率分析

任务3.1　利润表初步分析

工作任务

孙红希望通过初步分析了解青岛海尔盈利能力的发展趋势，以决定是否继续持有该公司股票。她收集了青岛海尔 20×2 年 1—12 月的合并利润表（如表 3-1 所示）开始阅读，然后，分别从水平分析和垂直分析两个角度进行利润表初步分析。

表 3-1　合并利润表

编制单位：青岛海尔股份有限公司　　20×2 年 1—12 月　　单位：百万元　币种：人民币

项目	20×2年	20×1年
一、营业收入	79 856.60	73 852.55
减：营业成本	59 703.87	56 429.18
税金及附加	429.87	332.31
销售费用	9 628.80	9 109.74
管理费用	4 774.00	3 759.00
研发费用	415.00	300.71
财务费用	−22.15	116.65
其中：利息费用		
利息收入		
加：投资收益（损失以“−”号填列）	542.59	420.76
公允价值变动收益（损失以“−”号填列）		
资产减值损失（损失以“−”号填列）	−199.88	−159.30
二、营业利润（损失以“−”号填列）	5 269.92	4 066.42
加：营业外收入	197.37	369.72
减：营业外支出	39.01	18.99
三、利润总额（亏损总额以“−”号填列）	5 428.28	4 417.15
减：所得税费用	1 067.66	766.51
四、净利润（净亏损以“−”号填列）	4 360.62	3 650.64
（一）持续经营净利润（净亏损以“−”号填列）	4 360.62	3 650.64
（二）终止经营净利润（净亏损以“−”号填列）		
五、其他综合收益的税后净额	−1.20	−3.89
六、综合收益总额	4 359.42	3 646.75
（一）归属于母公司所有者的综合收益总额	3 267.48	2 697.44
（二）归属于少数股东的综合收益总额	1 091.94	949.31
七、每股收益		
（一）基本每股收益	1.22	1.00
（二）稀释每股收益	1.22	1.00

法定代表人：杨绵绵　　主管会计工作负责人：梁海山　　会计机构负责人：宫伟

提示

其他综合收益，是指企业根据其他会计准则规定未在当期损益中确认的各项利得和损失。

相关知识

3.1.1　利润表分析有何作用？

视频："四表一注"之利润表分析（一）

利润表（Income Statement），又称综合收益表，是反映企业在一定期间经营成果的财务报表。利润表采用多步式结构编制，以"综合收益 =（收入 − 费用）+（利得 − 损失）"为基础。利润表分析的作用具体表现为：

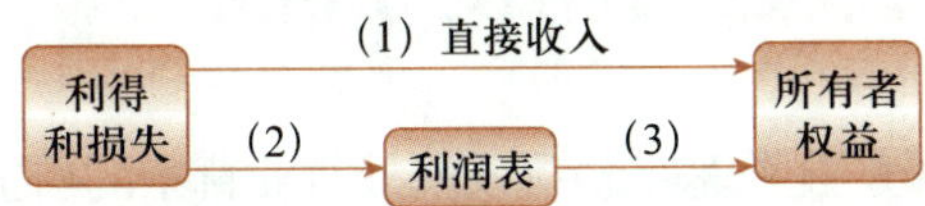

1. 正确评价企业的经营业绩

利润表中显示了营业利润、利润总额和净利润及其影响因素，通过不同环节的利润分析，可以具体了解利润形成的主要因素，准确说明各环节的业绩。

2. 及时发现企业经营管理中存在的问题

成本费用的控制是经营管理的一个重要方面，通过利润表分析，能发现成本费用控制方面存在的问题或不足，为进一步改进企业经营管理工作指明方向。

3. 为投资和信贷决策提供依据

利润表能够反映企业的盈利水平和能力，通过对企业利润的分析，可以为投资人、债权人及其他外部信息使用者进行相关经济决策提供依据。

提示

利润表各项目编制说明如表 3−2 所示。

表 3−2　利润表各项目编制说明

填列方法			利润表项目填列举例
本期金额	直接填列	根据各损益类账户的本期发生额填列	"税金及附加""销售费用""管理费用""研发费用""财务费用""资产减值损失""公允价值变动损益""投资收益""所得税费用"等项目

续表

填列方法			利润表项目填列举例
本期金额	间接填列	根据相关项目计算分析填列	如“营业收入”“营业成本”“营业利润”“利润总额”和“净利润”等项目
上期金额	根据上期利润表“本期金额”栏内所列数字填列，如果上期利润表与本期利润表规定的项目名称和内容不一致，应对上期利润表各项目的名称和数字按本期的规定进行调整，填入本表“上期金额”栏内		
备注	企业需要提供比较利润表，以便于报表使用者通过比较不同时期利润的实现情况，判断企业经营成果的未来发展趋势。因此，利润表的各项目分为“本期金额”和“上期金额”两栏分别填列		

3.1.2　如何对利润表进行初步分析？

利润表初步分析，是在了解企业基本情况及所处行业背景的前提下，初步了解收入、费用、利润等总量和结构及其变动情况，分析其总量增减和结构变动是否合理，初步判断企业经营成果变动趋势，并找到需重点分析的项目。利润表初步分析包括水平分析和垂直分析。

1. 利润表水平分析

利润表水平分析，是在利润表中，用金额、百分比的形式，将各个项目的本期数据与基期数据相比，以观察企业经营成果变化趋势的方法。利润表水平分析的目的在于揭示利润额的差异及产生原因。对比的标准可以是预算、上期或历史最高水平、国内外同行业先进水平。对比标准不同，其分析目的或作用也不同。通过观察报表中各项目的增减变化情况，可以发现重要的异常变化，并且对这些变化做进一步分析，找出其变化的原因，判断这种变化是有利的还是不利的，并对这种趋势是否会延续作出判断。

2. 利润表垂直分析

利润表垂直分析也称结构分析，通常需要编制垂直分析表，通过计算各因素或各种财务成果在营业收入中所占的比重，分析说明财务成果的结构及其增减变动的合理性。

任务实施

孙红根据青岛海尔 20×2 年 1—12 月的合并利润表及相关资料进行利润表水平分析和垂直分析。

1. 水平分析

【步骤 1】编制利润表水平分析表，如表 3-3 所示。

表 3-3　青岛海尔利润表水平分析表

单位：百万元

项目	20×2年	20×1年	增减额	增减幅度 /%
一、营业收入	79 856.60	73 852.55	6 004.05	8.13
减：营业成本	59 703.87	56 429.18	3 274.69	5.80
税金及附加	429.87	332.31	97.56	29.36
销售费用	9 628.80	9 109.74	519.06	5.70
管理费用	4 774.00	3 759	1 015	27.00
研发费用	415.00	300.71	114.29	38.00
财务费用	−22.15	116.65	−138.8	−118.99
其中：利息费用				
利息收入				
加：投资收益（损失以“−”号填列）	542.59	420.76	121.83	28.95
公允价值变动收益（损失以“−”号填列）				
资产减值损失（损失以“−”号填列）	−199.88	−159.30	−40.58	25.47
二、营业利润（亏损以“−”号填列）	5 269.92	4 066.42	1 203.50	29.60
加：营业外收入	197.37	369.72	−172 35	−46.62
减：营业外支出	39.01	18.99	20.02	105.42
三、利润总额（亏损总额以“−”号填列）	5 428.28	4 417.15	1 011.13	22.89
减：所得税费用	1 067.66	766.51	301.15	39.29
四、净利润（净亏损以“−”号填列）	4 360.62	3 650.64	709.98	19.45
五、其他综合收益的税后净额	−1.20	−3.89	2.69	−69.15
六、综合收益总额	4 359.42	3 646.75	712.67	19.55
（一）归属于母公司所有者的综合收益总额	3 267.48	2 697.44	570.04	21.13
（二）归属于少数股东的综合收益总额	1 091.94	949.31	142.63	15.02
七、每股收益				
（一）基本每股收益	1.22	1.00	0.22	22.00
（二）稀释每股收益	1.22	1.00	0.22	22.00

【步骤 2】根据水平分析表进行增减变动分析。

（1）净利润分析。青岛海尔 20×2 年实现净利润__________亿元，比上年__________了__________亿元，__________率为__________。公司的净利润出现了__________的情况。从水平分析表看，公司净利润__________主要是由于__________造成的，__________比上年__________了__________亿元，变动幅度达__________。

（2）利润总额分析。公司利润总额__________亿元，主要是__________利润大幅__________和营业外收入大幅__________及营业外支出大幅__________造成的。__________利润__________了__________。

（3）营业利润分析。公司 20×2 年实现营业收入 798.57 亿元，比上年增加约 60 亿元，增长率为 8.13%。公司营业利润的增长，主要原因是__________的结果。而营业成本增长速度___于营业收入的增速，说明公司的经营态势__________。

从总体看，公司利润比上年大幅__________，如净利润、利润总额、营业利润都有较大幅度的__________，主要因素是__________增加所致。

恭喜您完成了！☺

2. 垂直分析

【步骤 1】编制利润表垂直分析表。

孙红根据青岛海尔的合并利润表编制的垂直分析表，如表 3-4 所示。

表 3-4 青岛海尔利润表垂直分析表

单位：百万元

项目	年份		结构百分比/%		
	20×2年	20×1年	20×2年	20×1年	差异
一、营业收入	79 856.60	73 852.55	100.00	100.00	0.00
减：营业成本	59 703.87	56 429.18	74.76	76.41	−1.64
税金及附加	429.87	332.31	0.54	0.45	0.09
销售费用	9 628.80	9 109.74	12.06	12.34	−0.28
管理费用	4 774.00	3 759.00	5.98	5.09	0.91
研发费用	415.00	300.71	0.52	0.41	0.11
财务费用	−22.15	116.65	−0.03	0.16	−0.19
其中：利息费用					
利息收入					

续表

项目	年份		结构百分比/%		
	20×2年	20×1年	20×2年	20×1年	差异
加：投资收益（损失以“–”号填列）	542.59	420.76	0.68	0.57	0.11
公允价值变动收益（损失以“–”号填列）					
资产减值损失（损失以“–”号填列）	−199.88	−159.3	−0.25	−0.22	−0.03
二、营业利润（损失以“–”号填列）	5 269.92	4 066.42	6.60	5.51	1.09
加：营业外收入	197.37	369.72	0.25	0.50	−0.25
减：营业外支出	39.01	18.99	0.05	0.03	0.02
三、利润总额（亏损总额以“–”号填列）	5 428.28	4 417.15	6.80	5.98	0.82
减：所得税费用	1 067.66	766.51	1.34	1.04	0.30
四、净利润（净亏损以“–”号填列）	4 360.62	3 650.64	5.46	4.94	0.52
五、其他综合收益的税后净额	−1.20	−3.89			
六、综合收益总额	4 359.42	3 646.75			
（一）归属于母公司所有者的综合收益总额	3 267.48	2 697.44			
（二）归属于少数股东的综合收益总额	1 091.94	949.31			
七、每股收益					
（一）基本每股收益	1.22	1.00			
（二）稀释每股收益	1.22	1.00			

【步骤2】根据利润表垂直分析表进行结构分析。

根据表3–4中企业各项财务成果的构成情况，20×2年度营业成本占营业收入的比重为__________，比20×1年度的76.41%__________了__________个百分点，税金及附加占营业收入的比重为__________，比20×1年度的0.45%__________了__________个百分点，销售费用占营业收入的比重__________了__________个百分点，财务费用占营业收入的比重也都有所__________，管理费用占营业收入的比重__________了__________个百分点，研发费用占营业收入的比重__________了__________个百分点，两方面相抵的结果是营业利润占营业收入的比重__________了__________个百分点，进而导致净利润占营业收入的比重 20×2 年比 20×1 年__________了__________个百分点。从表中，我们可以看出公司在原材料价格持续上涨的市场环境中不断努力，通过努力降低成本的方式提高公司盈利水平。但__________值得关注，应通过查阅__________明细账具体分析__________上升的原因，以便改进管理。

恭喜您完成了！

【步骤 3】对利润构成进行分析，如表 3-5 所示。

表 3-5　青岛海尔利润构成分析表

单位：百万元

项目	年份		结构百分比/%		
	20×2年	20×1年	20×2年	20×1年	差异
营业利润	5 269.92	4 066.42	97.08	92.06	5.02
加：营业外收入	197.37	369.72	3.64	8.37	-4.73
减：营业外支出	39.01	18.99	0.72	0.43	0.29
利润总额	5 428.27	4 417.15	100.00	100.00	0.00

根据表 3-5 中分析，该公司的利润以__________为主，说明公司盈利水平较__________，并具有持续增长的稳定性。

恭喜您完成了！

任务3.2　利润表项目分析

工作任务

孙红完成利润表初步分析后，对利润表进行项目分析。

相关知识

1. 利润总额和净利润分析

视频："四表一注"之利润表分析（二）

利润总额（Total Profit），是反映企业全部财务成果的指标，它是收入减去费用后的净额、直接计入当期利润的利得和损失三部分的总和，即：利润＝收入－费用＋利得－损失。净利润（Net Profit），是指企业所有者最终取得的财务成果，或可供企业所有者分配或使用的财务成果。在正常情况下，企业的非营业利润都是较少的，所得税也是相对稳定的，因此，只要营业利润较大，利润总额和净利润也会较高，在分析时应注意的一个主要问题是：当一个企业利润总额和净利润主要是由非营业利润获得时，则该企业利润实现的真实性和持续性应引起分析人员的重视。

2. 营业利润分析

营业利润（Business Profit），反映企业经营活动中营业收入与营业成本、税金及附加、费用、信用减值损失、资产减值损失的差额，加上公允价值变动收益、投资收益、其他收益、资产处置收益的总和。即：营业利润＝营业收入－营业成本－税金及附加－销售费用－管理费用－研发费用－财务费用－信用减值损失－资产减值损失＋公允价值变动收益＋投资收益＋其他收益＋资产处置收益。它既包括经营活动的经营成果，也包含经营过程中资产的价值变动损益。

如果营业利润在利润总额中所占比重较大，一方面说明公司经营主体的行业与方向，另一方面可说明经营主体盈利水平较强，并具有持续增长的稳定性与抗经济波动能力。

营业利润一般指经常性损益，相对应的非营业利润就成了"非经常性损益"，它包括利得、损失两部分。"非经常性损益"不具有经常性，应该仔细分析每股收益与净资产收益率在扣除"非经常性损益"后的差异是大还是小：差异大的，说明公司主营业务不理想，前景暗淡；差异小甚至出现负差异的，说明公司主营业务不错，收益不错。

提示

当企业营业利润额较大时，通常认为该企业经营管理水平和效果较好。但在分析中，应注意以下问题：

（1）营业利润也包括了其他业务利润，对于实行多元化经营的企业来说，多种经营业务开展得较好时，其他业务利润会弥补主营业务利润低的缺陷；如果企业其他业务利润长期高于主营业务利润，企业应适当考虑产业结构调整问题。

（2）其他业务利润的用途。分析其他业务利润是用来发展主营业务，还是用于非生产经营性消费（如购买小汽车、高档装修）。如果是前者，企业的盈利能力会越来越强；如果是后者，则使企业缺乏长期盈利能力。

3. 营业收入分析

营业收入（Business Income），反映企业在销售商品、提供劳务及他人使用本企业资产等日常活动中形成的经济利益的总流入。

营业收入是形成公司收入和利润的主力和源泉，分析时首先看营业收入的确认是否符合收入确认原则；其次可以从营业收入的构成，主营业务收入的产品构成、地区构成来分析。通过产品构成分析，找出占总收入比重大的商品或劳务，就找到了企业过去业绩的主要增长点，对这种商品的未来发展趋势进行分析，可以初步判断企业业绩的持续性。通过地区构成分析，找出占总收入比重大的地区，就找到了企业过去业绩的主要地区增长点。

提示

考虑到市场经济中企业经营日益多元化，主营业务与其他业务很难划分，因此，2014年发布的《企业会计准则第30号——财务报表列报》（财会〔2014〕7号）简化了利润表单列项目，直接列报营业收入、营业成本，不再区分主营业务收入、其他业务收入、主营业务成本和其他业务成本，但主营业务收入、其他业务收入、主营业务成本和其他业务成本详细情况需要通过分析附注获得，详见图3-1青岛海尔报表附注示例。

合并利润表

20×2 年 1—12 月

编制单位：青岛海尔股份有限公司

单位：元　币种：人民币

项目	附注	本期金额	上期金额
一、营业总收入	七、37	79 856 597 810.97	73 852 551 822.20
其中：营业收入	七、37	79 856 597 810.97	73 852 551 822.20
利息收入			
已赚保费			
手续费及佣金收入			
二、营业总成本		75 129 270 897.21	70 206 888 070.09

七、合并财务报表主要项目注释

37. 营业收入及营业成本

(1) 营业收入

类别	本期发生额	上期发生额
主营业务	79 152 038 310.81	73 172 222 867.46
其他业务	704 559 500.16	680 328 954.74
合计	79 856 597 810.97	73 852 551 822.20

图 3-1　青岛海尔报表附注示例

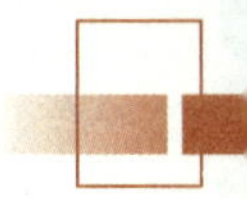

4. 营业成本分析

营业成本（Business Cost），反映企业为销售商品、提供劳务等日常活动所发生的经济利益的流出，反映企业经营主要业务和其他业务发生的实际成本总额。

在进行财务分析时，需要对营业成本进行重点的分析和研究，特别是对主要产品的单位成本进行分析。产品单位成本的分析一般是先分析各种产品单位成本比上年的升降情况，然后进一步按成本项目分析其成本变动情况，查明单位成本变动的原因。

5. 期间费用分析

费用（Expense），反映企业为销售商品、提供劳务等日常活动所发生的经济利益的流出，包括销售费用、管理费用、财务费用。

（1）销售费用分析。销售费用（Sales Expense），反映企业销售商品和材料、提供劳务的过程中发生的各种费用。分析时，应将企业销售费用的增减变动和销售量的变动结合起来，分析这种变动的合理性、有效性。一般认为，在企业业务发展的条件下，企业的销售费用不应当降低。片面追求在一定时期的费用降低，有可能对企业的长期发展不利。

（2）管理费用分析。管理费用（Administrative Expense），反映企业行政管理部门为组织和管理生产经营而发生的各项费用。分析时注意，在企业业务发展的条件下，企业的管理费用变动一般也不会太大，单一追求在一定时期的费用降低，有可能对企业的长期发展不利。

（3）财务费用分析。财务费用（Financial Expense），反映企业资金筹集和运用中发生的各项费用。分析时，应当将财务费用的增减变动和企业的筹资活动联系起来，分析财务费用增减变动的合理性和有效性，发现其中存在的问题，查明原因，采取对策，以期控制和降低费用，提高企业利润水平。

（4）研发费用分析。研发费用（Research and Development Expense），反映企业进行研究与开发过程中发生的费用化支出，以及计入管理费用的自行开发无形资产的摊销。分析时，应注意研发费用资本化和费用化的处理是否合规、合理。

应用举例

天信办公家具厂市场做得不错，销售量在当地算是老大，让同行羡慕，但该厂利润却比行业平均利润低很多。到了年终，看着辛苦一年所获得的微薄利润，总经理十分无奈，于是在各环节查找企业利润不佳的原因。生产、市场、渠道……都没什么问题，最后从利润表中找到了问题：产品毛利率很高，和同行没什么差别，但净利润却很低，而从报表中可以看到，坏账过多，管理费用、采购费用、促销费用过高，把利润拖了下来。原因找到了，于是他采取严格的赊销条件，裁减不必要的部门与人员，优化了采购流程，减少了不必要的促销费用，企业利润逐步得到了提升。

6. 投资收益分析

投资收益（Investment Revenue），反映企业在一定的会计期间对外投资所取得的回报。分析时注意投资收益的来源。在企业投资组合没有重大调整、投资结构的盈利能力没有根本性变化的情况下，企业的投资收益在年度间一般不会出现重大变化。

7. 营业外收支分析

营业外收入（Non-business Income），反映企业发生的与其生产经营无直接关系的各项收入；营业外支出（Non-business Expense），反映企业发生的与其生产经营无直接关系的各项支出。二者没有配比关系。

任务实施

孙红根据表 3-1 报表资料完成以下分析：

1. 利润总额和净利润分析

青岛海尔 20×2 年实现利润总额__________元，比上年__________了__________元，__________率为__________，公司的利润总额的__________幅度比较大。20×2 年实现净利润__________元，比上年__________了__________元，__________率为__________，公司的净利润__________幅较__________，但略__________于利润总额的__________幅度。

恭喜您完成了！

2. 营业利润分析

该公司 20×2 年实现营业利润__________元，比上年__________了__________元，__________率为__________，远__________于净利润的__________幅度。

恭喜您完成了！

（1）孙红根据附注七、37（图 3-1 青岛海尔报表附注示例）分析营业收入的构成，如表 3-6 所示。

表 3-6　青岛海尔营业收入构成分析表

单位：百万元

项目	绝对数		比重/%	
	20×2年	20×1年	20×2年	20×1年
主营业务收入	79 152.04	73 172.22	99.11	99.08
其他业务收入	704.56	680.33	0.89	0.92
合计	79 856.60	73 852.55	100.00	100.00

从表 3–6 分析说明，青岛海尔的主业＿＿＿＿＿＿（非常 / 比较 / 不）突出，近两年来，公司主营业务收入占营业收入的比重都在＿＿＿＿＿＿左右。

公司 20×2 年实现营业收入＿＿＿＿＿＿元，比上年＿＿＿＿＿＿了＿＿＿＿＿＿元，＿＿＿＿＿＿（增长 / 降低）率为＿＿＿＿＿＿。公司在年度报告中称，公司在 20×2 年面临的经营环境是：家电行业恶性竞争依然激烈，公司产品主要原材料价格持续上涨。在恶劣的经营环境中，公司坚持开发满足用户需求的创新产品，形成一系列差异化的、超越对手的、以中高端为主的创新产品，才得以保持了营业收入的＿＿＿＿＿＿态势。利润表中也体现了这种结果。

恭喜您完成了！

（2）孙红对青岛海尔营业收入进行产品构成分析，如表 3–7 所示。

表 3–7　青岛海尔主营业务收入产品构成分析表

单位：万元

产品类别	绝对数		比重/%	
	20×2年	20×1年	20×2年	20×1年
空调	1 476 870.00	1 210 152.00	18.66	16.54
冰箱	2 517 046.00	2 504 835.00	31.80	34.23
小家电	168 603.00	174 032.00	2.13	2.38
洗衣机	1 327 269.00	1 221 487.00	16.77	16.69
热水器	448 623.00	382 825.00	5.67	5.23
装备部品	717 176.00	830 738.00	9.06	11.35
渠道综合服务	1 259 616.00	993 153.00	15.91	13.58
合计	7 915 203.00	7 317 222.00	100.00	100.00

根据表 3–7 分析，青岛海尔销售的产品以空调、冰箱和洗衣机为主，这三个产品的销售额占总销售额的＿＿＿＿＿＿左右，这一信息可帮助我们确定公司的真正行业归属，因为，同样是家电行业，生产的具体产品不一样，一些财务分析指标就会有不同的表现，找生产同类产品的企业进行比较才有意义；另外，影响某一公司的市场因素对另一公司也会有不同的影响程度，如影响小家电生产的因素对海尔就不会产生多大的影响。

（3）对营业收入进行地区构成分析。孙红对青岛海尔按主营业务收入地区构成进行分析，编制青岛海尔主营业务收入地区构成分析表，如表 3–8 所示。

表 3-8 青岛海尔主营业务收入地区构成分析表

单位：万元

地区	绝对数		比重/%	
	20×2年	20×1年	20×2年	20×1年
境内	7 082 636.00	6 539 804.00	89.48	89.38
境外	832 567.00	777 418.00	10.52	10.62
合计	7 915 203.00	7 317 222.00	100.00	100.00

根据表 3-8 分析，青岛海尔公司 20×2 年在国际市场上的销售情况很＿＿＿＿＿＿，正如公司所称，20×2 年，全球宏观经济不景气对家电出口市场带来严峻挑战。在严峻的外部环境下，公司始终坚持针对不同区域，贴近市场开发产品，赢得了较多的国际市场订单，公司开拓海外市场的战略得以进一步实施。

3. 营业成本分析

青岛海尔 20×2 年的营业成本是＿＿＿＿＿＿元，比 20×1 年的＿＿＿＿＿＿元＿＿＿＿＿＿了＿＿＿＿＿＿元，＿＿＿＿＿＿了＿＿＿＿＿＿，＿＿＿＿＿＿于营业收入的＿＿＿＿＿＿幅度。

恭喜您完成了！

4. 期间费用分析

该公司 20×2 年销售费用和管理费用比上年＿＿＿＿＿＿，＿＿＿＿＿＿幅度分别为＿＿＿＿＿＿和＿＿＿＿＿＿，销售费用的＿＿＿＿＿＿幅＿＿＿＿＿＿于营业收入的＿＿＿＿＿＿幅，说明＿＿＿＿＿＿在正常范围内。管理费用的＿＿＿＿＿＿幅较大，应具体分析＿＿＿＿＿＿的原因。研发费用的＿＿＿＿＿＿幅较小，应具体分析＿＿＿＿＿＿的原因。财务费用较上年同期＿＿＿＿＿＿，主要是本期计提汇兑损失减少和存款利息增加所致。

恭喜您完成了！

5. 投资收益分析

根据财务报表附注七、41 资料计算分析如表 3-9、表 3-10 所示。

表 3-9 青岛海尔投资收益分析表

单位：百万元

项目	20×2 年度	20×1 年度	20×2年 比重/%	20×1年 比重/%	差异 /%
成本法核算的长期股权投资收益	38.18	4.35	7.04	1.03	6.01
权益法核算的长期股权投资收益	504.41	411.05	92.96	97.69	4.73

续表

项目	20×2年度	20×1年度	20×2年比重/%	20×1年比重/%	差异/%
处置长期股权投资产生的投资收益	0.00	5.36		1.28	−1.28
合计	542.59	420.76	100.00	100.00	0.00

按权益法核算的长期股权投资收益列示，如表3−10（来自附注）所示。

表3−10　按权益法核算的长期股权投资收益列示

单位：百万元

项目	20×2年度	20×1年度
海尔集团财务有限责任公司	488.88	400.33
其他联营企业投资收益	15.52	10.72

根据表3−9、表3−10分析，青岛海尔本年没有公允价值变动收益对利润产生影响，公允价值变动收益反映企业确认的交易性金融资产或交易性金融负债的公允价值变动额。投资性房地产、生物资产、非货币性资产交换、资产减值、债务重组、金融工具、套期保值和非共同控制下的企业合并等方面都引入了公允价值计量，将公允价值的变动直接计入利润。所以这些非经营性因素对公司的盈利能力________影响，这说明公司的主业________，没有________利润的现象。

恭喜您完成了！

6. 营业外收支分析

青岛海尔20×2年的营业外收入是________元，比上年________了________元，________率为________，而营业外支出是________元，比上年________了________元，________率为________，营业外收入的大幅________和营业外支出的大幅________，是利润总额________幅________于营业利润________幅的主要原因。本报告期营业外收入大幅________主要是本期收到的空调节能补贴款减少所致。营业外支出较上期________，主要是本期非流动资产处置损失和其他非经常性支出增加所致。

恭喜您完成了！

技能训练

江北公司营业收入情况如表 3-11 所示。

表 3-11　江北公司营业收入情况表

单位：万元

项目	20×3年	20×2年	20×3年比重/%	20×2年比重/%
营业收入	20 000	15 600		
主营业务收入	18 400	14 040		
其中：甲	5 000	5 460		
乙	11 400	7 488		
丙	2 000	1 092		
其他业务收入	1 600	1 560		
其中：				
材料销售	800	780		
运输业务	400	468		
出租包装物	400	312		

【要求】请填全表 3-11 内的空格并作出分析评价。

技能训练

云阳公司 20×3 年度利润表如表 3-12 所示。

表 3-12　利　润　表

20×3 年度　　　　单位：万元

项目	20×3年度	20×2年度
一、营业收入	8 750.00	8 000.00
减：营业成本	5 600.00	5 000.00
税金及附加	430.75	400.00
销售费用	830.00	800.00
管理费用	468.00	630.00
研发费用	52.00	70.00
财务费用	150.00	200.00

续表

项目	20×3年度	20×2年度
二、营业利润	1 219.25	900.00
加：营业外收入	380.00	200.00
三、利润总额	1 599.25	1 100.00
减：所得税	520.55	360.00
四、净利润	1 078.70	740.00

【要求】请采用水平分析法与垂直分析法对企业利润变动情况进行简要分析。

技能训练

云阳公司产品的有关成本资料如表3-13所示。

表3-13　云阳公司有关单位成本资料

单位：万元

成本项目	20×3年度	20×2年度
直接材料	822	780
直接人工	195	175
制造费用	416	445
产品单位成本	1 433	1 400

【要求】请运用水平分析法对云阳公司单位成本完成情况进行分析。

任务3.3　利润表比率分析

工作任务

孙红对青岛海尔利润表进行了初步分析和项目分析，对利润表有了一个总体认识。但只进行以上分析是远远不够的，还要透过“数字”看“能力”，孙红继续对利润表进行比率分析，分析企业盈利能力、营运能力和发展能力。

相关知识

3.3.1　什么是盈利能力分析?

盈利，是企业重要的经营目标，也是企业生存、发展的物质基础。盈利能力，是企业利用所支配的经济资源获取利润的能力。较强的盈利能力是确保企业具有较强的财务能力的基础，因此，盈利能力分析是企业财务报表分析的核心。

评价盈利能力分析（Profitability Analysis）的主要指标有：

1. 营业毛利率

营业毛利率，是指企业营业毛利占营业收入的百分比，反映企业经营环节盈利的水平。因其指标高低不仅与企业的成本管理工作密切相关，而且与企业的竞争力和企业所处的行业密切相连，因此，在分析时必须同时结合上述两个因素来进行。其计算公式为：

$$\text{营业毛利率}=\frac{\text{营业毛利}}{\text{营业收入}}\times 100\%$$

式中：营业毛利，是指企业营业收入扣除营业成本之后的差额。

营业毛利率是营业净利率的基础，没有足够多的营业毛利率便不能盈利。营业毛利率越高，说明企业营业成本在营业收入净额中所占的比重越小，在期间费用和其他业务利润一定的情况下，营业利润就越高。营业毛利率还与企业的竞争力和企业所处的行业有关。

2. 营业利润率

营业利润率，是指企业营业利润与营业收入的比率，是评价企业盈利能力的主要指标。其计算公式为：

$$\text{营业利润率}=\frac{\text{营业利润}}{\text{营业收入}}\times 100\%$$

该指标越高，表明企业百元商品销售额提供的营业利润越多，企业的盈利能力越强；反之，则表明企业盈利能力越弱。

3. 营业净利率

营业净利率，是指企业净利润与营业收入的比率，它反映企业营业收入创造净利润的能力。营业净利率是企业销售的最终盈利能力指标，其计算公式为：

$$营业净利率 = \frac{净利润}{营业收入} \times 100\%$$

该指标越高，说明企业的盈利能力越强。但是它受行业特点影响较大，通常来说，越是资本密集型的企业，营业净利率就越高；反之，资本密集程度较低的企业，营业净利率也较低。由于净利润的形成受多种因素的共同影响，因而不能单独根据该指标的高低来判断企业的盈利能力和管理水平。该比率分析应结合销售规模的增长及净利润结构的变动情况，以便作出客观的评价。

4. 资产净利率

资产净利率，是指企业净利润与资产平均总额的比率。该指标反映资产利用的综合效果，验证企业经营者的资产管理水平和运用效果。其计算公式为：

$$资产净利率 = \frac{净利润}{平均资产总额} \times 100\%$$

该指标越高，表明企业利用全部资产的盈利能力越强；该指标越低，表明企业利用全部资产的盈利能力越弱。资产净利润率与净利润成正比，与资产平均总额成反比。该指标具有很强的综合性，而资产净利率又取决于销售净利率和资产周转率的高低。通过分析，有利于管理者发现和解决企业管理中存在的问题，提高资产的使用效益。

5. 净资产收益率

净资产收益率，又称股东权益报酬率、净值报酬率、权益报酬率、权益利润率、净资产利润率，是指企业净利润与平均净资产的比值，是反映上市公司盈利能力的重要指标。其计算公式为：

$$净资产收益率 = \frac{净利润}{平均净资产} \times 100\%$$

该指标越高，表明投资带来的收益越高；净资产收益率越低，表明企业所有者权益的盈利能力越弱。该指标体现了自有资本获得净收益的能力，衡量企业投入的自有资本盈利能力的高低，可以判断投资者的投资效益，引导潜在投资者的投资意向，预测企业的筹资规模及发展方向。

6. 每股收益和市盈率

每股收益和市盈率是分析上市公司盈利能力的常用指标。

每股收益，又称每股税后利润、每股盈余，是指企业税后利润与股本总数的比率。它是测定股票投资价值的重要指标之一，是分析每股价值的一个基础性指标，是综合反映公司盈利能力的重要指标，该比率反映了每股创造的税后利润。若公司只有普通股时，每股收益的分子即税后利润，股份数是指发行在外的普通股股数。如果公司还有优先股，应先从税后利润中扣除分派给优先股股东的利息。其计算公式为：

$$普通股每股收益 = \frac{归属于普通股股东的净利润}{年末普通股股数} \times 100\%$$

该指标越高，表明所创造的利润就越多。它反映上市公司的经营成果及普通股股东每股投资的报酬水平，是股东最关心的指标之一。

市盈率，反映投资者对每一元净利润所愿支付的价格，用来估计股票的投资回报与风险。其计算公式为：

$$市盈率 = \frac{每股市价}{每股收益}$$

该指标越大，公众对企业股票评价越高，企业潜在的发展能力越强，但风险也更大。由于股票价格变动受多种因素的影响，因此，分析时应结合其他相关指标来进行。

提示

盈利能力指标有着不能反映连续盈利能力的问题，虽然能揭示某一特定时期的盈利水平，但难以反映盈利的持久性与稳定性。另外，由于会计利润的计算过程存在着诸如折旧方法、存货计价方法、间接费用分配方法、成本计算法选择和会计估计等大量人为因素的影响，该类指标极易被操纵，虚报或瞒报不利于真实反映企业的盈利水平及盈利能力。

3.3.2　什么是营运能力分析？

营运能力，主要指资产运用、循环的效率高低。一般而言，资金周转速度越快，说明企业的资金管理水平越高，资金利用效率越高，企业可以以较少的投入获得较多的收益。因此，营运能力指标是通过投入与产出（主要指收入）之间的关系反映出来的。企业营运能力分析主要包括：流动资产营运能力分析、固定资产营运能力分析和总资产营运能力分析三个方面。

1. 流动资产营运能力分析

（1）商业债权周转率。商业债权在流动资产中有着举足轻重的地位，及时收回商业债权，不仅增强了企业的短期偿债能力，也反映出企业管理商业债权的效率。

商业债权周转次数，是指企业一定时期内商品或产品营业收入净额与商业债权平均余额的比值，表明一定时期内商业债权平均收回的次数。其计算公式为：

$$商业债权周转次数 = \frac{营业收入净额}{（期初商业债权 + 期末商业债权）/2}$$

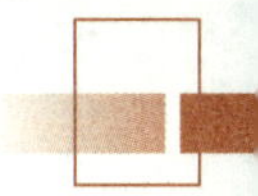

商业债权周转天数，是指商业债权周转一次（从销售开始到收回现金）所需要的时间，其计算公式为：

$$商业债权周转天数=\frac{360}{商业债权周转次数}$$

$$=\frac{360\times 商业债权平均余额}{营业收入净额}$$

商业债权周转率反映了企业商业债权周转速度的快慢及商业债权管理效率的高低。通常，商业债权周转率越高、周转天数越短表明商业债权管理效率越高。

提示

计算和使用商业债权周转率指标时应注意的问题：一是“营业收入”数据使用利润表中的“营业收入”（以下类同）；二是商业债权包括财务报表中“应收账款”和“应收票据”等全部赊销账款在内；三是商业债权应为未扣除坏账准备的金额；四是商业债权期末余额的可靠性问题。商业债权是特定时点的存量，容易受季节性、偶然性和人为因素的影响。采用商业债权周转率进行业绩评价时，最好使用多个时点的平均数，以减少这些因素的影响。

（2）存货周转率。在流动资产中，存货所占比重较大，存货的流动性将直接影响企业的流动比率。存货周转率的分析同样可以通过存货周转率和存货周转天数反映。

存货周转率（次数），是指企业一定时期内营业成本与存货平均余额的比率，是衡量和评价企业购入存货、投入生产、销售收回等各环节管理效率的综合性指标。其计算公式为：

$$存货周转率（次数）=\frac{营业成本}{存货平均余额}$$

$$存货平均余额=（期初存货+期末存货）\div 2$$

存货周转天数，是指企业存货周转一次（即从存货取得到存货销售）所需要的时间。其计算公式为：

$$存货周转天数=\frac{360}{存货周转次数}$$

$$=\frac{360\times 存货平均余额}{营业成本}$$

一般来讲，存货周转速度越快，存货占用水平越低，流动性越强，存货转化为现金或应收账款的速度就越快，这样会增强企业的短期偿债能力及盈利能力。通过存货周转速度分析，有利于找出存货管理中存在的问题，尽可能降低资金占用水平。

提示

存货周转分析时应注意：一是存货周转率的高低与企业的经营特点有密切联系，应注意行业的可比性；二是该比率反映的是存货整体的周转情况，不能说明企业各环节的存货周转情况和管理水平；三是应结合商业债权周转情况和信用政策进行分析。

（3）流动资产周转率。流动资产周转率，是指企业营业收入净额与流动资产平均余额的比率，它反映的是全部流动资产的利用效率。流动资产周转率是分析流动资产周转情况的一个综合指标，其计算公式为：

$$流动资产周转次数 = \frac{营业收入净额}{流动资产平均余额}$$

$$流动资产周转天数 = \frac{360}{流动资产周转次数} = \frac{360 \times 流动资产平均余额}{营业收入净额}$$

在一定时期内，流动资产周转次数越多，表明企业以相同的流动资产完成的周转额越多，流动资产利用效率越高。

2. 固定资产营运能力分析

反映固定资产营运能力的指标为固定资产周转率。固定资产周转率，是指企业年营业收入净额与固定资产平均净值的比率。它是反映企业固定资产周转情况，从而衡量固定资产利用效率的一项指标。其计算公式为：

$$固定资产周转率 = \frac{营业收入净额}{固定资产平均净值}$$

式中：$固定资产平均净值 = （期初固定资产净值 + 期末固定资产净值）\div 2$

该指标高，表明企业固定资产投资得当，结构合理，利用效率高；反之，则表明固定资产利用效率不高，提供的生产成果不多，企业的营运能力不强。

3. 总资产营运能力分析

反映总资产营运能力的指标是总资产周转率。总资产周转率是企业营业收入净额与平均资产总额的比率。其计算公式为：

$$总资产周转率 = \frac{营业收入净额}{平均资产总额}$$

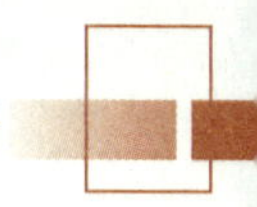

如果企业各期资产总额比较稳定，波动不大，则：

平均总资产 =（期初总资产 + 期末总资产）÷ 2

如果资金占用的波动性较大，企业应采用更详细的资料进行计算，如按照各月份的资金占用额计算，则：

月平均总资产 =（月初总资产 + 月末总资产）÷ 2

季平均占用额 =（1/2 季初 + 第一月末 + 第二月末 +1/2 季末）÷ 3

年平均占用额 =（1/2 年初 + 第一季末 + 第二季末 + 第三季末 + 1/2 年末）÷ 4

计算总资产周转率时分子、分母在时间上应保持一致。

这一比率用来衡量企业资产整体的使用效率。总资产由各项资产组成，在营业收入既定的情况下，总资产周转率的驱动因素是各项资产。因此，对总资产周转情况的分析应结合各项资产的周转情况，以发现影响企业资产周转的主要因素。总之，各项资产的周转率指标用于衡量各项资产赚取收入的能力，经常与企业盈利能力的指标结合在一起，以全面评价企业的盈利能力。

提示

企业面临的不确定性和风险水平与过去相比发生了显著的变化，现有的营运能力指标很难在复杂的经济环境下全面揭示企业生产经营活动的全貌。

3.3.3　什么是发展能力分析?

企业要想生存和发展，就必须增加营业收入，营业收入不断增长才能使企业的盈利能力得到增强，促进企业可持续发展。因此，从利润表分析发展能力的指标主要有营业增长率和可持续增长率。

1. 营业增长率分析

营业增长率，是指企业一定时期营业收入增长额与上期营业收入的比率。它表明营业收入的增减变动情况，是衡量企业经营状况和市场占有能力、预测企业经营业务拓展趋势的重要标志，是评价企业成长状况和发展能力的重要指标，其计算公式为：

$$营业增长率 = \frac{本期营业收入增长额}{上期营业收入} \times 100\%$$

该指标越高，表明企业的产品适销对路，价格合理，产品质量和性能得到了社会的认可，企业未来有较好的发展前景；反之，则说明企业未来的发展令人担忧。

2. 可持续增长率分析

可持续增长率，是指企业在保持目前经营策略和财务策略的情况下能够实现的增长速度。它与企业的融资政策和股利政策密切相关。其计算公式为：

可持续增长率 = 净资产收益率 ×（1 - 股利支付率）

该指标越高，表明企业收益的未来增长速度越快；反之，则表明企业收益的未来增长速度越慢。

任务实施

孙红进行利润表比率分析，按以下几个步骤操作：

【步骤 1】计算盈利能力指标并分析。

营业毛利率（20×1 年）=（17 423.37/73 852.55）×100% = 23.59%

（20×2 年）=（20 152.73 / 79 856.60）×100% = 25.24%

营业净利率（20×1 年）=（3 650.64/73 852.55）×100% = 4.94%

（20×2 年）=（4 360.62/ 79 856.60）×100% = 5.46%

资产净利率（20×1 年）=（3 650.64×2）/（39 783.74 + 31 828.77）= 10.2%

（20×2 年）=（4 360.62×2）/（49 688.32 + 39 783.74）= 9.75%

净资产收益率（20×1 年）=（3 650.64×2）/（11 562.60 + 10 382.88）= 33.27%

（20×2 年）=（4 360.62×2）/（15 426.14 + 11 562.60）= 32.31%

通过计算分析，青岛海尔 20×2 年营业毛利率为 25.24%，比 20×1 年的 23.59% 上升了 1.65 个百分点；20×2 年营业净利率为 5.46%，比 20×1 年的 4.94% 上升了 0.52 个百分点；20×2 年资产净利率为 9.75%，比 20×1 年的 10.20% 下降了 0.45 个百分点；20×2 年净资产收益率为 32.31%，比 20×1 年的 33.27% 下降了 1 个百分点。通过这些指标反映出公司盈利能力__________。但也应结合资本结构、资产周转情况分析__________稍有下降的原因。

恭喜您完成了！

【步骤 2】计算营运能力指标并分析。

应收账款周转次数（20×1 年）= 73 852.55×2/（3 090.75 + 2 382.92）= 26.98

（20×2 年）= 79 856.60×2/（4 196.72 + 3 090.75）= 21.92

存货周转次数（20×1 年）= 56 429.18×2/（5 980.87 + 4 087.84）= 11.21

（20×2 年）= 59 703.87×2/（7 098.65 + 5 980.87）= 9.13

流动资产周转率（20×1 年）= 73 852.55×2/（31 393.68 + 25 118.87）= 2.61

（20×2 年）= 79 856.60×2/（39 699.69 + 31 393.68）= 2.25

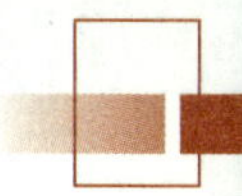

固定资产周转率（20×1 年）= 73 852.55×2/（4 536.75+4 046.04）= 17.21

（20×2 年）= 79 856.60×2/（4 536.75+5 282.77）= 16.26

总资产周转率（20×1 年）= 73 852.55×2/（39 783.74+31 828.77）= 2.06

（20×2 年）= 79 856.60×2/（49 688.32+39 783.74）= 1.79

通过计算分析，青岛海尔各项营运能力指标除固定资产周转速度加快外，其他都下降，海尔营运能力到底怎样，一定是减弱吗？具体需再结合行业指标对比分析。

表 3-14　与同行业营运能力指标对比分析

年度	应收账款周转次数	存货周转次数	流动资产周转次数
20×2海尔	21.92	9.13	2.25
20×2行业	19.27	5.38	1.51

根据表 3-14 分析，青岛海尔 20×2 年各项指标均__________同行业平均水平，说明青岛海尔营运能力__________。

【步骤 3】计算发展能力指标并分析。

营业增长率 =（6 004 045 988.77/73 852 551 822.2）×100% = 8.13%

通过以上指标计算，孙红分析青岛海尔的发展能力__________。

结论（投资者角色）：综合来看，孙红认为青岛海尔__________，她决定__________青岛海尔股票。

利润表比率分析总结如表 3-15 所示。

表 3-15　利润表比率分析总结

比率	公式	含义
盈利能力	营业毛利率 =（营业毛利 / 营业收入）×100%	表明企业经营环节的盈利水平
	营业利润率 =（营业利润 / 营业收入）×100%	表明企业每元营业额提供的营业利润
	营业净利率 =（净利润 / 营业收入）×100%	表明企业主营业务和其他业务的盈利能力
	资产净利率 =（净利润 / 平均资产总额）×100%	表明企业资产的盈利水平
	净资产收益率 =（净利润 / 平均净资产）×100%	
	每股收益 = 净利润 / 股数	表明企业盈利能力的大小
	普通股每股收益 = 归属于普通股股东的净利润 / 年末普通股股数	表明上市公司经营成果及普通股股东每股投资的报酬水平
	市盈率 = 每股市价 / 每股收益	表明投资者对上市公司每股收益愿意支付的价格，可以用来估计股票投资报酬和风险

续表

比率	公式	含义
营运能力	商业债权周转率（次数）= 营业收入净额 / 商业债权平均余额	企业商业债权周转速度的快慢及商业债权管理效率的高低
	存货周转率（次数）= 营业成本 / 存货平均余额	表明企业的存货运营效率
	存货周转天数 = 360/ 存货周转次数 = 360 × 存货平均余额 / 营业成本	
	流动资产周转率（次数）= 营业收入净额 / 流动资产平均余额	表明企业流动资产的利用效率
	流动资产周转天数 = 360/ 流动资产周转次数 = 360 × 流动资产平均余额 / 营业收入净额	
	固定资产周转率 = 营业收入净额 / 固定资产平均净值	表明企业固定资产的周转情况
	总资产周转率（次数）= 营业收入净额 / 平均资产总额	表明企业全部资产的利用效率
发展能力	营业增长率 =（本期营业收入增长额 / 上期营业收入）× 100%	是衡量企业经营状况和市场占有能力、预测企业经营业务拓展趋势的重要标志
	可持续增长率 = 净资产收益率 ×（1 − 股利支付率）	表明企业收益的未来增长速度

技能训练

春江公司有关资料如表 3-16 所示。

表 3-16　春江公司有关数据表

单位：万元

项目	20×3年	20×2年
营业收入	24 000	21 000
营业成本	17 000	16 000
管理费用	3 330	2 880
研发费用	370	320
财务费用	500	480
营业外收支净额	250	290
所得税	590	470
平均资产总额	23 000	17 000
平均非流动资产	9 000	5 300
平均股东权益	8 200	6 500

【要求】请根据表 3-16 计算春江公司盈利能力指标并进行简单分析。

德技并修

市值蒸发超千亿的康美药业　虚高的不仅仅是利润

2018 年 12 月 28 日晚，康美药业股份有限公司（简称康美药业）收到了证监会的立案调查书。有市场人士分析，监管层将彻查康美药业股价诡异走势。2018 年以来，康美药业逆市上涨，并且频频出现尾盘拉升，直至 10 月 16 日该股突然开始急速下挫，彼时博益投资法定代表人王廉君，因涉嫌操纵股价、内幕交易被警方控制。

诡异的不仅仅是股价，财报显示，康美药业 4 年经营平均现金流只有净利润不到四成，账面资金却达 377 亿元，占了流动资产近六成，且是同行公司恒瑞医疗的 9 倍，但其存货、借款却长期居高不下。

康美闪崩

2018 年 12 月 28 日晚，康美药业收到了证监会调查令。通知指出，因公司涉嫌信息披露违法违规，根据《中华人民共和国证券法》的有关规定，决定对公司立案调查。在此之前，康美药业早已不平静。2018 年以来，上市公司逆市上涨。以 2018 年 5 月为例，该股一个月内股价暴涨 18%，甚至在 5 月 29 日创近五年新高每股 27.97 元，在此期间，低开高走、临近尾盘时显著拉升是其一大显著特征，而同期大盘和其他大多数个股早已惨不忍睹。

诡异走势直到 10 月 16 日才真正终止，彼时市场传出消息，因涉嫌操纵股价、内幕交易，博益投资法定代表人王廉君，已被公安经侦部门采取强制措施，操纵标的可能涉及康美药业。与此同时，康美药业开始闪崩跌停，不到半个月暴跌逾 41%，回吐了 2018 年以来的所有涨幅。为了护盘，康美药业立即发布增持公告，随后又在 10 月 25 日澄清表示，博益投资自设立以来不存在买卖公司股票的情况，公司不存在利用其他账户买卖康美药业股票，不存在利用其他账户从事康美药业股票内幕交易和操纵康美药业股价的情况。

不过对于这种澄清，市场和监管层双双摆出不信任态度。公告发布后，康美药业股价仍在缓慢阴跌，证监会的立案调查书也如期而至。

财报存疑

尽管市场对于康美药业被调查的重点众说纷纭，但挥之不去的是其财报存在的问题。梳理发现，该公司多年以来经营现金流净额远低于净利润，近 4 年多平均经营现金流只有净利润的 38%；而同行公司恒瑞医疗的经营现金流量净额与净利润基本一致。

更加令人疑惑的是，康美药业经营所需资金远高于同行业公司，截至 2018 年三季度末，公司账面资金高达 377 亿元，占流动资产的比例接近 60%，同期恒瑞医疗的账面资金仅 45.61 亿元。高货币资金一定程度上意味着公司销售旺盛，相应的存货规模就会减少，不过康美药业存货却从2012年年末的35.59亿元快速攀升至2018年三季度的184.49亿元，涨幅近700%。尽管坐拥大量现金，康美药业却对借贷“情有独钟”。从2012年到2018年，康美药业短期借款由15亿元增至124.52亿元，增幅超8倍。截至2018年三季度末，公司其他流动负债97亿元，应付债券132亿元。既然账面资金充足，为何不及时还债反而不断借款？公司正常经营所需资金为何比同行业龙头公司高出九倍？存货暴涨的问题又当如何解释？

有财务分析人士表示，经营现金流净额低于净利润的原因不外乎公司虚增业绩或销售难以回款；财务费率持续攀升可能说明，其货币资金并非如账面上所示的那般真实存在；存货暴涨，叠加公司存货跌价准备一直维持在较低比率的0.1%，可能存在增厚利润的嫌疑。

2018年12月28日，中国证券监督管理委员会因康美药业涉嫌信息披露违法违规决定对康美药业立案调查。

截至2021年7月1日，康美药业股价已下跌至每股3元，市值149.22亿元，相比其2018年5月1 390亿元的市值巅峰蒸发超千亿。

（资料来源：投资者报.）

思考：康美药业市值蒸发超千亿是由什么原因造成的？对同学们有何启发？

启示：康美药业涉嫌操纵股价、内部交易，财报信息披露违法违规，多重负面消息使其市值蒸发超千亿。账面利润对投资者有很大的引导作用，在财务工作中，同学们应该本着诚信为本、操守为重、坚持准则、不做假账的原则，做真账，说真话。

同步测试

一、单项选择题

1. 利润表是（　　）。

A. 内部报表　　B. 外部报表

C. 时点报表　　D. 静态报表

2. 下列指标中属于利润表的比率有（　　）。

A. 流动比率　　B. 现金比率

C. 销售毛利率　　D. 已获利息倍数

3. 反映企业全部财务成果的指标是（　　）。

A. 销售毛利　　B. 营业利润

C. 利润总额　　D. 净利润

4. 企业商品经营盈利状况最终取决于（　　）。

A. 主营业务利润　　B. 营业利润

C. 利润总额　　D. 投资收益

5. 如果企业本年营业收入增长快于销售成本的增长，那么企业本年营业利润（　　）。

A. 一定大于零　　B. 一定大于上年营业利润

C. 一定大于上年利润总额　　D. 不一定大于上年营业利润

6. 我国企业的利润表一般采用（　　）格式。

A. 账户式　　B. 多栏式

C. 多步式　　D. 单步式

7. 每股收益是（　　）中的项目。

A. 资产负债表　　B. 利润表

C. 现金流量表　　D. 所有者权益变动表

8. 利润表是反映企业在一定会计期间（　　）的财务报表。

A. 经营成果　　B. 财务状况

C. 现金流量　　D. 所有者权益变动

9.（　　）是指企业在日常活动中形成的，会导致所有者权益增加的，与所有者投入资本无关的经济利益的总流入。

A. 主营业务收入　　B. 投资净收益

C. 劳务收入　　D. 收入

10.（　　）不仅包含了主营业务利润，而且包含了其他业务利润。

A. 营业收入　　B. 利润总额

C. 净利润　　D. 营业利润

二、多项选择题

1. 反映企业盈利能力的指标有（　　）。

A. 营业利润率　　B. 净资产收益率

C. 利息保障倍数　　D. 总资产报酬率

2. 企业收入从广义上讲应该包括（　　）。

A. 主营业务收入　　B. 其他业务收入

C. 股利收入　　D. 利息收入

3. 对利润总额进行分析，主要侧重于对组成利润总额的（　　）项目进行比较分析。

A. 营业利润　　B. 营业外收入

C. 营业外支出　　D. 营业收入

4. 下列项目属于期间费用的有（　　　）。

A. 材料费用　　B. 制造费用

C. 财务费用　　D. 销售费用

5. 利润表的作用表现在（　　　）。

A. 发现管理中问题　　B. 评价经营业绩

C. 揭示利润变动趋势　　D. 帮助投资人决策

6. 如果企业的（　　　）主要由非营业利润构成，则该企业利润实现的真实性和特殊性应引起报表分析人员的重视。

A. 利润总额　　B. 净利润

C. 营业利润　　D. 投资收益

7. 下列各项目中，属于利润表内容的是（　　　）。

A. 递延所得税资产　　B. 资产减值损失

C. 投资净收益　　D. 每股收益

8. 在计算存货周转率时，应考虑的因素有（　　　）。

A. 主营业务收入　　B. 期初存货净额

C. 期末存货净额　　D. 主营业务成本

9. 影响资产净利率的主要因素有（　　　）。

A. 销售净利率　　B. 总资产周转率

C. 应收账款周转率　　D. 流动资产周转率

10. 下列各项指标中，属于反映企业在销售过程中产生利润的能力有（　　　）。

A. 销售毛利率　　B. 销售净利率

C. 资本保值增值率　　D. 资产净利率

三、判断题

1. 每股收益越高，意味着股东可以从上市公司分得的股利越高。（　　）

2. 净资产收益率是反映盈利能力的核心指标。（　　）

3. 当企业营业利润较小时，应着重分析主营业务利润的大小、多种经营的发展情况以及期间费用的多少。（　　）

4. 利润表是反映企业在一定会计期间经营成果的静态时点报表。（　　）

5. 企业盈利能力的高低与利润的高低成正比。（　　）

6. 资产净利率越高，净资产收益率就越高。（　　）

综合训练

实训目标：对利润表进行全面分析。

实训资料：上网收集所选上市公司报表及相关资料。

实训要求：每个小组选择一家上市公司，对其近两年来的利润表进行全面分析并上交课业报告，报告需同时提交 PPT 和 Word 电子文档，请在报告封面注明组员的姓名及分工明细情况（注意角色轮换），并准备在班级演示。

延伸阅读

如何正确看待和分析毛利率

比较毛利率的意义到底是什么？只是为了找出和可比公司的差异吗？可比公司的毛利率分析到底要分析到多细，遇到产品种类很多的情况怎么办？

一、在数量之外，要注意利润质量

企业有了毛利，才会有核心利润。无论作为企业经营者还是投资者，都会去追求一定的毛利率和毛利增长率，这是一种普遍存在的心态，也是一种正常的心态。但也是因为人们对毛利率的追求，才产生了诸多问题。毛利率越高的企业不一定就是更好的企业。

单纯地拿毛利率绝对值进行比较是不科学的，在分析毛利率时，要关注的是数字背后的东西。不但要关注利润数量，还要关注利润质量。

二、行业间可比公司的当期毛利率分析

知乎包子铺经营了一年，毛利率是 20%。但现在只看这个数字，也不能说明问题，就必须拿可比公司来做对比。

经过调查，整个包子铺行业的平均毛利率在 35% 左右，可以看到知乎包子铺的毛利率在整个行业中处于一个中等偏下的水平。

行业间的比较只是毛利率分析的第一步，为后续的分析指引一个大方向，以求做到有的放矢。从宏观的对比到微观的对策，一定会经历这一步。

三、个体公司的当期毛利率分析

1. 从行业领头羊入手

同行业中，开在知乎包子铺对面的唐僧包子铺的毛利率达 70%，是整个包子铺行业中最高的。

经过调查，发现唐僧包子铺在卖包子的时候，往猪肉馅里加了皮冻，降低了肉馅的成本，属于不诚信经营，所以才有这么高的利润率。之后把知乎包子铺的肉馅成本代入唐僧包子铺的成本，发现唐僧包子铺的毛利率还是高。通过进一步研究发现，唐僧包子铺每天早晨在卖包子的时候，还兼卖豆浆，而卖豆浆的收益要高过包子，所以取得了较高的毛利率。

通过对领头羊毛利率的分析和对比，即便是行业中特殊的高点，也值得分析（甚至更值得分析），知乎包子铺可以从中制定相应的经营策略。第一是向有关部门举报唐僧包子铺不诚信经营的事实，第二是今后也在早餐时开始卖豆浆。

2. 透视自己的经营问题

在毛利率对比之中，细分了知乎包子铺的利润结构。发现其营业收入和其他包子铺不相上下，但是成本却高过大部分竞争对手。

研究发现，面粉成本几乎和肉馅持平，这是一个明显的异常现象，必须进行深入分析。经调查，发现面粉进货价格偏高。明年应更换供应商。

从毛利率的分析之中，我们可以有方向地进一步追寻营业收入、成本之中存在的问题。毛利率是一个信号，提醒企业经营者和投资者关注经营活动中可能存在的问题。

四、毛利率的时间序列分析

1. 全行业的毛利率时间序列分析

通过对最近几年周边包子铺的财报数据进行总体的对比，发现平均毛利率是逐年走低的。从卖包子这一项业务来看，产品的生命周期已经进入了衰退期，这是全行业毛利率下滑说明的问题。

全行业的毛利率时间序列分析，往往可以告诉我们一个行业近期的大体走向，如果有明显的趋势性产生，是非常值得注意的特征，需要进一步深入挖掘。

2. 行业间可比公司的毛利率时间序列分析

对行业间可比公司的毛利率进行时间序列分析，可以看到自己企业核心竞争力的高低，也能看到竞争对手的现状，进一步制定针对性的策略。同时，行业间毛利率的时间序列分析，在定价策略的制定中也十分有用。

3. 对自身毛利率的时间序列分析

对自身毛利率的时间序列分析，可以告诉我们这个企业今年的业绩走向如何。但是，产大于销、存货积压可能会导致毛利率升高，而行业的周期性波动也一样会导致暂时的毛利率走高，分析个体企业毛利率的时候，要做到具体问题具体分析。

五、总结

毛利率是考验冲锋陷阵的能力，净利是考验运筹帷幄的本领。

一般来说，毛利率较高的原因有以下几点：企业经营垄断、产品竞争力强、行业周期性作用、产大于销、存货积压、特殊的会计处理。而毛利率较低的原因，又有以下几点：行业处于衰退期、自身缺乏竞争力、特殊的会计处理。

先从宏观的数据对比找到行业特点，再细化到特定企业的特定项目，是财务分析中一个常见的思路。而毛利率的对比，往往是分析利润表的第一步。在毛利分析之后，才是三费、结构分析、资产减值、公允价值变动等步骤。财务分析从来都没有一个万能的模板，而看待和分析毛利率的方法，也只有合适而没有正误。

项目四

现金流量表分析

学习目标

知识目标

1. 了解现金流量表初步分析内容；
2. 掌握现金流量表项目分析内容；
3. 掌握现金流量表比率分析内容。

能力目标

1. 能阅读现金流量表并进行初步分析；
2. 能进行现金流量表项目分析和比率分析。

素养目标

1. 增强信息收集、财务数据处理、文字表达和团队合作能力；
2. 培养学生在财务分析工作中树立现金第一的观念，提高自身职业素养；
3. 增强遵守法律法规的意识。

关键术语

现金流量表（Statement of Cash Flows）

销售现金比率（Sales Cash Ratio）

每股营业现金净流量（Net Operating Cash Flow Per-share）

全部资产现金回收率（the Recovery Ratio of Cash to Total Assets）

净收益营运指数（Operating Profit to Net Income Ratio）

现金营运指数（Operating Cash Flow to Operating Profit Ratio）

项目分析

角色：经营者

张冉是一所高等职业技术学院的大三学生，他来到华远公司实习，公司的指导老师要求他协助进行华远公司现金流量表分析，并在两天内完成。为完成现金流量表分析，张冉要完成如下任务：

任务 4.1　现金流量表初步分析

任务 4.2　现金流量表项目分析

任务 4.3　现金流量表比率分析

任务 4.1　现金流量表初步分析

工作任务

张冉找来华远公司现金流量表（如表 4-1 所示）开始阅读，然后进行现金流量表初步分析。

表 4-1　现金流量表

编制单位：华远公司　　20×3 年 1—12 月　　单位：万元　币种：人民币

项目	20×3年	20×2年
一、经营活动产生的现金流量：		
销售商品、提供劳务收到的现金	2 341	2 138
收到其他与经营活动有关的现金	92	90
经营活动现金流入小计	2 433	2 228

续表

项目	20×3年	20×2年
购买商品、接受劳务支付的现金	997	875
支付给职工以及为职工支付的现金	60	62
支付的各项税费	140	157
支付其他与经营活动有关的现金	109	202
经营活动现金流出小计	1 306	1 296
经营活动产生的现金流量净额	1 127	932
二、投资活动产生的现金流量：		
收回投资收到的现金	203	258
取得投资收益收到的现金	35	30
投资活动现金流入小计	238	288
购建固定资产、无形资产和其他长期资产支付的现金	153	172
投资支付的现金	108	207
投资活动现金流出小计	261	379
投资活动产生的现金流量净额	−23	−91
三、筹资活动产生的现金流量：		
吸收投资收到的现金	151	179
取得借款收到的现金	167	259
收到其他与筹资活动有关的现金		
筹资活动现金流入小计	318	438
偿还债务支付的现金	173	320
分配股利、利润或偿付利息支付的现金	5	0
支付其他与筹资活动有关的现金	12	10
筹资活动现金流出小计	190	330
筹资活动产生的现金流量净额	128	108
四、汇率变动对现金及现金等价物的影响		
五、现金及现金等价物净增加额	1 232	949
六、期末现金及现金等价物余额	4 180	2 948

法定代表人：　　　　主管会计工作负责人：　　　　会计机构负责人：

相关知识

4.1.1 现金流量表分析有何作用?

现金流量表（Cash Flow Statement），是反映企业在一段时间内，现金增减变动及其变动结果的年度财务报表。随着经济发展，企业间经济业务日益复杂，不确定因素明显增多，无论是企业所有者还是债权人，或其他利害关系人，不能只看资产负债表——这张逼真的快照，利润表——这段精彩的录像，还要看这张财务管理的王牌——现金流量表，因为只有现金流量表才是企业业绩的“真金白银”。

提示

资产负债表反映了货币资金变动的结果，而现金流量表反映的是货币资金的变动过程；利润表中利润的计量基础是权责发生制，而现金流量表采用收付实现制。收付实现制弥补了权责发生制的弊端。

现金流量表采用报告式结构，以“现金流入 - 现金流出 = 现金流量净额”为基础，采取多步式，分经营活动、投资活动和筹资活动，分项报告企业的现金流入量和流出量，最后汇总反映企业在某一期间现金及现金等价物的净增加额，如图 4-1 所示。

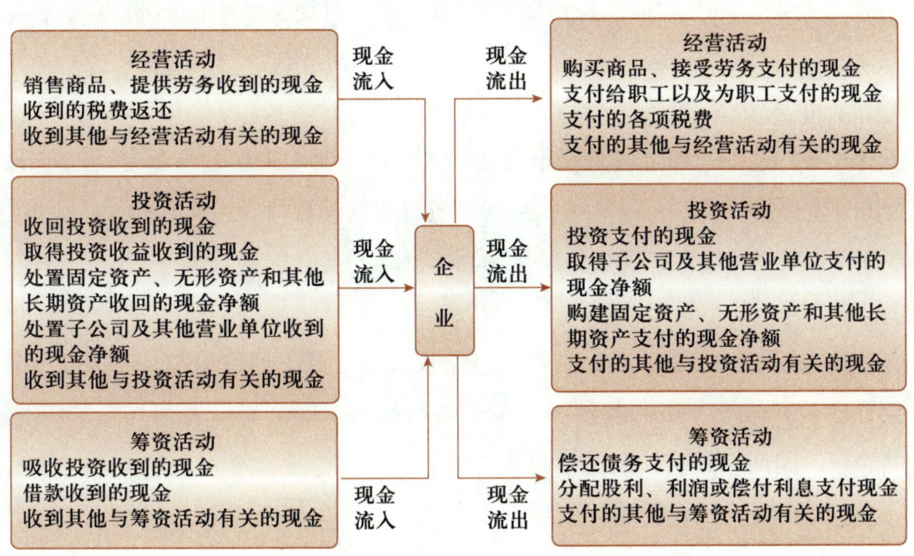

图 4-1 企业现金流入流出情况

提示

现金流量是企业的脉搏，是企业生存的关键信号，现金流在现代企业管理中的重要性要胜过利润，企业管理是以财务管理为中心的，而财务管理的中心是资金管理，资金管理的中心则是现金流量管理。

对现金流量表分析的作用具体表现为：

1. 直接揭示企业的偿债能力和支付能力

企业的还本付息活动、股利支付活动和生产采购活动是企业债权人、投资者和供应商极为关注的部分，通过对现金流量表的分析，可以获取企业是否具备现金偿债能力和支付能力的重要信息。

2. 评价企业经营活动、投资活动和筹资活动情况

经营活动产生的现金流量从本质上讲代表了企业自我创造现金的能力，该部分占现金流量的比率越高，企业的财务基础越稳固。而投资活动和筹资活动也是企业重要的业务活动，会对现金流动状况产生较大影响。经营管理者通过对现金流量的分析，可以有效进行现金管理。

3. 评价企业收益质量

企业账面利润并不一定意味着收回了相应的现金，当应收账款过多时，销售收入的质量就值得怀疑。按照权责发生制计量的企业会计利润和按照收付实现制计量的现金净流量并非同向变化。有的企业账面利润很高，但收现能力很差。对现金流量的分析可以揭示企业的收益质量。

4. 预测企业未来的现金流量

在许多情况下，过去的现金流量是报表使用者预计企业未来现金流量变动的基础。通过分析过去现金流量变化的趋势，可以从中找到现金流量变化的规律，为未来的经营决策打下基础。在企业资本预算和项目评估中，现金流量是预测分析的关键信息。

5. 防范会计操纵

现金流量表的编制基础是现金，它可以避免权责发生制下通过虚拟交易发生的信息操纵，以及通过会计政策和核算方法的改变而发生的盈利操纵。现金流量表因为有对应的银行存款等资金可供验证，因而它具有较高的信息真实性。

提示

现金流量表的编制是根据资产负债表和利润表、会计核算记录和业务发生情况进行重分类，因此，编制现金流量表的过程就是将权责发生制下的会计资料调整为收付实现制下的现金流量。

现金流量表的编制方法常见的有直接法和间接法。企业应当采用直接法反映经营活动产生的现金流量。现金流量表补充资料采用间接法反映经营活动产生的现金流量情况，是对现金流量表中采用直接法反映的经营活动现金流量进行核对和补充说明。现金流量表常见编制方法如图4–2所示。

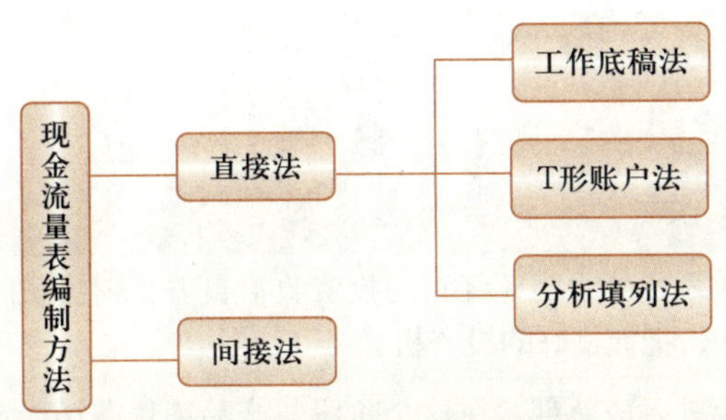

图4–2 现金流量表编制方法

（1）直接法，是通过现金收入和现金支出的主要类别列示经营活动的现金流量。采用直接法编制经营活动的现金流量时，一般以利润表中的销售收入为起算点，调整与经营活动有关的项目增减变动，然后计算出经营活动的现金流量。采用直接法具体编制现金流量表时，可以采用工作底稿法或T形账户法，也可以根据有关科目记录分析填列。工作底稿法，是以工作底稿为手段，以利润表和资产负债表数据为基础，结合有关账户的账簿记录（主要是有关的明细资料和备查账簿），对利润表项目和资产负债表项目逐一进行分析，并编制调整分录，从而编制出现金流量表的一种方法；T形账户法，是以T形账户为手段，以利润表和资产负债表为基础，结合有关账户的记录，对现金流量表的每一个项目进行分析并编制调整分录，通过“T形账户”编制出现金流量表的一种方法；分析填列法，是直接根据资产负债表、利润表和有关会计账户明细账的记录，分析计算出现金流量表各项目的金额，并据以编制现金流量表的一种方法。

（2）间接法，是以净利润为起算点，调整不涉及现金的收入、费用、营业外收支等有关项目，据此计算并列报经营活动产生现金流量的方法。

（3）编制现金流量表比较困难，应注意现金流量表内部之间、现金流量表与年末资产负债表之间、现金流量表与年度利润表之间的勾稽关系。

4.1.2 如何对现金流量表进行初步分析?

现金流量表初步分析，就是分析现金流量结构。现金流量结构十分重要，企业经营活动、投资活动和筹资活动产生的现金流量净额，都有可能出现正数或负数的情况。总量相同的现金流量在经营活动、投资活动、筹资活动之间分布不同，也意味着不同的财务状况。三者的组合有八种情形（如表 4-2 所示），不同的组合反映出不同的现金流量质量。一般情况下，通过初步分析现金流量结构，可以认定企业生命周期所在阶段。

表 4-2 现金流量项目组合分析表

现金流量方向			一般分析结果
经营活动	投资活动	筹资活动	
+	+	+	企业筹资能力强，经营与投资收益良好，财务风险很小。此时应警惕资金的浪费，把握良好的投资机会
+	+	−	企业进入成熟期。在这个阶段，产品销售市场稳定，已进入投资回收期，经营及投资收入良性循环，财务状况稳定安全，处于债务偿还期，财务风险小
+	−	+	企业处于调整发展的扩张时期。产品的市场占有率高，销售呈现快速上升趋势，带来经营活动中大量货币资金的回笼。为了扩大市场份额，企业仍需要大量追加投资，仅靠经营活动现金流量净额远不能满足所追加的投资，必须筹集必要的外部资金作为补充，财务风险小
+	−	−	企业经营状况良好，可在偿还前欠债务的同时继续投资，财务风险小，但应密切关注经营状况的变化，防止由于经营状况恶化而导致财务状况恶化
−	+	+	企业借债维持经营活动所需资金，财务状况可能恶化，财务风险大，投资活动现金流入增加是亮点，但要分析是来源于投资收益还是投资收回。如果是后者，企业所面临的形势将更加严峻
−	+	−	企业处于衰退时期。市场萎缩，产品市场占有率下降，经营活动现金流入小于流出，同时企业为了偿付债务不得不大规模收回投资以弥补现金的不足。如果投资活动现金流量来源于投资收益还好，如果来源于投资的回收，则企业将会出现更深层次的危机，财务风险极大
−	−	+	有两种情况：① 企业处于初创期阶段，需要投入大量资金，形成生产能力，开拓市场，其资金来源只有举债、融资等筹资活动；② 企业处于衰退阶段，靠借债维持日常生产经营活动，如果不能渡过难关，再继续发展将非常危险，财务风险较大
−	−	−	这种情况往往发生在盲目扩张后的企业，由于市场预测失误等原因，造成经营活动现金流出大于流入，投资效益低下造成亏损，使投入扩张的大量资金难以收回，财务状况异常危险，到期债务不能偿还，财务风险极大

任务实施

张冉初步分析了该公司 20×3 年现金流量结构，经营活动现金净流量为__________，投资活动现金净流量为__________，筹资活动现金净流量为__________，得出华远公司现金流量组合为：__________。初步可以判断公司处于调整发展的__________。这时产品__________，销售呈现__________趋势，表现为经营活动中__________回笼，同时为了扩大市场份额，公司仍需要__________，而仅靠____________________可能无法满足所需投资，必须筹集必要的外部资金作为补充。

恭喜您完成了！

任务 4.2 现金流量表项目分析

工作任务

张冉对公司现金流量表进行项目分析。

相关知识

4.2.1 如何对经营活动产生的现金流量进行分析？

案例：雪浪环境“相互打架”的财务数据

经营活动产生的现金流量直接反映企业创造现金的能力，充足的销售收入不仅可以支付营业支出所需现金，而且可以为企业的投资和筹资活动提供保障。对此项目的阅读与分析，不仅要关注各个项目本身的数量及构成，而且应与利润表、资产负债表相关项目进行比较，以分析判断企业现金流量的质量。

1. 经营活动现金流入量项目分析

（1）销售商品、提供劳务收到的现金（无论何时销售，只要本期收现）：是全部现金流入量中最主要的组成部分。该项目金额大是正常现象，反之，则要高度关注。该项目还可与利润

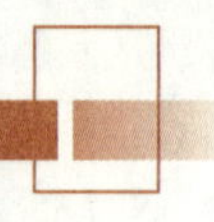

表中销售收入的金额相比较，借以分析判断企业当期销售收入的现金回笼情况。

（2）收到的税费返还：如果补贴收入金额较大，在评价企业业绩时应注意剔除补贴收入因素的影响，因为它只是国家税收优惠政策的体现，并不代表企业持续的盈利能力。

（3）收到其他与经营活动有关的现金：少则正常，多则暴露出企业在管理中存在的问题。

2. 经营活动现金流出量项目分析

（1）购买商品、接受劳务支付的现金：是企业总现金流出量中最主要的组成部分。金额多是正常现象，但要与企业的生产经营规模相适应。该项目还应与利润表中营业成本及资产负债表中存货项目的金额进行比较，借以全面评价企业付现的质量。

（2）支付给职工及为职工支付的现金：是企业当期实际支付给从事生产经营活动的在职职工的工资、奖金、津贴和补贴，以及为这些职工支付的诸如养老保险、失业保险、商业保险、住房公积金、困难补助等其他各有关方面的现金。支付给职工以及为职工支付的现金是保证劳动者自身生存及再生产的必要开支，因此属于企业持续性的现金支出项目。

（3）支付的各项税费：是企业按规定在当期以现金缴纳的所得税、增值税、房产税、土地增值税、车船税、印花税、教育费附加、城市维护建设税、矿产资源补偿费等各类相关税费，反映了企业除个别情况之外所实际承担的税费负担。

（4）支付的其他与经营活动有关的现金：该项支出多属于固定性支出，并不促使销售收入成正比例变化，因此应严格控制，对其支出的效益性应多加关注。

3. 经营活动产生的现金净流量质量分析

经营活动产生的现金流量是企业现金的主要来源，与净利润相比，经营活动所产生的现金净流量的多少，能够更确切地反映企业的经营质量。经营活动产生的现金流量净额指标表明企业经营活动获取现金的能力。在正常情况下企业的现金流入量主要应依靠经营活动来获取。通过将该指标与净利润指标相比较，可以了解到企业净利润的现金含量。如果企业的净利润大大高于经营活动产生的现金流量净额，则说明企业利润的含金量不高，存在大量的赊销行为及未来的应收账款收账风险，同时在某种程度上存在着利润操纵之嫌。在了解该指标的过程中，我们还可以了解到企业相关税费的缴纳情况。对于经营活动产生的现金流量的质量，可通过对以下现象的分析加以判断。

（1）经营活动产生的现金流量净额小于零。经营活动产生的现金流量净额小于零，意味着企业通过正常的供、产、销所带来的现金流入量不足以支付因上述经营活动而引起的现金流出。企业正常经营活动所需的现金支付，则需要通过以下几种方式来解决：一是消耗企业现存的货币积累，二是挤占本来可以用于投资活动的现金，三是进行额外贷款融资，四是拖延债务支付或加大经营负债规模。如果这种情况出现在企业经营初期，可以认为是企业在发展过程中不可避免的正常状态。因为在企业生产经营活动的初期经营成本较高，导致企业现金流出

较多。为了开拓市场，企业有可能投入较大资金，从而有可能使企业在这一时期的经营活动现金流量表现为“入不敷出”的状态。但是，如果企业在正常生产经营期间仍然出现这种状态，说明企业通过经营活动创造现金净流量的能力下降，应当认为企业经营活动现金流量的质量差。

（2）经营活动产生的现金流量净额等于零。经营活动产生的现金流量净额等于零，意味着企业通过正常的供、产、销所带来的现金流入量恰恰能够支付因上述经营活动而引起的现金流出，企业的经营活动现金流量处于“收支平衡”的状态。在这种情况下，企业正常经营活动虽然不需要额外补充流动资金，但企业的经营活动也不能为企业的投资活动以及融资活动贡献现金。

按照企业会计准则，企业经营成本中有相当一部分属于按照权责发生制原则的要求而确认的摊销成本(如无形资产的摊销、长期待摊费用摊销，固定资产折旧等)和应计成本(如预提设备大修理费用等)，即非付现成本。这样，在经营活动产生的现金流量等于零时，企业经营活动产生的现金流量不可能为这部分非付现成本的资源消耗提供货币补偿。如果这种状态长期持续下去，企业的“简单再生产”都不可能维持。因此，如果企业在正常生产经营期间持续出现这种状态，可判断企业经营活动现金流量的质量不高。

（3）经营活动产生的现金流量净额大于零。经营活动产生的现金流量净额大于零，意味着企业具有创造现金的能力，通常表明企业生产经营状况较好。但是，企业经营活动产生的现金流量仅大于零是不够的。经营活动产生的现金净流量大于零并在补偿当期的非付现成本后仍有剩余，才意味着企业通过正常的供、产、销所带来的现金流入量，不但能够支付因经营活动而引起的现金流出、补偿全部当期的非付现成本，而且还有余力为企业的投资等活动提供现金支持。这种状态通常表明企业所生产的产品适销对路，市场占有率高，销售回款能力较强，同时企业的付现成本、费用控制有效。在这种状态下，企业经营活动利润才具有含金量，对企业经营活动的稳定与发展、企业投资规模的扩大才能起到较好的促进作用。

（4）经营活动现金流量净额与净利润的对比分析。利润表上反映的净利润，是企业根据权责发生制原则确定的，它并不能反映企业生产经营活动产生了多少现金净流入；而现金流量表中的经营活动产生的现金流量净额是以收付实现制原则为基础确定的，经营活动产生的现金流量净额与净利润往往是不一致的。但是，为了防止人为操纵利润和加强企业经营管理，有必要将经营活动的现金流量净额与净利润进行对比，了解净利润与经营活动产生的现金流量差异的原因，从而对净利润质量进行评价。如果经营活动产生的现金流量净额与净利润之比大于1或等于1，通常表明会计收益的收现能力较强，经营活动现金流量质量与净利润质量较好；若小于1，则表明净利润可能受到人为操纵或存在大量应收账款，经营活动现金流量质量与净利润质量较差。

4.2.2　如何对投资活动产生的现金流量进行分析?

投资活动产生的现金流量净额指标反映企业固定资产投资及权益性、债权性投资业务的现金流量情况。投资活动现金流出会对企业未来的市场竞争力产生影响，其数额较大时，应对相关投资行为的可行性做相应的分析了解。投资活动产生的现金流量的质量，可通过对以下现象的分析加以判断。

1. 投资活动产生的现金流量净额小于零

投资活动产生的现金流量净额小于零，意味着企业在购建固定资产、无形资产和其他长期资产、权益性投资以及债权性投资等方面所流出的现金之和，大于企业因收回投资、分得股利或利润、取得债券利息收入、处置固定资产、无形资产和其他长期资产而流入的现金净额之和。通常情况下，企业投资活动的现金流量处于“入不敷出”的状态，投资活动所需资金的“缺口”只能通过其他渠道解决。在企业的投资活动符合企业的长期规划和短期计划的条件下，投资活动产生的现金流量净额小于零，表明企业扩大再生产的能力较强，也可能表明企业进行产业及产品结构调整的能力或参与资本市场运作、实施股权及债权投资的能力较强，是投资活动现金流量的正常状态。企业投资活动的现金流出大于流入的部分，将由经营活动的现金流入量来补偿。例如，企业的固定资产、无形资产购建支出，将由未来使用有关固定资产和无形资产会计期间经营活动的现金流量来补偿。

2. 投资活动产生的现金流量净额大于或等于零

投资活动产生的现金流量大于或等于零，意味着企业在投资活动方面的现金流入量大于或等于流出量。这种情况的发生，如果是企业在本会计期间的投资回收的规模大于投资支出的规模，表明企业资本运作收效显著、投资回报及变现能力较强；如果是企业处理手中的长期资产以求变现，则表明企业产业、产品结构将有所调整，或者未来的生产能力将受到严重影响、已经陷入深度的债务危机之中。因此，必须对企业投资活动现金流量的成因进行具体分析。

4.2.3　如何对筹资活动产生的现金流量进行分析?

筹资活动产生的现金流量反映了企业的融资能力和融资政策，可以通过对以下现象的分析来判断其质量。

1. 筹资活动产生的现金流量净额大于零

筹资活动产生的现金流量净额大于零，意味着企业在吸收权益性投资、发行债券以及借款等方面所收到的现金之和大于企业在偿还债务、支付筹资费用、分配股利或利润、偿付利息以及减少注册资本等方面所支付的现金之和。在企业从起步到成熟的整个发展过程中，筹资活动产生的

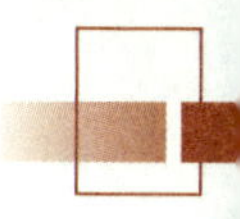

现金流量净额往往大于零，通常表明企业通过银行及资本市场的筹资能力较强。例如在企业处于发展的起步阶段，投资需要大量的资金，而此时企业经营活动的现金流量净额大多小于零，企业对现金的需求，主要通过筹资活动获得的现金流入来解决。因此，分析企业筹资活动产生的现金流量大于零是否正常，关键要看企业的筹资活动是否已经纳入企业的发展规划，是企业管理层的主动行为，还是企业因投资活动和经营活动的现金流出失控不得已而为之的被动行为。

2. 筹资活动产生的现金流量净额小于零

筹资活动产生的现金流量净额小于零，意味着企业筹资活动收到的现金之和小于企业筹资活动支付的现金之和。如果是企业在本会计期间因集中发生偿还债务、支付筹资费用、分配股利或利润、偿付利息等业务而导致这种情况的出现，则表明企业经营活动与投资活动在现金流量方面运转较好，自身资金周转已经进入良性循环阶段，经济效益得到增强，从而使企业支付债务本息和股利的能力加强。如果企业筹资活动产生的现金流量净额小于零是由于企业在投资和企业扩张方面没有更多作为所造成的，或者是由于丧失融资信誉造成的，则表明筹资活动产生的现金流量质量较差。

4.2.4　如何对现金及现金等价物净增加额的质量进行分析?

现金和现金等价物的具体内容与变化，反映了企业现金资产的结构变化，有助于我们分析公司的变现能力和支付能力，进而把握公司的生存能力、发展能力和适应市场变化的能力。

1. 现金及现金等价物净增加额为正数

企业的现金及现金等价物净增加额为正，如果主要是由于经营活动产生的现金流量净额引起的，通常表明企业经营状况好，收现能力强，坏账风险小；如果主要是由于投资活动产生的，甚至是由处置固定资产、无形资产和其他长期资产引起的，则表明企业生产经营能力衰退，或者是企业为了走出不良境地而调整资产结构，须结合资产负债表和利润表做深入分析；如果主要是筹资活动引起的，则意味着企业未来将支付更多的本息或股利，需要未来创造更多的现金流量净增加额，才能满足偿付的需要，否则，企业就可能承受较大的财务风险。

2. 现金及现金等价物净增加额为负数

企业的现金及现金等价物净增加额为负数，通常是一个不良信息。但如果企业经营活动产生的现金流量净额是正数，且数额较大，而企业整体上现金流量净减少主要是固定资产、无形资产或其他长期资产投资引起的，或主要是对外投资引起的，则可能是企业为了进行设备更新或扩大生产能力或投资开拓更广阔的市场，此时现金流量净减少并不意味着企业经营能力不佳，而是意味着企业未来可能有更大的现金流入。同样情况下，如果企业现金流量净减少主要是由于偿还债务及利息引起的，这就意味着企业未来须用于偿债的现金将减少，企业财务风险变小，

只要企业生产经营保持正常运转，企业就不会走向衰退。

任务实施

根据报表，张冉编制华远公司现金流量水平分析表和垂直分析表，进行项目分析。

【步骤1】进行现金流量水平分析，如表4-3所示。

表4-3　现金流量水平分析表

单位：万元

项目	20×3年	20×2年	增减额	增减幅度/%
一、经营活动产生的现金流量：				
销售商品、提供劳务收到的现金	2 341	2 138	203	9.49
收到其他与经营活动有关的现金	92	90	2	2.22
经营活动现金流入小计	2 433	2 228	205	9.20
购买商品、接受劳务支付的现金	997	875	122	13.94
支付给职工以及为职工支付的现金	60	62	−2	−3.23
支付的各项税费	140	157	−17	−10.83
支付其他与经营活动有关的现金	109	202	−93	−46.04
经营活动现金流出小计	1 306	1 296	10	0.77
经营活动产生的现金流量净额	1 127	932	195	20.92
二、投资活动产生的现金流量：				
收回投资收到的现金	203	258	−55	−21.32
取得投资收益收到的现金	35	30	5	16.67
投资活动现金流入小计	238	288	−50	−17.36
购建固定资产、无形资产和其他长期资产支付的现金	153	172	−19	−11.05
投资支付的现金	108	207	−99	−47.83
投资活动现金流出小计	261	379	−118	−31.13
投资活动产生的现金流量净额	−23	−91	68	−74.73
三、筹资活动产生的现金流量：				
吸收投资收到的现金	151	179	−28	−15.64
取得借款收到的现金	167	259	−92	−35.52
筹资活动现金流入小计	318	438	−120	−27.40

续表

项目	20×3年	20×2年	增减额	增减幅度/%
偿还债务支付的现金	173	320	−147	−45.94
分配股利、利润或偿付利息支付的现金	5	0	5	
支付其他与筹资活动有关的现金	12	10	2	20.00
筹资活动现金流出小计	190	330	−140	−42.42
筹资活动产生的现金流量净额	128	108	20	18.52
四、汇率变动对现金及现金等价物的影响	0	0	0	
五、现金及现金等价物净增加额	1 232	949	283	29.82
六、期末现金及现金等价物余额	4 180	2 948	1 232	41.79

根据表4−3分析，本期现金净流量比上期________，增加的主要原因是________________。而经营活动现金净流量的增加主要依靠____________增加，本期比上期增加205万元，增加幅度为9.2%，这说明本期经营活动产生____________的能力强。投资活动现金净流量和筹资活动现金净流量均为________，表明公司投资收益良好，筹资能力强，财务风险小。

恭喜您完成了！

【步骤2】对现金流入进行垂直分析。如表4−4所示。

表4−4　现金流入垂直分析表

单位：万元

项目	20×3年		20×2年	
	绝对数	比重/%	绝对数	比重/%
经营活动产生的现金流入	2 433	81.40	2 228	75.42
投资活动产生的现金流入	238	7.96	288	9.75
筹资活动产生的现金流入	318	10.64	438	14.83
现金流入小计	2 989	100.00	2 954	100.00

根据表4−4分析，无论是20×2年还是20×3年，在全部现金流入量中，华远公司经营活动产生的现金流入都是主要的、基本的，而且比重在上升，其重要原因是经营活动现金流入绝对数的增长。

【步骤3】对现金流出进行结构分析，如表4−5所示。

表 4-5 现金流出结构分析表

单位：万元

项目	20×3年		20×2年	
	绝对数	比重/%	绝对数	比重/%
经营活动产生的现金流出	1 306	74.33	1 296	64.64
投资活动产生的现金流出	261	14.85	379	18.90
筹资活动产生的现金流出	190	10.81	330	16.46
现金流出小计	1 757	100.00	2 005	100.00

根据表 4-5 分析，无论是 20×2 年还是 20×3 年，在全部现金流出量中，华远公司经营活动所产生的现金流出量占主要比重，而且比重比 20×2 年上升。其原因是经营活动规模扩大，并且与流入量相匹配。

技能训练

华美公司筹资活动现金流入构成情况如表 4-6 所示。

表 4-6 华美公司筹资活动现金流入构成情况表

单位：万元

项目	20×3年	20×2年
筹资活动产生的现金流入		
吸收权益性投资所收到的现金	9 600	0
发行债券所收到的现金	0	1 700
借款所收到的现金	670	460
收到的其他与筹资活动有关的现金	0	76
现金流入小计	10 270	2 236

【要求】（1）请编制华美公司现金流入结构分析表；

（2）请进行简要结构分析并判断公司筹资风险的变化。

任务4.3　现金流量表比率分析

工作任务

张冉根据现金流量表计算财务比率，评价其获取现金的能力和收益的质量。

相关知识

4.3.1　如何进行获取现金能力分析？

案例：天桥起重的收入现金比率持续下降

获取现金的能力可通过经营活动现金流量净额与投入资源之比来反映。投入资源可以是销售收入、资产总额、营运资金净额、净资产或普通股股数等。

1. 销售现金比率

销售现金比率，是指企业经营活动现金流量净额与企业销售收入的比值，反映每元销售收入得到的现金流量净额。其计算公式为：

$$销售现金比率=\frac{经营活动现金流量净额}{销售收入}$$

该指标越大越好，越大表明企业的收入质量越好，资金利用效果越好。

2. 每股营业现金净流量

每股营业现金净流量，是指企业经营活动现金流量净额与股本总额的比率，是反映企业为每一普通股获取的现金流入量的指标，其计算公式为：

$$每股营业现金净流量=\frac{经营活动现金流量净额}{普通股股数}$$

该指标既反映了来自主营业务的现金对每股资本的支持程度，又反映了上市公司支付股利的能力。每股经营现金净流量的正负分别代表收益与亏损。

3. 全部资产现金回收率

全部资产现金回收率，是指企业经营活动现金流量净额与平均总资产的比率，反映企业全部资产产生现金的能力，其计算公式为：

$$全部资产现金回收率=\frac{经营活动现金流量净额}{平均总资产}\times 100\%$$

该指标越高越好，越高说明资产利用效果越好，利用资产创造的现金流入越多，整个企业获取现金能力越强，经营管理水平越高；反之，则经营管理水平越低，经营者有待提高管理水平，进而提高企业的经济效益。

4.3.2 如何进行收益质量分析？

收益质量，是指会计收益与公司业绩之间的相关性。如果会计收益能如实反映公司业绩，则其收益质量高；反之，则收益质量不高。

1. 净收益营运指数

净收益营运指数，是指企业经营净收益与净利润之比。通过与该指标的历史指标和行业平均指标比较，可以考察一个公司的收益质量情况。其计算公式为：

$$净收益营运指数=\frac{经营净收益}{净利润}$$

式中：

$$经营净收益=净利润-非经营净收益$$

该指标表明，如果净收益营运指数越小，则非经营收益所占比重越大，收益质量越差，因为非经营收益不反映公司的核心能力及正常的收益能力，可持续性较低。如果一个公司虽然利润总额在不断上升，但是经营性利润比重呈逐年下降、非经营利润的比重呈逐年加大的趋势，其实这已经是净收益质量越来越差的征兆了。

2. 现金营运指数

现金营运指数，是指企业经营活动现金流量净额与企业经营所得现金的比值，是反映企业现金回收质量、衡量现金风险的指标，其计算公式为：

$$现金营运指数=\frac{经营活动现金流量净额}{企业经营所得现金}$$

式中：经营所得现金是经营净收益与非付现费用之和。

理想的现金营运指数应为1，小于1的现金营运指数反映了公司部分收益没有取得现金，而是停留在实物或债权形态，而实物或债权资产的风险远大于现金。现金营运指数越小，以实物或债权形式存在的收益占总收益的比重越大，收益质量越差。

任务实施

【步骤1】张冉找到利润表查出20×3年华远公司销售收入（含增值税）为6 010万元，计算：

销售现金比率 = ______________________

【步骤 2】华远公司有普通股 5 000 万股，计算：

每股营业现金净流量 = ______________________

【步骤 3】张冉找到公司资产负债表，查出 20×3 年平均总资产为 8 700 万元，计算：

全部资产现金回收率 = ______________________

张冉收集行业资料，发现同行业平均全部资产现金回收率为 7%，确认华远公司资产产生现金的能力________。

结论（中介机构角色）：综合以上分析，张冉认为华远公司现金流状况__________，创造现金的能力__________。原因是______________________________。

恭喜您完成了！

现金流量表比率分析总结表如表 4-7 所示。

表 4-7　现金流量表比率分析总结表

比率分析		公式	含义
获取现金能力	销售现金比率	销售现金比率＝经营活动现金流量净额/销售收入	表明每元销售收入得到的现金流量净额，其数值越大越好
	每股营业现金净流量	每股营业现金净流量＝经营活动现金流量净额/普通股股数	既表明来自主营业务的现金对每股资本的支持程度，又表明上市公司支付股利的能力
	全部资产现金回收率	全部资产现金回收率＝（经营活动现金流量净额/平均总资产）×100%	表明企业全部资产产生现金的能力，该比值越大越好
收益质量	净收益营运指数	净收益营运指数＝经营净收益/净利润	指数越大，非经营收益所占比重越小，收益质量越好
	现金营运指数	现金营运指数＝经营活动现金流量净额/企业经营所得现金	表明企业现金回收质量、衡量现金风险的指标

技能训练

东方公司 20×3 年经营活动现金流量净额为 762 万元，资产负债表和利润表有关资料为：流动负债 2 025 万元，非流动负债 4 978 万元，主营业务收入 9 000 万元，总资产 70 200 万元，当期固定资产投资额为 536 万元，存货增加 200 万元（其他经营性流动项目不变），实现净利润 8 008 万元（其中非经营损益 1 000 万元、非付现费用 1 500 万元），分配优先股股利 456 万元，发放现金股利 782 万元，该公司发行在外的普通股股数 50 800 万股。

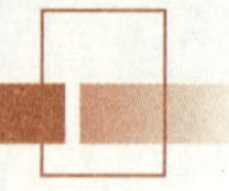

【要求】请计算东方公司销售现金比率、全部资产现金回收率、每股经营现金流量等财务比率。

德技并修

兰亭集势2018Q4财报：现金流净流入　毛利率攀升至34.6%

2019年3月29日，直接向全球消费者提供产品的跨境电子商务平台兰亭集势（NYSE: LITB），公布了其2018年第四季度未经审计财务业绩。相比此前，兰亭集势经营业绩出现大幅好转，不仅实现正向现金流入，毛利率也有明显提高。

数据显示，截至2018年第四季度，兰亭集势在手现金达到3 880万美元，较上一季度的3 750万美元有所上涨。此外，其毛利率也从去年同期的29.7%上升至今年四季度的34.6%，上升了4.9个百分点；经营亏损亦从去年同期的360万美元大幅减少至今年的170万美元。

“对于本季度整合ezbuy和兰亭集势以提高效率，和充分利用两家公司创造的协同效应方面取得的进展，我们感到非常高兴。”兰亭集势CEO何建向《投资时报》记者表示，“2018年四季度公司实施了一系列举措，包括将重点转向提高毛利率的品类销售，在节假日期间开展更具针对性和效率的营销活动，以及改善库存周转率等。可以说，这些举措对公司的财务状况产生了立竿见影的积极影响，这些都表明了我们的方向。”

兰亭集势代理首席财务官刘文宇亦向记者表示，“随着新举措进一步实施，预计公司业务将在第二季度开始有更为明显的好转，并且继续改善。”截至美东时间3月29日收盘，兰亭集势股价报收于1.35美元，涨幅高达9.76%。

财报数据显示，2018年第四季度，兰亭集势实现净收入5 750万美元，相比上季度4 450万美元增长28.8%。同期，该公司实现毛利润1 990万美元，毛利润率为34.6%，较2017年同期的29.7%增长4.9个百分点。此外，兰亭集势在2018年四季度亦实现在手现金3 880万美元，较上一季度3 750万美元有所上涨。同期其总营业费用则实现2 160万美元，较上一年度的3 080万美元有所下降。值得关注的是，2018年第四季度，兰亭集势经营亏损仅为170万美元，较2017年同期360万美元大幅减少。尽管从净亏损额上来看，该指标绝对值高达2 440万美元，但原因在于2018年12月10日该公司发行的可转换本票公允价值发生变化，此部分用于收购ezbuy已发行股本总额，变化额度高达2 280万美元，而该指标变化仅为一种会计处理手段，公司现金并未因此出现流动。

可以看出，与此前相比兰亭集势的经营状况已呈现明显好转。

（摘自：苏慧. 兰亭集势2018Q4财报：现金流净流入，毛利率攀升至34.6%. 投资时报. 2019-03-30.）

思考：你如何分析兰亭集势的经营状况已明显好转？在做企业现金流披露时，财务人员应具备哪些职业素养？

启示：据其2018年第四季度未经审计的财务业绩，相比之前，兰亭集势经营业绩出现大幅好转，实现正向现金流入，毛利率明显提高。

现金流是企业的王道，是投资者关注的焦点。企业财务人员应该本着诚信守法，严谨务实的理念，如实提供财务信息。

同步测试

一、单项选择题

1. 下列选项中，不属于现金和现金等价物具体内容的是（　　）。

A. 短期股票投资　　B. 短期债券

C. 库存现金　　D. 结算户存款

2. 现金流量的编制基础是（　　）。

A. 收付实现制　　B. 权责发生制

C. 永续盘存制　　D. 实地盘存制

3. 下列项目中，属于现金等价物的是（　　）。

A. 短期股票投资　　B. 包装物

C. 3个月到期的债券投资　　D. 库存商品

4. 下列财务活动中不属于企业筹资活动的是（　　）。

A. 发行债券　　B. 分配股利

C. 吸收权益性投资　　D. 购建固定资产

5. 减少注册资本所支付的现金应当列入（　　）。

A. 经营活动产生的现金流量　　B. 投资活动产生的现金流量

C. 筹资活动产生的现金流量　　D. 以上都不是

6. 支付的除所得税、增值税以外的其他税费属于（　　）。

A. 经营活动产生的现金流量　　B. 投资活动产生的现金流量

C. 筹资活动产生的现金流量　　D. 以上均不对

7. 不属于“支付利息费用的现金”的调整项目的是（　　）。

A. 应收利息增减数　　B. 应付利息增减数

C. 长期负债应计利息增减数　　D. 以上均不是

8. 在现金流量的项目归属问题上，依据我国的会计准则，收到的股利应当属于（　　）。

A. 筹资活动　　　　B. 投资活动

C. 经营活动　　　　D. 盈余公积

9. 吸收权益性投资所收到的现金属于（　　）所产生的现金流量。

A. 经营活动　　　　B. 投资活动

C. 筹资活动　　　　D. 以上都不是

10. 以下属于投资活动产生的现金流量的是（　　）。

A. 吸收权益性投资收到的现金　　　　B. 融资租赁所支付的现金

C. 收回投资所收到的现金　　　　D. 支付的所得税税款

11. 下列项目，不属于现金流量表中投资活动的是（　　）。

A. 股票投资　　　　B. 购置固定资产

C. 短期债券投资　　　　D. 购置无形资产

12. 某企业 20×3 年实现的净利润为 3 275 万元，本期计提的资产减值准备 890 万元，提取的固定资产折旧 1 368 万元，财务费用 146 万元，存货增加 467 万元，则经营活动产生的净现金流量是（　　）万元。

A. 3 275　　　　B. 5 212

C. 5 679　　　　D. 6 146

二、多项选择题

1. 一项投资被确认为现金等价物必须同时具备几个条件，即（　　　）。

A. 流动性强　　　　B. 价值变动风险小

C. 易于转换为已知金额现金　　　　D. 期限短

2. 下列经济事项中，不能产生现金流量的有（　　　）。

A. 出售固定资产

B. 企业用现金购买将于 3 个月内到期的国库券

C. 投资人投入现金

D. 将库存现金送存银行

3.（　　　）项目形成经营活动现金流量。

A. 应付账款的发生　　　　B. 购买无形资产

C. 支付应交税费　　　　D. 支付职工工资

4.（　　　）属于收回投资所收到的现金。

A. 收回长期股权投资而收到的现金　　　　B. 收到长期债权投资的利息

C. 收回除现金等价物以外的短期投资　　　　D. 收回长期债权投资本金

5. 取得投资收益所收到的现金，是指因股权投资和债权投资而取得的（　　　）。

A. 股票股利

B. 从子公司分回利润而收到的现金

C. 从联营企业分回利润而收到的现金

D. 现金股利

6. 在分析获取现金能力的情况时，可以选用的指标主要有（　　　　）。

A. 净收益营运指数　　B. 全部资产现金回收率

C. 每元销售现金净流入　　D. 每股经营现金流量

7. 下列项目中，属于筹资活动现金流量的项目有（　　　　）。

A. 短期借款增加　　B. 资本净增加

C. 增加长期投资　　D. 偿还长期债券

8. 从净利润调整为经营活动现金流量，应调增的项目有（　　　　）。

A. 流动负债减少　　B. 财务费用

C. 投资损失　　D. 非流动资产增加

9. 从经营活动现金流量调整为净利润，应调减的项目有（　　　　）。

A. 流动负债减少　　B. 投资损失

C. 固定资产折旧　　D. 非现金流动资产的减少

10. 下列项目中，属于筹资活动现金流量的项目有（　　　　）。

A. 短期借款的增加　　B. 支付给职工的现金

C. 或有收益　　D. 分配股利所支付的现金

11. 下列项目中，属于现金流入项目的有（　　　　）。

A. 经营成本节约额　　B. 回收垫支的流动资金

C. 建设投资　　D. 固定资产残值变现收入

三、判断题

1. 经营活动产生的现金流量大于零说明企业盈利。（　　）
2. 固定资产折旧的变动不影响当期现金流量的变动。（　　）
3. 计提坏账准备应调整增加经营活动现金流量。（　　）
4. 企业分配现金股利引起现金流出量的增加。（　　）
5. 企业支付所得税将引起投资活动现金流量的增加。（　　）
6. 利息支出将对筹资活动现金流量和投资活动现金流量产生影响。（　　）
7. 经营活动包含的现金交易主要会影响到流动资产和流动负债。（　　）
8. 投资活动包含的现金交易主要是购置或出售流动资产及长期资产项目。（　　）
9. 筹资活动包括主要影响长期资产、长期负债及股东权益的现金交易项目。（　　）

10. 公司如果具备很好的现金流状况，则其现金主要来源于经营活动。(　　)

综合训练

实训目标：对现金流量表进行全面分析。

实训资料：上网收集所选上市公司报表及相关资料。

实训要求：每个小组选择一家上市公司，对其近两年来的现金流量表进行全面分析并上交课业报告，报告需同时提交PPT和Word电子文档，请在报告封面注明组员的姓名及分工明细情况（注意角色轮换），并准备在班级演示。

延伸阅读

上市公司盈利能力与现金流量能力比较分析

"上市公司盈利"是永恒的话题，公司盈利能力主要反映企业经营业务创造利润的能力，它一方面直接表现为企业实现利润的多少和利润的稳定程度，另一方面也通过企业投入资金的收益能力或企业资产周转和消耗的盈利能力等经济效益指标反映出来。我们主要利用成本费用净利率、主营业务利润率、销售净利率、总资产净利率、每股盈余、净资产收益率等经济效益指标来分析。成本费用净利率反映企业每付出单位成本费用所取得利润的大小，也可判断企业对成本费用的控制能力。主营业务利润率指标剔除了其他业务、投资和营业外收支的影响，反映企业主营业务本身的获利能力和竞争能力。只有主营业务发展稳健，企业才能实现净利润的可持续增长，才能在激烈的市场竞争中取胜。每股收益反映发行在外的普通股每股获取收益的能力，它是上市公司的年报指标。净资产收益率，也称为股东权益报酬率，即资本金净利率，主要反映企业经营业务创造利润的能力，是衡量投资者（股东）资本金收益能力的重要指标，一直是投资者和管理者关注的重点。该指标同时也是杜邦分析体系的核心指标，可以将其分解为权益乘数、销售净利率、资产周转率等分别反映偿债能力、盈利能力和营运能力方面的指标，进行具体分析。

尽管以盈利为核心的评估指标能在一定程度上反映公司的经营状况，具有较大作用，但它也容易受公司高层管理者利润粉饰或操纵的影响，从而对投资者正确评估公司价值以作出正确

的投资决策产生干扰，对投资者的利益造成损失。

现金流量能力分析

公司的现金流量能力，主要反映企业经营业务利润带来经营活动现金流量的能力，能从另一个角度反映上市公司盈利能力以及盈利质量高低。由于现金流量同盈利能力指标相比受会计估算和分摊的影响较小，因此公司的现金流量能力分析可以一定程度上检验上市公司是否有盈余粉饰和操纵现象，识别盈利能力强弱的真伪。这也是近些年来，现金流量表以及现金流量能力分析日益备受关注的原因之一。盈利能力指标是以权责发生制为基础的，而现金流量分析则是以现金收付实现制为基础的。一般而言，收入增加迟早会带来现金的流入，费用的增加迟早会带来现金的流出。因此，如果公司盈利较好，应该也有较好的现金流入，特别是较好的营业现金流量。我们主要利用营业现金流量、主营业务收入现金含量和自由现金流量等指标来分析，并将其与盈利能力指标对比分析。如果盈利能力和现金流量能力都较好，说明盈利能力有营业现金流量作为保障，盈利质量较好。而通过利润操纵而显示较高的盈利水平，一般是没有营业现金流入作保障的。

营业现金流量，是指公司正常经营活动所发生的现金流入和现金流出之间的差额。主营业务收入现金含量反映主营业务收入带来营业活动现金流量的多少，其指标越高，表明主营业务收入盈利能力、现金能力和盈利质量越好。

自由现金流量，是指从客户处获得的现金净额减去用以维持公司目前增长所需的现金支出，其公式为：

自由现金流量＝经营现金净流量－资本支出

自由现金流量是企业在不影响其成长前景的前提下，可以分配给股东的最大现金流量，或可以留用以便将来增值的最大自由现金流量。自由现金流量越大，企业的市场价值越高。

上述现金流量能力指标共同的优点是：不受存货估价、费用摊销、折旧计提等方面不同会计方法的影响，也不受公司经理的操纵，它们的计算没有主观随意性，是客观性强的指标；按照收付实现制的原则计算，是企业在一定时期内实际收到的现金收入，它们不存在未实际收到的现金收入的风险，是确定性很强的指标。而自由现金流量与营业现金流量及主营业务收入现金含量相比的一大优势是：自由现金流量考虑了资本性支出对现金流量的影响，是在不影响企业当前增长的情况下可供自由使用的超额现金流量，是投资者进行投资决策的重要依据。

（资料来源：周运兰，上市公司盈利能力与现金流量能力比较分析）

项目五

所有者权益变动表分析

学习目标

知识目标

1. 了解所有者权益变动表初步分析内容；
2. 掌握所有者权益变动表项目分析内容；
3. 掌握所有者权益变动表比率分析内容。

能力目标

1. 能看懂所有者权益变动表；
2. 能进行所有者权益变动表初步分析；
3. 能进行所有者权益变动表项目分析和比率分析。

素养目标

1. 培养学生在财务分析工作中的平衡观、企业整体观；
2. 培养学生诚信为本、严谨务实的观念，提高自身职业素养；
3. 增强遵守法律法规的意识。

关键术语

所有者权益变动表（Statement of Owner's Equity）

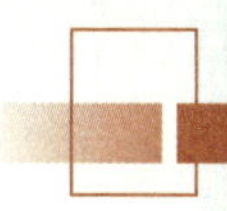

股本（Capital Stock）

资本保值增值率（Rate of Share holders Value Maintaining and Increasing）

所有者（股东）（Share holder）

财富增长率（Wealth Growth Rate）

角色：经营者

20×3 年中科公司经理应投资者要求让李英对中科公司经济实力增长情况进行分析，这就需要对所有者权益项目进行深入分析。因此，李英对所有者权益变动表进行分析，她需要完成以下任务：

任务 5.1　所有者权益变动表初步分析

任务 5.2　所有者权益变动表项目分析

任务 5.3　所有者权益变动表比率分析

任务5.1　所有者权益变动表初步分析

工作任务

李英找出中科公司所有者权益变动表（如表 5-1 所示）开始阅读，然后对所有者权益变动表分别从水平分析和垂直分析两个方面进行初步分析。

表 5-1　所有者权益变动表

会企 04 表

编制单位：中科公司　　　　20×3 年度　　　　单位：万元

项目	本年金额											上年金额										
	实收资本（或股本）	其他权益工具			资本公积	减：库存股	其他综合收益	专项储备	盈余公积	未分配利润	所有者权益合计	实收资本（或股本）	其他权益工具			资本公积	减：库存股	其他综合收益	专项储备	盈余公积	未分配利润	所有者权益合计
		优先股	永续债	其他									优先股	永续债	其他							
一、上年年末余额	100 000				212 050				29 221	10 783	352 054	100 000				215 174				11 984	17 896	345 054
加：会计政策变更																						
前期差错更正																						
其他																						
二、本年年初余额	100 000				212 050				29 221	10 783	352 054					215 174				11 984	17 896	345 054
三、本年增减变动金额（减少以“–”号填列）																						
（一）综合收益总额										25 387	25 387					–3 124				9 058	23 066	29 000
（二）所有者投入和减少资本	6 000				23 027					29 027												
1. 所有者投入的普通股																						
2. 其他权益工具持有者投入资本																						
3. 股份支付计入所有者权益的金额																						
4. 其他																						
（三）利润分配									10 294	–10 294										8 179	–30 179	–22 000
1. 提取盈余公积																						
2. 对所有者（或股东）的分配																						
3. 其他																						
（四）所有者权益内部结转																						
1. 资本公积转增资本（或股本）																						
2. 盈余公积转增资本（或股本）																						
3. 盈余公积弥补亏损																						
4. 设定受益计划变动额结转留存收益																						
5. 其他																						
四、本年年末余额	106 000				235 077				39 515	25 876	406 468	100 000				212 050				29 221	10 783	352 054

相关知识

5.1.1 所有者权益变动表分析有何作用？

案例：贵州茅台与京东方A所有者权益增长的来源

所有者权益变动表（Statement of Owner's Equity），又称股东权益变动表，是反映构成所有者权益的各组成部分当期的增减变动情况的报表，是企业必须按年编制的四大财务报表之一。它成为与原三大报表并列披露的第四张财务报表，这既是与国际会计准则的“趋同”，也是上市公司股东权益受到重视的体现。

所有者权益是企业自有资本的来源，它的数量多少、内部结构变动都会对企业的财务状况和经营发展趋势带来影响。所有者权益变动表以矩阵的形式列示，是以“某一期间的综合收益＋该期间内的投资－该期间内的利润分配＝期末净资产－期初净资产＝产权（所有者权益）”为基础。对所有者权益变动表分析的作用具体表现为：

1. 反映企业自有资本的质量

所有者权益的变化可以分为“输血性”变化和“盈利性”变化，分析所有者权益变动表可以揭示所有者权益变动的原因，可以提供全面收益信息，以便与投入资本比较，对管理层受托责任的履行情况即投入资本的保值增值情况做更全面的考核判断，使企业着眼于长期战略，避免眼前利益和收益超前分配。

提示

“输血性”变化，是指企业靠股东入资而增加所有者权益；“盈利性”变化，则是指企业依靠自身的盈利而增加所有者权益。在企业“输血性”变化导致企业资产增加，但增加的投资方向前景难以预料的情况下，其盈利前景存在变数；而在“盈利性”变化的条件下，如果盈利质量较高，则可能意味着企业可持续发展的前景较好。

2. 判断企业风险承担能力

所有者权益变动表中体现企业的经济实力，分析其可以看出企业抵御财务风险的能力。

3. 判断企业发展潜力和趋势

企业利润分配政策影响企业的价值。所有者权益变动表中包括分析企业的利润分配项目：利润分配政策以及利润分配趋势等内容，可以判断企业的发展潜力和趋势，为投资者的投资决策提供全面信息。

5.1.2　如何对所有者权益变动表进行初步分析?

对所有者权益变动表进行初步分析，就是通过分析所有者权益各项目增减变动（水平分析）和结构变动（垂直分析），看这种变动是否体现了企业的生产经营实际，是否符合企业的生产经营战略。关注企业所有者权益增减变动和结构变动，对评估企业的发展前景及所有者财富增减变化的趋势是十分有意义的。

任务实施

李英根据中科公司20×3年所有者权益变动表数据（如表5–1所示），对该公司股东权益从增减变动和结构变动两方面分别进行水平分析和垂直分析。

【步骤1】根据表5–1编制所有者权益水平分析表和垂直分析表，如表5–2、表5–3所示。

表5–2　所有者权益水平分析表

项目	20×3年	20×2年	增减额/万元	增减/%
实收资本	106 000	100 000	6 000	6
资本公积	235 077	212 050	23 027	11
盈余公积	39 515	29 221	10 294	35
未分配利润	25 876	10 783	15 093	140
所有者权益合计	406 468	352 054	54 414	15

表5–3　所有者权益垂直分析表

项目	20×3年		20×2年		差异/%
	金额/万元	比重/%	金额/万元	比重/%	
实收资本	106 000	26	100 000	28	−2
资本公积	235 077	58	212 050	60	−2
盈余公积	39 515	10	29 221	9	1
未分配利润	25 876	6	10 783	3	3
所有者权益合计	406 468	100	352 054	100	

【步骤2】初步分析。

从表5–2可以看到，中科公司20×3年所有者权益增加__________万元，增加幅度

__________，表明公司__________。其中，实收资本增加了__________万元，资本公积增加了__________万元，盈余公积增加了__________万元，未分配利润增加了__________万元。所有项目都__________，__________的增加幅度最大，表明公司__________能力增强，注重__________积累。

从表 5–3 可以看出所有者权益的内部结构，公司近两年所有者权益各项目构成比例变化__________。实收资本和资本公积占比偏高，比重都在 80% 以上，盈余公积和未分配利润占比偏低，但结构发展趋势是__________的，20×3 年与 20×2 年相比，实收资本和资本公积的比重呈下降趋势，盈余公积和未分配利润占比呈上升趋势。

恭喜您完成了！

技能训练

上网收集青岛海尔近两年的所有者权益变动表，对其进行初步分析。

任务5.2　所有者权益变动表项目分析

工作任务

李英对中科公司所有者权益变动表初步分析后，进行重点项目分析。

相关知识

所有者权益变动表在股份公司被称为股东权益变动表。下面以股份公司为例，通过对该表重点项目的分析，使报表使用者在仔细阅读所有者权益变动表各项内容的基础上，主要分析各项目的具体变动数额和变动的原因，以及变动后对公司今后发展的影响，并进一步分析公司股价的走势。

案例：京东商城的两种普通股

1. 股本变动情况分析

股本是股东实际投入公司的资本，是公司经营的本钱，股本的大小反映公司经营规模的大

小。股本的增加包括资本公积转入、盈余公积转入、利润分配转入和发行新股等多种渠道。在分析时，应注意以下三个方面：

（1）资本公积转增资本和盈余公积转增资本并不影响股东权益总额，但是资本公积和盈余公积转增资本后，公司注册资本将会增大。这一方面反映公司为经营规模的扩大创造了条件，另一方面也将造成可流通股票数量的增加。由于转增股以后，股票必须除权，如果行情不好，股价会下跌，股东的股票价值将会加速减值。因此，分析资本公积和盈余公积转增资本的利弊，要依据公司的长远发展和股票市场的具体情况来定。

（2）公司分派股票股利，一方面增加了公司的股本，另一方面也增加了股东手中股票的数量，同样也会稀释股票的价格。

（3）发行新股既能增加注册资本和股东权益，又可增加公司的现金资产，这是对公司发展最有利的增股方式。

因此，对股本变动情况的分析要综合进行。

2. 资本公积变动情况分析

资本公积不同于股本，是由特定来源形成的，除股本溢价外，主要来自非股东投入。从性质上看，资本公积属于股东权益，有特定的使用流向，是一种“准资本”。在对股东权益变动表进行分析时，要了解其形成过程，破解其使用流向，以便于投资者对公司的自有资本质量作出准确的判断。

资本公积增加的原因包括股本溢价和其他资本公积。资本公积减少的原因主要是转增股本，分析时要注意转增股本的额度，以及转增股本后的股数和新的股权比例情况。

3. 盈余公积变动情况分析

盈余公积增加的主要来源是按规定从本期净利润中提取的法定盈余公积和任意盈余公积。盈余公积减少的情况一般包括：用盈余公积转增股本、弥补亏损、派送新股等。

4. 利润分配分析

利润分配实际上体现的是资金积累与消费的比例关系。公司实现的净利润形成了积累资金和消费资金。积累资金包括法定盈余公积、任意盈余公积和未分配利润。这些资金都是留存公司的经营积累资金，可用于公司的发展，但又具有不同的用途和特点。消费资金主要是分配给股东的股利，包括现金股利和股票股利。这是股东获得的实实在在的经济利益，但是公司采取何种发放形式，与公司发展战略和经营管理方式有关。

提示

实收资本的增长一般源于外部资金的进入，表明企业具备了进一步发展的基础，但并不表明企业过去具有很强的发展能力和积累能力；留存收益的增长反映企业通过自身经营积累了发展后备资金，既反映企业在过去经营中的发展能力，也反映了企业进一步发展的后劲。

任务实施

李英对中科公司所有者权益变动表重点项目进行分析。

【步骤1】对实收资本项目分析：该公司20×2年实收资本为100 000万元，20×3年为106 000万元，增加6 000万元，且为__________形成。从结构来看，20×2年和20×3年实收资本占所有者权益的比重分别为28%和26%，比重略有下降。

【步骤2】对资本公积项目分析：该公司20×3年资本公积增加23 027万元，来源于__________。表明投资者对公司发展__________。20×2年资本公积减少，原因是发生直接计入所有者权益的利得和损失。

【步骤3】对盈余公积项目分析：该公司20×3年提取盈余公积10 294万元，提取比例为40.55%（10 294/25 387），说明公司除提取了法定盈余公积外，还提取了__________，为公司的后续发展做了__________。

【步骤4】对未分配利润项目分析：该公司20×3年利润__________，其中，提取盈余公积__________万元，未分配利润__________万元，未分配利润绝对额比20×2年大幅增加，从结构来看虽在所有者权益中所占比重不高，但比重呈上升趋势，表明盈利能力__________。

公司将当年净收益全部留存，表明公司下一步有__________打算，而且考虑到公司连续多年盈利且近两年盈利较多，对潜在投资者必定有吸引力，因而对另一部分扩张所需资本通过资本市场以发行股票的方式筹措，显然这种股东权益变动结构是__________公司发展战略的，__________（是/不是）合理的。当然，要准确判断其发展趋势还需注意行业发展状况及市场占有情况。

恭喜您完成了！

技能训练

上网收集青岛海尔近两年的所有者权益变动表，对其所有者权益各项目进行分析。

任务5.3　所有者权益变动表比率分析

工作任务

李英对中科公司所有者权益变动表进行比率分析。

相关知识

投资者对企业投入资本的目的，是通过企业的资本增值实现自身财富的最大化，而这个目标的实现程度，主要是借助于资本保值增值率和所有者财富增长率指标来判断的。

5.3.1　什么是资本保值增值率?

资本保值增值率，是指企业期末所有者权益与期初所有者权益的比率，是衡量企业在一定会计期间资本保值增值水平的评价指标，是考核、评价企业经营效绩的重要依据。其计算公式为：

$$资本保值增值率=\frac{期末所有者权益}{期初所有者权益}\times 100\%$$

在一般情况下，该指标比率越高，表明经营者的业绩越好；经营者业绩越好，给所有者带来的财富就越多。所以该指标也是衡量企业盈利能力的重要指标。

与资本保值增值率有密切联系的指标是资本积累率。

$$资本积累率=\frac{本年所有者权益增长额}{年初所有者权益}\times 100\%$$

$$=\frac{年末所有者权益-年初所有者权益}{年初所有者权益}\times 100\%$$

$$=资本保值增值率-1$$

该指标越高，表明企业的资本积累越多，应对风险、持续发展的能力越强。

提示

这两个资本保值增值率和资本积累率指标的高低，除了受企业经营成果的影响外，还受企业利润分配政策和投入资本的影响。投资者追加投资等虽然也增加了期末的所有

者权益，但却不能作为资本增值或财富增加来看待；又如接受捐赠等，虽然增加了所有者权益和所有者的财富，但却与企业经营者的主观努力无关。对此，当用资本保值增值率指标来评价企业经营者的经营业绩时，国有企业可以按照财政部发布实施的《国有资本保值增值率结果计算和确认办法》的规定进行操作，其他企业也可比照此规定进行操作。

就一般企业而言，使用资本保值增值率指标评价企业经营业绩时所应考虑和调整的主要因素包括：所有者追加或缩减资本、资本溢价、接受捐赠、货币资本折算差额、会计政策变更、自然灾害损失、已分利润或股利等。这些需要考虑和调整的因素，其数据在所有者权益变动表都有反映。

应用举例

星光公司20×3年年初所有者权益为2 000万元，20×3年年末所有者权益为3 400万元，发行在外普通股股数为1 000万股。请计算其资本保值增值率并进行评价。

5.3.2　什么是所有者财富增长率？

所有者（股东）财富增长率，是指在实收资本（或股本）一定的情况下，附加资本的增长水平。其计算公式为：

$$\text{所有者财富增长率}=\frac{\text{期末每元实收资本净资产}-\text{期初每元实收资本净资产}}{\text{期初每元实收资本净资产}}\times 100\%$$

或

$$\begin{array}{c}\text{股东财富增长率}\\ \text{（每股净资产增长率）}\end{array}=\frac{\text{期末每股净资产}-\text{期初每股净资产}}{\text{期初每股净资产}}\times 100\%$$

所有者财富增长率是投资者或潜在投资者最为关心的指标，与每股收益一样，该指标集中反映企业所有者的投资效益，也可作为对经营者的考核指标。

提示

股东财富增长率与资本保值增值率并不完全正相关，因为股东财富的增长直接受利润分配水平的影响，账面股东财富与股东的实际财富往往是不一致的。对于上市公司而言，股东财富是分红所得与股票市值之和。

应用举例

天狮公司20×3年年初每股净资产为3.5元，20×3年年末每股净资产为4.7万元。请计算其每股净资产增长率并进行评价。

任务实施

李英根据中科公司20×3年所有者权益变动表数据（如表5-1所示），对中科公司资本保值增值率和每股净资产增长率进行计算分析，计算数据如表5-4所示。

表5-4　中科公司资本保值增值率和每股净资产增长率分析计算表

单位：万元

项目	20×3年		20×2年	
	期初数	期末数	期初数	期末数
股东权益/万元	352 054	406 468	345 054	352 054
股本/万元	100 000	106 000	100 000	100 000
每股净资产/元	3.52	3.83	3.45	3.52
资本保值增值率/%	115.46		102.03	
股东财富增长率/%	8.81		2.03	

根据表5-4分析，中科公司20×3年和20×2年的资本保值增值率相差__________个百分点，表明公司经营业绩__________，与前述利润表中盈利能力分析的情况是一致的。

从表5-4还可以看出，中科公司20×3年和20×2年的股东财富增长率相差比较__________。这是因为两年中公司所采取的__________政策不同，20×3年__________，而20×2年__________。因此，采取不同的分配政策会直接影响公司股东的财富变动，具体采取什么样的利润分配政策要结合公司的生产经营战略而定。从中科公司20×3年和20×2年所采取的不同分配政策不难看出，20×3年公司不进行现金股利分配，必定与公司的下一步增资扩张战略有联系，而且这种通过不分股利来增加股东账面净资产的做法，对潜在的投资者是很有吸引力的。

结论（经营者角色）：根据以上分析，李英向经理汇报：中科公司经济实力__________。原因是______________________________。

恭喜您完成了！

所有者权益变动表比率分析如表5-5所示。

表 5-5　所有者权益变动表比率分析

比率		公式	含义
资本保值增值率	资本保值增值率	资本保值增值率 =（期末所有者权益 / 期初所有者权益）× 100%	表明企业在一定会计期间资本保值增值水平，是考核、评价企业经营效绩的重要依据
	资本积累率	资本积累率 =（本年所有者权益增长额 / 年初所有者权益）× 100% = [（年末所有者权益 − 年初所有者权益）/ 年初所有者权益] × 100% = 资本保值增值率 − 1	表明企业的资本积累、应对风险、持续发展的能力情况
所有者（股东）财富增长率		所有者财富增长率 = [（期末每元实收资本净资产 − 期初每元实收资本净资产）/ 期初每元实收资本净资产] × 100% 或股东财富增长率 = [（期末每股净资产 − 期初每股净资产）/ 期初每股净资产] × 100%	表明企业所有者的投资效益，也可作为对经营者的考核指标

技能训练

爱华公司 20×3 年年初所有者权益为 4 430 万元，20×3 年年末所有者权益为 4 730 万元，发行在外普通股股数为 1 000 万股。

【要求】请计算其资本保值增值率并进行评价。

德技并修

华为公司2021年约614亿元分红，分红比例高达54%！

华为投资控股有限公司（简称：华为公司）2021 年年报披露（华为公司五年财务摘要如表 5-6 所示），全年实现营业收入 6 368 亿元，净利润同比增长 75.9%，高达 1 137 亿元。经公司内部权利机构决议，拟向股东分配股利约 614 亿元，这也意味着华为的分红比例高达 54%。

华为公司发布公告称，上述股利分配系公司正常利润分配，对公司生产经营、财务状况及偿债能力无不利影响。

表 5-6　华为公司五年财务摘要

单位：人民币百万元

项目	2021年	2020年	2019年	2018年	2017年
销售收入	636 807	891 368	858 833	721 202	603 621
营业利润	121 412	72 501	77 835	73 287	56 384
营业利润率	19.10%	8.10%	9.10%	10.20%	9.30%

续表

项目	2021年	2020年	2019年	2018年	2017年
净利润	113 718	64 649	62 656	59 345	47 455
经营活动现金流量	59 670	35 218	91 384	74 659	96 336
现金与短期投资	416 334	357 366	371 040	265 857	199 943
运营资本	376 923	299 062	257 638	170 864	118 503
总资产	982 971	876 854	858 651	665 792	505 225
总借款	175 100	141 811	112 162	69 941	39 925
所有者权益	414 652	330 408	29 537	233 065	175 616
资产负债率	57.80%	62.30%	65.60%	65.00%	65.20%

华为公司是100%由员工持有的民营企业，股东为华为公司工会委员会和任正非。公司通过工会实行员工持股计划，员工持股计划参与人数为131 507人（截至2021年12月31日），参与人均为公司在职员工或退休保留人员。员工持股计划将公司的长远发展和员工的个人贡献及发展有机地结合在一起，形成了长远的共同奋斗、分享机制。

华为公司2021年分红约614亿元，意味着持股员工平均可分得46.69万元。

思考：华为公司的分红政策如何影响企业的资本积累？

启示："以客户为中心，以奋斗者为本"是华为公司核心的企业文化。在利润分配上，华为公司一直强调"向劳动者倾斜"，华为公司认为，全体员工艰苦努力，不断创造成就，是公司价值创造的主体，理应得到更多的回报。

同步测试

一、单项选择题

1. 所有者权益是企业（　　）所享有的剩余权益。

A. 债权人　　B. 债务人

C. 所有者　　D. 经营者

2. 根据最新企业会计准则的规定，企业必须对外报送的财务报表由三张改为四张，增报的是（　　）。

A. 资产负债表　　B. 利润表

C. 现金流量表　　D. 所有者权益变动表

3. 所有者权益变动表在一定程度上体现了企业（　　）的特点。

A. 综合收益　　B. 收益质量

C. 收益形成　　D. 利润去向

4. 所有者权益变动表是（　　）报表。

A. 月份　　B. 年度

C. 季度　　D. 半年度

5. 所有者权益变动表的核心部分是（　　）。

A. 上年年末余额　　B. 对上年年末余额的调整

C. 本年增减金额　　D. 所有者权益内部转移

6.（　　）既能增加注册资本和股东权益，又可增加公司的现金资产，是对公司发展最有利的增股方式。

A. 资本公积转增资本　　B. 盈余公积转增资本

C. 利润分配转入　　D. 发行新股

二、多项选择题

1. 对所有者权益变动表重点项目进行分析包括的内容有（　　）。

A. 股本变动情况的分析　　B. 资本公积变动情况的分析

C. 盈余公积变动情况的分析　　D. 利润分配的分析

2. 股本增加包括（　　）等多种渠道。

A. 资本公积转增资本　　B. 盈余公积转增资本

C. 利润分配转入　　D. 发行新股

3. 在所有者权益变动表中，本年增减变动的金额是核心内容，具体包括（　　）项目。

A. 所有者投入和减少的资本　　B. 利润分配

C. 所有者权益内部转移　　D. 净利润

4. 下列项目中，不引起所有者权益总额变动的项目是（　　）。

A. 利润分配　　B. 减资

C. 资本公积转增资本　　D. 盈余公积转增资本

三、判断题

1. 所有者权益是企业自有资本的来源，它的数量多少、内部结构变动对企业的财务状况及发展趋势影响不大。（　　）

2. 企业的股利分配政策及现金支付能力都能通过所有者权益变动表体现出来。（　　）

3. 所有者权益变动表在一定程度上体现了企业综合收益的特点。（　　）

4. 所有者权益变动表的核心部分是“会计政策变更”和“会计差错更正”的调整数。（　　）

5. 利得也是企业在经营中取得的经常性收入。（　　）

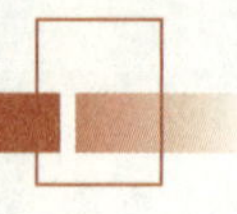

综合训练

实训目标：对所有者权益变动表进行全面分析。

实训资料：上网收集所选上市公司财务报表及相关资料。

实训要求：每个小组选择一家上市公司，对其近三年来的所有者权益变动表进行全面分析并上交课业报告，报告需同时提交 PPT 和 Word 电子文档，请在报告封面注明组员的姓名及分工明细情况（注意角色轮换），并准备在班级演示。

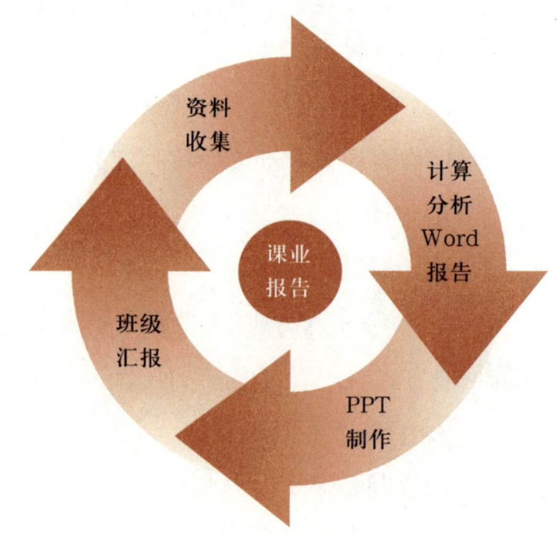

延伸阅读

银行报表要把握好的14个财务指标

作为企业财务负责人在报送银行相关报表时要把握好的相关财务指标如表 5-7 所示。

表 5-7　银行报表要把握好的 14 个财务指标

财务结构	1. 净资产与年末贷款余额比率必须大于100%（房地产企业可大于80%） 2. 资产负债率必须小于70%，最好低于55%
偿债能力	3. 流动比率在150%～200%较好 4. 速动比率在100%左右较好，对中小企业适当放宽，但也应大于80% 5. 担保比例小于0.5为好 6. 现金比率大于30%
现金流量	7. 企业经营活动产生的净现金流应为正值，其销售收入现金回笼应在85%～95%以上 8. 企业在经营活动中支付采购商品、劳务的现金支付率应在85%～95%以上
经营能力	9. 主营业务收入增长率不小于8%，说明该企业的主业正处于成长期。如果该比率低于-5%，说明该产品将进入产品生命周期的末期 10. 应收账款周转速度应大于六次。一般讲企业应收账款周转速度越高，企业应收账款平均收款期越短，资金回笼的速度也就越快 11. 中小企业存货周转速度应大于五次。存货周转速度越快，存货占用水平越低，流动性越强
经营效益	12. 营业利润率应大于8%，当然指标值越大，表明企业综合获利能力越强 13. 中小企业净资产收益率应大于5%。一般情况下，该指标值越高说明投资带来的回报越高，股东收益水平也就越高 14. 利息保障倍数应大于400%

（资料来源：财务第一教室.）

项目六

财务报表综合分析与评价

知识目标

1. 了解杜邦分析体系内容；
2. 了解沃尔评分法。

能力目标

1. 能运用杜邦分析体系进行绩效评价；
2. 能运用沃尔评分法进行绩效评价。

素养目标

1. 培养学生在财务分析工作中树立全面观念，提高诚信服务意识；
2. 树立德法兼修的人生信念，提高自身职业素养；
3. 增强学生团队合作意识。

杜邦分析体系（DuPont Analysis System）

沃尔评分法（Wall Method）

项目分析

角色：经营者

张明是青岛海尔财务部经理助理，财务经理要求他协助其进行财务综合分析，他要完成以下任务：

任务 6.1　运用杜邦财务分析体系进行综合分析与评价

任务 6.2　运用沃尔评分法进行综合分析与评价

任务6.1　运用杜邦财务分析体系进行综合分析与评价

工作任务

张明运用杜邦财务分析体系对青岛海尔财务报表进行综合分析与评价。

相关知识

案例：海澜之家逆势而上赶超报喜鸟

财务报表分析从营运能力、盈利能力、偿债能力及发展能力角度对企业的经营活动和财务状况进行深入、细致的分析，对企业投资者、债权人、政府、经营者及其他与企业利益相关者了解企业的财务状况与财务成效，判断企业在某一方面的状况与业绩是十分有益的。但是，前述财务报表分析通常是从某一角度或某一方面来深入分析研究企业的财务状况与财务成效，很难对企业财务总体状况和业绩的关联性及水平得出综合结论。为解决这一问题，有必要在财务能力单项分析的基础上进行财务综合分析。

杜邦财务分析体系，是利用各个主要财务比率之间的内在联系，综合地分析和评价企业财务状况和经营成果的财务分析方法。它的主要特点是将几种反映盈利能力、营运能力的比率按

其内在联系，形成一个完整的指标体系，并最终通过净资产收益率这一核心指标来全面地、系统地、直观地反映出企业的财务状况。因其首先由美国杜邦公司的经理创造出来，故称之为杜邦财务分析体系。

杜邦财务分析体系如图 6-1 所示。

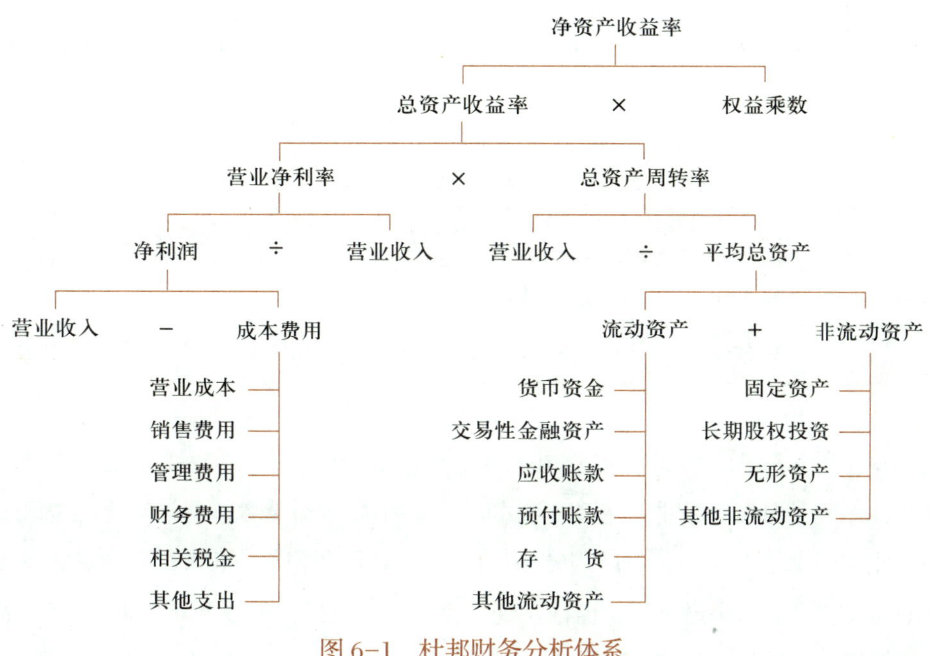

图 6-1　杜邦财务分析体系

杜邦财务分析体系的核心指标是净资产收益率，对它进行分解，分解为营业净利率、总资产周转率和权益乘数，它们分别代表了企业盈利能力、营运能力和偿债能力。通过对这三个指标的进一步分解，可以考察和评价企业的财务状况，从总体上把握重要财务比率的变化原因及变化结果。

$$
\begin{aligned}
\text{净资产收益率} &= \frac{\text{净利润}}{\text{净资产}} \\
&= \frac{\text{净利润}}{\text{总资产}} \times \frac{\text{总资产}}{\text{净资产}} \\
&= \frac{\text{净利润}}{\text{营业收入}} \times \frac{\text{营业收入}}{\text{总资产}} \times \frac{\text{总资产}}{\text{净资产}} \\
&= \text{营业净利率} \times \text{总资产周转率} \times \text{权益乘数}
\end{aligned}
$$

其中：

$$权益乘数 = \frac{总资产}{净资产} = \frac{1}{1-资产负债率}$$

任务实施

【步骤1】张明从前面项目的分析中，计算青岛海尔公司20×2年和20×1年有关指标，如表6-1所示。

表6-1　青岛海尔公司相关指标

年度	净资产收益率	营业净利率	总资产周转率	权益乘数
20×2	32.31%	5.46%	178.63%	3.23
20×1	33.27%	4.94%	213.54%	3.45

根据表6-1所示分析，青岛海尔公司20×2年净资产收益率比20×1年稍有下降。根据杜邦财务分析体系将其分解为营业净利率、总资产周转率和权益乘数，通过对比，发现20×2年营业净利率比20×1年上升，总资产周转率下降，权益乘数下降，意味着公司在20×2年销售获利能力增强，资产周转率虽下降，但依然处于良好状态，权益乘数下降表明资产负债率下降，意味着公司偿债能力增强，财务风险降低，但财务杠杆依然发挥着强大的作用。

【步骤2】张明觉得仅仅将公司20×2年与20×1年情况相比不太客观，张明又找来同行业的美的电器和格力电器的相关指标，进行同行业对比分析，如表6-2所示。

表6-2　20×2年年末同行业对比分析

公司	净资产收益率	营业净利率	总资产周转率	权益乘数
青岛海尔	31.50%	5.46%	178.63%	3.23
美的电器	15.30%	6.07%	113.03%	2.23
格力电器	29.75%	7.5%	103.04%	3.85

通过对比发现，青岛海尔的净资产收益率在20×2年高于美的电器和格力电器，在同行业中处于领先地位，分解指标细看，其营业净利率比美的电器和格力电器都低，而资产周转率虽然比20×1年下降，但依然比美的电器和格力电器高，说明青岛海尔的资产运营优于同业，体现出

较高的资产运营效率。这也是它倾力打造的“即需即供”的管理模式的效果体现，这个模式的最大特点就是高周转、零库存。

提示

关于企业管理层评价持续经营能力要求：一是在编制财务报表的过程中，企业管理层应当利用所有可获得信息来评价企业自报告期末起至少12个月的持续经营能力；二是评价时需要考虑宏观政策风险、市场经营风险、企业目前或长期的盈利能力、偿债能力、财务弹性以及企业管理层改变经营政策的意向等因素；三是评价结果表明对持续经营能力产生重大怀疑的，企业应当在附注中披露导致对持续经营能力产生重大怀疑的因素以及企业拟采取的改善措施。

技能训练

中兴公司 20×3 年 12 月 31 日资产负债表资料如表 6-3 所示。

表 6-3　资产负债表简表

编制单位：中兴公司　　　　20×3 年 12 月 31 日　　　　单位：万元

资产	年末	年初	负债及所有者权益	年末	年初
流动资产：			流动负债合计	300	350
货币资金	90	50	非流动负债合计	400	250
应收账款	180	100	负债合计	700	600
存货	360	200	所有者权益合计	700	600
流动资产合计	630	350			
固定资产	770	850			
总计	1 400	1 200	总计	1 400	1 200

该公司 20×2 年营业净利率为 16%；总资产周转率为 0.5 次；20×3 年度营业收入为 840 万元；利润总额为 200 万元。

【要求】(1) 请计算中兴公司 20×3 年年末速动比率、资产负债率和权益乘数；

(2) 请计算中兴公司 20×3 年总资产周转率、营业净利率和净资产收益率。

任务6.2　运用沃尔评分法进行综合分析与评价

工作任务

张明运用沃尔评分法对青岛海尔财务状况进行综合分析与评价。

相关知识

沃尔评分法，是对企业财务状况进行综合评分的方法。此法是选择若干财务比率，分别给定了在总评价中所占的比重，总和为100分；然后确定标准比率，并与实际比率相比较；评出每项指标的得分；最后求得总评分。若实际得分大于或接近100分，则说明财务状况良好；反之，若相差较大，则说明财务状况较差。沃尔评分法是由企业财务综合分析先驱者之一的亚历山大·沃尔在1928年提出的。

沃尔评分法的缺陷在于不能证明每个指标所占比重的合理性；某一个指标严重异常时，会对综合指数产生不合逻辑的重大影响。

提示

2006年，国务院国有资产监督管理委员会为规范企业综合绩效评价工作，综合反映企业资产运营质量，促进提高资本回报水平，正确引导企业经营行为，发布了《中央企业综合绩效评价管理暂行办法》（国务院国资委令第14号）。该办法所称综合绩效评价，是指以投入产出分析为基本方法，通过建立综合评价指标体系，对照相应行业评价标准，对企业特定经营期间的盈利能力、资产质量、债务风险、经营增长以及管理状况等进行的综合评判。

1. 综合绩效评价的内容

综合绩效评价的内容及指标如表6-4所示。

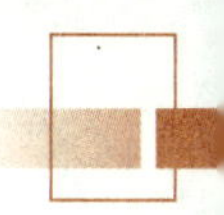

表 6-4 综合绩效评价内容及指标

<table>
<tr><th rowspan="2">评价内容</th><th colspan="2">财务绩效</th><th>管理绩效</th></tr>
<tr><th>基本指标</th><th>修正指标</th><th>评议指标</th></tr>
<tr><td>盈利能力状况</td><td>净资产收益率
总资产报酬率</td><td>销售（营业）利润率
盈余现金保障倍数
成本费用利润率
资本收益率</td><td rowspan="4">战略管理
发展创新
经营决策
风险控制
基础管理
人力资源
行业影响
社会贡献</td></tr>
<tr><td>资产质量状况</td><td>总资产周转率
应收账款周转率</td><td>不良资产比率
流动资产周转率
资产现金回收率</td></tr>
<tr><td>债务风险状况</td><td>资产负债率
已获利息倍数</td><td>速动比率
现金流动负债比率
带息负债比率
或有负债比率</td></tr>
<tr><td>经营增长状况</td><td>销售（营业）增长率
资本保值增值率</td><td>销售（营业）利润增长率
总资产增长率
技术投入比率</td></tr>
</table>

2. 企业综合绩效评价标准

企业综合绩效评价标准值是国务院国资委统计评价局根据《中央企业综合绩效评价管理暂行办法》等文件规定，以全国国有企业财务状况、经营成果等数据资料为依据，并参照国家统计局工业与流通企业月报数据及其他相关统计资料，对上年度国有经济各行业运行状况进行客观分析和判断的基础上，运用数理统计方法测算制定的。该标准给出了各个行业企业绩效水平的参考值（优秀值、良好值、平均值、较低值、较差值），是国内最权威、最全面地衡量企业管理运营水平的评价标准。

3. 企业综合绩效评价计分方法

$$\text{企业综合绩效评价分数} = \text{财务绩效定量评价分数} \times 70\% + \text{管理绩效定性评价分数} \times 30\%$$

在得出评价分数之后，应当计算年度之间的绩效改进度，以反映企业年度之间经营绩效的变化状况。计算公式为：

$$\text{绩效改进度} = \frac{\text{本期绩效评价分数}}{\text{基期绩效评价分数}}$$

绩效改进度大于 1，说明经营绩效上升；绩效改进度小于 1，说明经营绩效下滑。

任务实施

【步骤 1】选择评价指标并分配指标权重。

现代社会与沃尔的时代相比，已有很大的变化。一般认为企业财务评价的内容首先是盈利能力，其次是偿债能力和营运能力，再次是发展能力。这三类指标之间大致可按 4∶4∶2 的比重来分配。盈利能力的主要指标是总资产报酬率、营业净利率和净资产收益率。偿债能力的主要指标有资产负债率（或产权比率）、流动（或速动）比率、现金比率等。营运能力的主要指标有应收账款周转率、存货周转率。发展能力的主要指标有主营业务收入增长率、净利润增长率、净资产增长率。

【步骤 2】确定各项比率指标的标准值，即各指标在企业现时条件下的最优值。

张明选择了目前 34 家 A 股上市的家电企业 20×2 年的财务数据分析，得出行业的平均水平即标准数。

【步骤 3】计算企业在一定时期各项比率指标的实际值。

【步骤 4】形成评价结果，如表 6-5 所示。

表 6-5 沃尔分析法——青岛海尔 20×2 年财务绩效表

财务指标	指标权重	标准数值	实际数值	相对比率	综合评分
偿债能力	20				
流动比率	5	1.27	1.27	1.00	5.00
现金比率	5	0.41	0.52	1.27	6.34
资产负债率	10	59.45%	69%	1.16	11.61
营运能力	20				
存货周转率	10	5.38	9.14	1.70	16.99
商业债权周转率	10	19.27	21.94	1.14	11.39
获利能力	40				
营业净利率	10	6.69%	5.46%	0.82	8.16
净资产收益率	20	15.58%	32.31%	2.02	40.45
总资产收益率	10	5.74%	9.75%	1.70	16.99
发展能力	20				
主营业务收入增长率	5	0.90%	8.40%	9.33	46.67

续表

财务指标	指标权重	标准数值	实际数值	相对比率	综合评分
净利润增长率	10	16.58%	19.54%	1.18	11.79
净资产增长率	5	32.66%	33.00%	1.01	5.05
合计	100				180.44

根据表 6-5 分析，青岛海尔的综合指数为 180.44 分，总体财务状况很好，综合评分达到标准的要求。但由于该方法技术上的缺陷，夸大了达到标准的程度。尽管沃尔评分法在理论上还有待证明，在技术上也不完善，但它还是在实践中被广泛地加以应用。

结论（经营者角色）：根据以上分析，张明认为青岛海尔总体财务状况________。原因是________________________________。

技能训练

请运用沃尔评分法对中兴公司财务状况进行综合分析与评价。

德技并修

企业并购，不分析财务报表行不行?

近日，利安隆发起了上市两年后的首次并购，拟作价 6 亿元收购其上游供应商凯亚化工，标的资产溢价率高达 402.85%。利安隆是 A 股唯一以抗老化剂为主业的公司，本次并购是其上市两年来的首次并购。利安隆与标的公司凯亚化工算是“老熟人”了，凯亚化工为其上游供应商，2018 年双方合作进一步加强，利安隆首次进入凯亚化工前五大客户名单。利安隆本意是通过本次并购完善自身产业链，然而，《红周刊》记者却发现凯亚化工在内部管理上存在诸多问题，并且多项财务勾稽关系也存在异常。

管理问题凸显

从成立时间来看，凯亚化工是个具有十几年历史的老牌公司，然而其内部管理却问题诸多。并购草案显示，截至草案发布日凯亚化工因历史遗留问题，土地使用权及房屋建筑物部分未获得相应产权证书。具体来看，因行政区划调整等原因有 55 亩[①] 土地及土地上建筑尚未取得土地

① 注：亩为非法定计量单位。

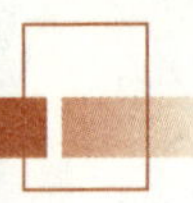

权属证书和房屋产权证书，公司表示，该宗土地大部分为空地，建有少量的仓储及生产辅助用房，不属于核心生产用房。可是，凯亚化工另有7 101.48平方米的房屋及建筑物也尚未取得产权证书，并且这些建筑主要为车间及库房等核心生产用房。凯亚化工已取得相关权属证书及权属证书尚处于办理过程中的房屋建筑物合计20 740.80平方米，这些未取得权证部分房屋占比高达34.24%。

在资金管理方面，凯亚化工也相当混乱。深交所在2018年年底向利安隆出具的一份许可类重组问询函中有这样的描述："报告期内（2016年、2017年及2018年8月末），凯亚化工其他应付款分别为5 941.31万元、8 456.31万元和898.49万元，主要是与股东及员工的资金拆借款。

扩产需求与材料储备背离

根据本次并购双方约定的业绩承诺，2019年至2021年凯亚化工实现净利润分别不低于5 000万元、6 000万元、7 000万元。要保证其业绩承诺的持续增长，意味着该公司需要扩大产能与产量，然而，奇怪的是凯亚化工在有大幅扩产需求的情况下，原材料的保有量却大幅减少。凯亚化工审计报告披露，2017年和2018年年末，该公司存货中原材料金额分别为1 583.57万元、702.14万元，其中2018年同比下降比例达55.66%。在2018年材料价格处于下行趋势，且公司存在扩大生产需求的情况之下，照常理凯亚化工应加大原材料储备以供后续生产，但相反的是其原材料储备额却出现腰斩。

采购数据与现金流不匹配

除以上问题外，凯亚化工的财务数据也存在较大异常之处，比如其采购数据与现金流及经营性债务之间的勾稽关系就有疑点。并购草案显示，凯亚化工在2018年向前五大供应商采购金额为13 433.91万元，占采购总额的比例为60.08%，由此可推算出其采购总额达22 360.04万元，考虑到2018年5月起增值税税率由17%下调至16%，若按月平均计算，则可估算出含税的采购金额约为26 012.18万元。根据财务一般性勾稽原则，该部分采购金额应体现为同等规模的现金流的流出及相应的经营性债权的增减变动。

在现金流量表中，2018年凯亚化工"购买商品、接受劳务支付的现金"的金额为15 516.42万元，同时考虑到当期预付账款减少了526.25万元，则与当期采购相关的现金支出达16 042.67万元。这与其含税采购金额相差9 969.51万元，理论上该差额应体现为相关债权的增加。翻看其资产负债表，2018年应付票据及应付账款合计金额为2 015.24万元，2017年同期，以上两项合计金额为1 913.89万元，相较之下，2018年应付票据及应付账款仅增加了101.35万元。这一结果与理论金额相差了9 868.16万元，这也就意味着凯亚化工存在数千万元的采购没有相关债权及现金流的支撑。

营业收入数据存疑

不仅采购数据存在巨额差异，凯亚化工的营收数据与现金流及经营性债权也难以勾稽。

草案显示，2018 年凯亚化工营业收入为 34 704.36 万元，其中境外销售收入为 12 895.72 万元，由于外销实行免、抵、退税费政策，因此不考虑该部分的增值税。境内销售部分 2018 年 5 月起增值税税率调整为 16%，按月平均计算，则其含税营业收入金额约为 38 266.44 万元。根据财务勾稽的原理，这个规模的含税营业收入将体现为同等规模的现金流入和应收账款及应收票据等经营性债权的增减变动。

在现金流量表中，2018 年“销售商品、提供劳务收到的现金”金额为 28 412.55 万元，剔除本期预收账款 153.95 万元增加额的影响，则采购相关的现金流入金额达 28 258.60 万元。与含税营收金额相比，前后相差 10 007.84 万元，理论上该部分金额应体现为同期经营性债权的增加。资产负债表中，2018 年其应收票据及应收账款合计金额为 4 552.21 万元，2017 年年末金额为 5 132.68 万元，相较之下，该项不仅没有增加反而减少了 580.47 万元。扣除 0.93 万元新增的坏账准备金额影响，其经营性债权减少金额为 579.54 万元。一增一减之下，其 2018 年含税收入与实际收到的现金之间的差额达 10 587.38 万元。当然，这部分差额中可能存在凯亚化工票据背书转让的情况。然而，上亿元的差额中，该部分金额具体是多少恐怕就需要凯亚化工进一步说明了。

（资料来源：利安隆上市两年后首次并购标的公司多项财务数据存疑. 证券市场红周刊. 2019-04-21.）

思考：如果你参与购买谈判，应该关注目标公司财务报表哪些内容？在分析财务报表时，应注意什么？

启示：在参与购买谈判时，应重点关注目标公司财务报表中的应收账款、存货、主营业务收入等项目，同时也可以通过计算了解目标公司的存货周转率、资产负债率、毛利率等指标。

财务报表数据能提供很多信息，在分析财务报表时，应关注财务报表的可靠性，注意分析数据的反常现象，提高自身的素养，从宏观、产业和公司自身多维度进行分析。

同步测试

一、单项选择题

1. 杜邦分析系统的核心指标是（　　）。

A. 总资产利润率　　B. 营业净利率

C. 净资产收益率　　D. 资产周转率

2. 影响权益乘数高低的主要指标是（　　）。

A. 成本费用率　　B. 资产负债率

C. 资产周转率　　D. 营业净利率

3. 关于权益乘数，下列公式表达正确的是（　　）。

A. 1×（1－资产负债率）　　B. 1÷（1－资产负债率）

C. 1＋（1－资产负债率）　　D. 1－（1－资产负债率）

4. 所谓趋势分析是指（　　）。

A. 与竞争对手比　　B. 与同类企业比

C. 与行业平均数相比　　D. 与本企业历史水平相比

5. 净资产收益率＝权益乘数 × 资产周转率 ×（　　）。

A. 资产净利率　　B. 营业净利率

C. 营业毛利率　　D. 成本利润率

6. 在杜邦分析体系中，假设其他情况相同，下列说法中错误的是（　　）。

A. 权益乘数大则财务风险大　　B. 权益乘数大则权益净利率大

C. 权益乘数等于资产权益率的倒数　　D. 权益乘数大则资产净利率大

7. 反映资产周转速度的指标不包括（　　）。

A. 存货周转率　　B. 权益乘数

C. 流动资产周转率　　D. 应收账款周转率

二、多项选择题

1. 进行综合分析评价的目的是（　　）。

A. 为政府决策提供依据　　B. 评价企业财务状况及经营业绩

C. 为投资决策提供参考　　D. 为完善企业管理提供依据

2. 根据杜邦财务分析体系，影响净资产收益率的因素有（　　）。

A. 权益乘数　　B. 总资产周转率

C. 营业利润率　　D. 成本利润率

3. 下列选项中，与财务杠杆作用相关的指标有（　　）。

A. 流动比率　　B. 速动比率

C. 负债与资本比率　　D. 负债与资产比率

4. 下列选项中，反映财务绩效状况的基本指标有（　　）。

A. 净资产收益率　　B. 资本保值增值率

C. 总资产报酬率　　D. 主营业务利润率

5. 杜邦财务分析体系中的主要指标包括（　　）。

A. 权益乘数　　B. 营业净利率

C. 应收账款周转率　　D. 资产周转率

三、判断题

1. 最能体现企业经营目标的财务指标是总资产收益率。（　　）

2. 如果期末股东权益大于期初股东权益，则说明企业通过经营使资本增值。(　　)

3. 权益乘数越大，财务杠杆作用就越大。(　　)

4. 在企业正常经营条件下，速动比率往往大于流动比率。(　　)

5. 资产周转率和销售净利率经常呈反方向变化。(　　)

综合训练

实训目标：对财务报表进行综合分析。

实训资料：上网收集所选上市公司报表及相关资料。

实训要求：每个小组选择一家上市公司，对其近两年来的财务报表进行综合分析并上交课业报告，报告需同时交 PPT 和 Word 电子文档，请在报告封面注明组员的姓名及分工明细情况（注意角色轮换），并准备在班级演示。

延伸阅读

企业财务分析容易走入的六大误区

公司财务分析工作十分重要，但做好公司财务分析并非易事。多数公司财务分析报告或读来枯燥无味，或没有分析结论，或分析主观臆断等，普遍缺乏深度，使用价值低。造成这些问题的原因与财务分析的六个误区有关。

1. 为分析而分析，与财务分析需求脱节

部分财务分析工作者缺乏与分析报告需求者的充分沟通，没有真正领会分析的用途，拿到财务数据就急于进行分析。这样的财务分析，仅仅为分析而分析，分析报告的类型、分析范围和分析重点的选择基本靠主观臆断，与分析的需求基本脱节，分析报告的使用者也难以从中获得真正有用的信息。

2. 就财务论财务，与公司经营管理脱离

部分财务分析工作者进行财务分析时，往往难以跳出财务固有的思维惯性，拿着一堆财务数据进行比较和分析，对公司的重大经营决策、重要业务情况等缺乏了解，从而使财务分析仅仅停留在财务领域，不能真正从公司经营管理的角度出发来分析具体财务问题和财务数据。

3. 就报表论报表，表外事项关注度不高

部分财务分析工作者仅仅停留在财务报表层次，主要就3张会计报表展开分析，而置公司经营环境、土地价值、对外担保情况、或有事项等重要表外事项的分析于不顾。这样的财务分析，由于分析基础受限，容易忽视那些报表华丽的公司存在的潜在风险和问题，也难以挖掘那些业绩难看的公司的潜在价值，得出的分析结论也常常给人以误导。

4. 就数据论数据，真正的归纳、提炼少

部分财务分析的数据描述篇幅很多，数据分析的力度很小，或者缺乏数据之间的对比分析、因果分析，或者未把各项财务数据和财务指标串联起来分析，或者没有把观点归纳和提炼出来，从而不能挖掘财务数据背后的经济实质、形成恰当的分析结论。这样的财务分析，没有经济语言支撑，只能算是一种简单的统计。

5. 综合分析过于“综合”，掩藏了公司真相

部分财务分析特别是综合性财务分析，仅仅围绕综合数据展开，没有按照不同的业务板块或公司级次层层展开分析，容易隐藏公司的真实情况。对多元化发展模式下的公司集团财务分析尤其如此，不同的业务或公司，或好或坏，或增或减，如果只看整体、不看结构，就过于笼统，得到的结论往往趋于“中性”“平淡”，看不出公司的具体情况，特别是容易掩盖一些非正常的状况。

6. 对历史数据分析多，对未来展望少

公司财务分析的目的不仅仅在于通过积累的历史财务数据，了解公司的过去和现状，更重要的是通过对公司发展趋势的分析，洞察未来、预测公司今后的发展态势。但是，很多财务分析恰恰忽略了这一点，对过去和现在的状况分析较多，对未来的预测和展望很少，从而大大降低了财务分析的“导航器”作用。

（摘自：上海财经大学商学院EDP中心）

第三篇
运用财务报表分析

项目七

财务报表分析报告撰写

知识目标

1. 了解财务报表分析报告；
2. 掌握财务报告的相关内容。

能力目标

1. 能撰写财务报表分析报告；
2. 能针对公司进行财务能力分析。

素养目标

1. 培养学生在财务分析工作中树立全面观念，增强信息搜集、财务数据处理能力，强化诚信服务意识；
2. 树立诚信为本，操守为重的职业理念；
3. 提高学生文字表达能力和团队合作意识。

分析报告（Analysis Report）

撰写（Writing）

角色：经营者

财务经理对张明上一次的综合分析很赞赏，转眼又到了年报披露时间，总经理要财务部随报表提交一份财务报表分析报告。财务经理要求张明协助其撰写财务报表分析报告，张明要完成如下具体任务：

任务 7.1　认知财务报表分析报告

任务 7.2　撰写财务报表分析报告

任务7.1　认知财务报表分析报告

工作任务

张明初步了解财务报表分析报告的分类和内容。

相关知识

7.1.1　什么是财务报表分析报告？

1. 财务报表分析报告的作用

财务报表分析报告，是以财务报表为主要依据，运用专门的分析方法，对企业财务状况和经营成果进行比较、分析、评价并加以整理后撰写的书面报告。财务报表分析报告是所有者、债权人、经营者、政府机构及其他财务报表使用者客观地了解企业的财务状况、经营成果和现金流量等情况必不可少的资料，历年的财务报表分析报告也是企业进行财务管理的动态分析、科学预测和决策的依据。因此，财务报表分析报告对报表使用者都具有十分重要的作用。写好财务报表分析报

告，有利于掌握和评价企业的财务状况、经营成果和现金流量现状；有利于制订出符合客观经济规律的财务预算；有利于改善企业经营管理工作，提高财务管理水平。

2. 财务报表分析报告的类型

财务报表分析报告按编写时间分为两种：定期分析报告和非定期分析报告。定期分析报告，又可以分为每日、每周、每旬、每月、每季、每年报告，具体根据公司管理要求而定，有的公司还要求进行特定时点分析。

财务报表分析报告按编写内容分为三种：综合性分析报告、专题分析报告和简要分析报告。综合性分析报告，也称全面分析或系统分析报告，是对公司整体运营及财务状况的分析而形成的书面报告，内容丰富、涉及面广，对报表使用者作出各项决策有深远影响，主要在半年度、年度分析时撰写；专题分析报告，也称单项分析或专项分析报告，是对某项专门问题进行深入细致的调查分析后所撰写的一种书面报告，它一般是结合当前企业的理财工作，对某些重大经济措施和业务上的重大变化，对工作中的薄弱环节和关键问题单独进行的专题分析，具有不受时间限制、一事一议、易被经营管理者接受、收效快的特点，是不定期的分析报告，可以随时运用，形式比较灵活；简要分析报告，是对主要经济指标在一定时期内存在的问题或比较突出的问题进行概要的分析，进而对企业财务活动的发展趋势以及经营管理的改善情况进行判断而形成的书面报告，具有简明扼要、切中要害的特点，主要用于定期分析，可按月、按季进行分析撰写。

7.1.2　财务报表分析报告的主要内容有哪些?

财务报表分析是由不同的使用者进行的，他们各自有不同的分析重点，也有共同的要求。从企业总体来看，财务报表分析报告的基本内容主要包括以下几个方面：

（1）分析总量及结构：分析资产、负债、所有者权益、收入、费用、利润及现金流总量增减和结构变动是否合理，初步判断财务状况、经营成果及现金流量的发展趋势是否有利。

（2）分析重点项目：对于变动较大的项目，分析其变动的原因及是否具有合理性。对于异常变动，结合附注、报表间的勾稽关系进一步分析其深层原因，以及这种变动对企业财务状况和经营业绩的影响，为报表使用人决策提供帮助。

（3）分析企业的偿债能力，分析企业权益的结构，估量对债务资金的利用程度。

（4）评价企业资产的营运能力，分析企业资产的分布情况和周转使用情况。

（5）评价企业的盈利能力，分析企业利润目标的完成情况和不同年度盈利水平的变动情况。

（6）评价企业的发展能力，分析其可持续发展的能力。

以上几方面的分析内容互相联系，互相补充，可以综合地描述出企业生产经营的财务状况、经营成果和现金流量等情况，以满足不同使用者对会计信息的基本需要。

任务7.2 撰写财务报表分析报告

工作任务

张明独立撰写财务报表分析报告。

相关知识

7.2.1 撰写财务报表分析报告的要求是什么?

为了便于财务报表的使用者根据财务报表分析报告来了解企业的财务状况、经营成果和资金变动情况，以便作出相应的决策，一般而言，企业应按半年、全年财务决策的要求各撰写一次综合分析报告。简要分析报告和专题分析报告可根据需要随时撰写。财务报表分析报告的撰写有以下要求：

1. 目的明确

在实际工作中，由于财务报表分析报告的使用者具有各自不同的要求，因此使得分析的内容也应有一定的区别。例如，针对企业外部投资者所作出的投资分析报告要提供有关企业能否投资方面的分析资料；企业内部经营者却想得到企业整体经营状况的分析结论。所以，要做好分析工作，应首先明确分析的目的，了解报送对象的要求，这样才能抓住重点，集中分析与分析目的直接相关的信息，从而提高分析效率，避免不必要的成本浪费。

提示

财务报表分析灵活性很强，种类极多，侧重各有不同，应该与企业的战略目标和管理重点相结合。财务报表分析必须建立在熟悉经营业务和企业计划进度的基础上，抛开企业的实际战术重点来做分析会缺乏意义。比如，企业近两年的目标是提高市场占有率。手段包括提高营销、宣传费用，挖潜，降价，为客户提供额外质保、配套等。这些手段必然造成中短期收入下降，成本上升。但结合长期战略来看，可能是很有价值的。

2. 数据真实

真实性是财务报表分析报告质量好坏的重要评价标准。这不仅要求在分析资料的收集过

程中保证分析资料的真实性，也要求在具体分析时选择科学而高效的分析技术和方法。即分析时所运用的数据、资料，应当真实、可靠，分析时应辩证地看问题，把定量分析和定性分析结合起来，把历史资料和现状情况结合起来，把领先行业、竞争对手的情况作为对比分析起来。

3. 行文简练

财务报表分析报告的行文应以简练朴实、通俗易懂为好，使人一看就懂。尽可能观点鲜明、流畅、通顺、简明、精练，避免口语化、冗长化。文章的开头和结尾应简洁明了，内容层次应清楚明白。

4. 报送及时

由于财务报表分析报告是用于评价企业经营状况、作为相关决策依据的重要信息来源，所以报告的时效性非常强，应随财务报表一同报送，即作为财务报表的附件，对报表的数据作恰当的文字说明，起到画龙点睛的作用，又可作为考核与分析企业一定时期内经营状况的依据，起到参谋的作用。

提示

财务报表分析，是以财务报表为主要依据，对企业的财务状况、经营成果和现金流量进行分析和评价的一种方法。财务报表分析不仅有利于企业内部生产经营管理，也有利于企业外部债权人作出正确的贷款决策、赊销决策以及投资者作出正确的投资决策等。而这一作用是否能够得到充分发挥还有赖于财务分析及其最终的载体，即财务报表分析报告质量的高低。因此，为了完成一份高质量的财务报表分析报告不仅需要明确分析目的，收集真实可靠且全面的信息，掌握较高的财务分析基本技术和方法，还要掌握分析报告的一些写作技巧，合理安排分析报告的框架结构，清晰地反映分析的思路和结论。这样才能达到分析的目的，满足报告使用者的需求。

7.2.2 财务报表分析报告的结构是怎样的?

1. 综合分析报告的结构

（1）标题。标题应简明扼要，准确反映报告的主题思想。

（2）基本情况。首先，应注明财务报表分析报告的分析期，即报告的时间范围段；其次，应对企业分析期内经营状况做简要说明，对企业计划执行情况和各项经济指标完成情况做大致介绍，概括地反映分析期企业经营的基本面貌。

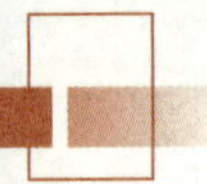

（3）各项财务指标的完成情况和分析。这是分析报告的主要部分。一般要对企业的盈亏额、营业收入额、成本费用水平、资产运营情况及偿债能力等项目的实际指标与其各项计划指标进行对比分析，与上年同期各项指标进行对比分析，与历史同期最高水平进行对比分析，也可与同行业其他企业进行简要的对比分析。要采用绝对数与相对数指标相结合的方法，分析各项经济指标已完成情况、未完成的原因，采取的措施及取得的成绩、成功的经验，存在的问题，要有数据、有比较、有分析。有时为使财务报表分析报告清晰明了，应编制财务报表分析表，它能清晰地显示出各指标之间的差异及变动趋势，使财务报表分析更形象、具体，如编制盈亏情况分析表、费用明细表、流动资金分析表等。

（4）建议和要求。财务分析应根据企业的具体情况，有针对性地提出一些建议。对企业经营管理中的成绩和经验，应加以推广。对发现的问题，应提出一些切实可行的建议，以利于问题的解决。

2. 简要分析报告和专题分析报告的结构

简要分析报告的结构与上述综合分析报告的结构大体一致，只是内容较综合分析报告要简明扼要些。专题分析报告一般一事一议，其结构可灵活多样。

应用举例

宏达机械股份有限公司20×3年度资产负债表分析报告

1. 基本情况介绍

宏达机械股份有限公司是从事大型机床生产的专业公司。20×2年度共销售6 000台大型机床，本分析将采用水平分析法、垂直分析法解析企业资产负债表，并结合资产负债表对企业的偿债能力和发展能力进行分析。

2. 初步分析与项目分析

从财务报表大类项目来看，该企业20×3年流动资产的构成为23.44%，比20×2年的21.62%增加了1.82%，主要的原因是该企业货币资金20×3年比上年减少15 119万元。

该企业20×3年流动负债的构成为25%，比20×2年的19.92%增加了5.51%，主要的原因是企业20×3年短期借款与20×2年度相比有所增加，企业在20×3年度从银行等金融机构获取的短期贷款增加的幅度较大，达到169 941万元。与流动资产占23.44%对比发现，企业的资本结构属于平衡型，有一定风险。

企业20×3年应付股利与20×2年度相比增加的主要原因是企业在20×3年度支付了较多的应付股利，达到272 728万元。该企业20×3年所有者权益总计1 583 785万元，比上年减少了168 441万元，增长率为−9.61%，减少的幅度较大。企业所有者权益减少主要是未分配利润大幅度减少180 423万元所致，减少的幅度达到96.06%。

3. 比率分析

该企业的流动比率年末比年初降低了16%，即为每1元流动负债提供的流动资产保障减少了0.16元，这表明企业以流动比率体现的短期偿债能力在20×3年变弱了。该企业的速动比率年末比年初增加了2.21%，即为每1元流动负债提供的速动资产保障增加了0.02元，这表明企业以速动比率体现的短期偿债能力在20×3年变强了。该企业的资产负债率年末比年初增加了4.01%，表明企业以资产负债率体现的长期偿债能力在20×3年变弱了。该企业的产权比率年末比年初增加了11.99%，这表明企业以产权比率体现的长期偿债能力在20×3年变弱了。该企业的已获利息倍数20×3年度比20×2年度增加了6.07倍，即为每1元利息费用提供的保障增加了6.07元，这表明企业以已获利息倍数体现的长期偿债能力在20×3年变强了。

该企业的资本积累率年末比年初减少了9.61%，这表明企业以资本积累率体现的发展能力在20×3年变弱了。该企业的总资产增长率年末比年初减少了3.12%，这表明企业以总资产增长率体现的发展能力在20×3年变弱了。

4. 总体分析与评价

总体看，该企业资产规模有缩减，主要原因是未分配利润大幅度减少，资产结构变动合理，资本结构属于风险型，偿债能力变化不大，发展能力减弱，因此，应结合利润表及相关资料深入分析未分配利润大幅减少的原因。

7.2.3　撰写财务报表分析报告的基本步骤是什么？

财务报表分析报告的撰写，其基本过程通常有以下几步：

1. 积累素材

（1）收集资料。这些资料既包括间接的书面资料，又包括从企业直接取得的第一手资料。具体内容如下：各类政策、法规性文件，历年会计报表分析报告，各类报纸、杂志公布的有关资料、统计资料或年度财务计划。

（2）关注重要事项。财务人员对经营运行、财务状况中的重大变动事项要勤于做笔录，记载事项发生的时间、计划、预算、责任人及发生变化的各影响因素。

（3）关注经营运行。要结合公司实际情况，从财务的角度分析实际业务，找出变量及原因，并用适当的词汇提出建议。也要多和其他部门沟通，从员工中得到一些信息，通过数字加以证实，明白每个数字背后的意义，并加深对企业相关业务的理解。

（4）定期收集报表。财务人员除收集会计核算方面的数据之外，还应要求公司各相关部门

（生产、采购、市场等）及时提交可利用的其他报表，对这些报表要认真审阅，及时发现问题，多思考、多研究。

（5）岗位分析。大多数企业财务分析工作往往由财务经理来完成，但报告材料要靠每个岗位的财务人员提供。因此，要求所有财务人员对本职工作养成分析的习惯，这样既可以提升个人素质，也有利于各岗位之间相互借鉴经验。只有做到每一个岗位都发现问题、分析问题，才能编写出内容全面、有深度的财务报表分析报告。

2. 确定标题

标题，是对财务报表分析报告的最精练的概括，它不仅要确切地体现分析报告的主题思想，而且要用语简洁、醒目。由于财务报表分析报告的内容不同，其标题也就没有统一标准和固定模式，应根据具体的分析内容而定。如“某年度综合财务分析报告”“某月份简要财务报表分析报告”“资产使用效率分析报告”等都是较合适的标题。财务报表分析报告一旦拟订了标题，就应围绕它，利用所收集的资料进行分析并撰写报告。

3. 起草报告

起草报告应围绕标题并按报告的结构进行。特别是专题分析报告，要将问题分析透彻，真正地分析问题、解决问题。对综合分析报告的起草，最好先拟订报告的编写提纲，然后在提纲框架的基础上，依据所收集整理的资料，选择恰当的分析方法，起草综合分析报告。在写作过程中要注意思维方式的正确性。

4. 修改审定

财务报表分析报告起草后形成的初稿，可交主管领导审阅，并征求主管领导的意见和建议，再反复推敲，不断进行修改，充实新的内容，使之更加完善，更能反映出所编制财务报表分析报告的特点，直至最后由主管领导审定。审定后的财务报表分析报告应填写编制单位和编制日期，并加盖单位公章。

总之，财务报表分析人员应明确财务报表分析报告的作用，掌握不同类型报告的特点，平时多关心公司的运作，多动脑、多动笔、多借鉴他人的方法，不断提高自己的综合业务水平，做好财务报表分析工作，这样才能当好企业经营管理者的参谋和助手。

任务实施

张明撰写青岛海尔 20×2 年财务报表分析报告。

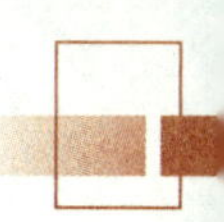

一、公司简介（300字以内）

青岛海尔的基本情况：青岛海尔创立于1984年，经过几十年的创业创新，从一家资不抵债、濒临倒闭的集体小厂发展成为全球白色家电第一品牌。

二、资产负债表分析

（一）初步分析

1. 总量变动及发展趋势分析（如表7-1所示）

表7-1　青岛海尔总量变动分析

项目	20×2年年末/百万元	20×1年年末/百万元	增加额	增幅/%
资产	49 688.32	39 783.74	9 904.58	24.90
负债	34 262.18	28 221.83	6 041.05	21.40
所有者权益	15 426.14	11 562.60	3 863.54	33.41

从表7-1中可以看出，青岛海尔20×2年年末资产总量较年初增长，增幅为24.90%。负债比年初增长，所有者权益比年初增长。初看增长形势很好。要对企业的财务状况作出准确、客观的判断和评价，还要做进一步的深入分析。

2. 资产结构分析（如表7-2所示）

表7-2　青岛海尔资产结构分析

项目	20×2年年末/百万元	20×1年年末/百万元	20×2年年末比重/%	20×1年年末比重/%	变动/%
流动资产	39 699.69	31 393.67	79.90	78.91	0.99
非流动资产	9 988.63	8 390.07	20.10	21.09	−0.99
资产合计	49 688.32	39 783.74	100.00	100.00	0.00

通过表7-2可以看出，青岛海尔连续两年流动资产和非流动资产比重没有重大变化，保持稳定，流动资产占比为79.90%，非流动资产占比为20.10%。

根据表 7–3，青岛海尔 20×2 年年末流动资产比重介于格力电器和苏泊尔之间，而且都在 70%～80% 之间，符合一般制造业的资产结构特点，资产结构合理。

表 7–3　青岛海尔同行业资产结构对比分析

20×2年年末比重/%	青岛海尔	格力电器	苏泊尔
流动资产	79.90	80.00	75.00
非流动资产	20.10	20.00	25.00

3. 资本结构分析（如表 7–4 所示）

表 7–4　青岛海尔资本结构分析

项目	20×2年年末/百万元	20×1年年末/百万元	20×2年年末比重/%	20×1年年末比重/%	变动/%
负债	34 262.18	28 221.13	68.95	70.94	−1.99
所有者权益	15 426.14	11 562.60	31.05	29.06	+1.99
资产	49 688.32	39 783.74	100.00	100.00	0.00

从表 7–4 可以看出，公司的负债比重由 70.94% 下降为 68.95%，下降了 1.99%，但绝对比重仍较高，所有者权益占公司总资产的比重较小，初步判断其资本结构为负债比重较高的资本结构。

为了更深入地分析青岛海尔的资本结构，编制青岛海尔同行业资本结构对比分析表如表 7–5 所示。

表 7–5　青岛海尔同行业资本结构对比分析表

20×2年年末比重/%	青岛海尔	格力电器	美菱电器	小天鹅	苏泊尔
负债	68.95	75.00	63.00	50.00	32.00
所有者权益	31.05	25.00	37.00	50.00	68.00
合计	100.00	100.00	100.00	100.00	100.00

通过表 7–5 同行业资本结构对比可知，青岛海尔的负债率在同行业中比较高。

4. 分析资产结构与资本结构的对称性

结合以上数据可知，20×2 年年末青岛海尔流动资产占总资产的比重为 79.90%，流动负债占全部资金来源的比重为 63.07%，公司流动资产的资金大部分来源于流动负债，其他则来源于长期资金。虽总体负债率偏高，但公司的资产结构与资金结构对称性搭配比较好。公司的资本结构属于稳健型。

（二）项目分析

1. 流动资产分析

编制青岛海尔流动资产结构分析表（见表7-6）和流动资产水平分析表（见表7-7）。从表7-6中可知，比重变化较大的项目有应收票据和预付款项，从表7-7发现金额增减幅度较大的项目有应收票据、应收账款、预付款项、应收股利、其他流动资产。因此，流动资产中值得重点关注的项目为应收票据、应收账款、预付款项和其他流动资产。结合财务报表附注分析得知，应收票据的增加主要是未到期结算票据增加所致，主要是经销商加大了银行承兑汇票的使用量，不影响资产质量，公司对供应商的应付款项也大幅增加，增加的部分也是以票据为主。

青岛海尔20×2年年末的应收账款绝大多数都处于一年之内，属于正常的信用范围，结合利润表中营业收入资料，应收账款增加和营业收入规模相适应。

期末预付款项较期初下降33.94%，主要是预付工程及设备款余额减少所致。

期末其他流动资产较期初增加48.05%，主要是期末未认证的增值税发票增加所致。

表7-6 青岛海尔流动资产结构分析表

项目	20×2年年末/百万元	20×1年年末/百万元	20×2年年末比重/%	20×1年年末比重/%	差异/%
货币资金	16 283.77	12 890.09	41.02	41.06	−0.04
应收票据	11 004.08	7 939.39	27.72	25.29	2.43
应收账款	4 196.72	3 090.75	10.57	9.85	0.73
预付款项	719.01	1 088.49	1.81	3.47	−1.66
其他应收款	326.53	356.17	0.82	1.13	−0.31
存货	7 098.65	5 980.87	17.88	19.05	−1.17
其他流动资产	70.93	47.91	0.18	0.15	0.03
流动资产合计	39 699.69	31 393.67	100.00	100.00	0.00

表7-7 青岛海尔流动资产水平分析表

项目	20×2年年末/百万元	20×1年年末/百万元	增减额/百万元	增减/%
货币资金	16 283.77	12 890.09	3 393.68	26.33
应收票据	11 004.08	7 939.39	3 064.69	38.60
应收账款	4 196.72	3 090.75	1 105.97	35.78
预付款项	719.01	1 088.49	−369.48	−33.94

续表

项目	20×2年年末/百万元	20×1年年末/百万元	增减额/百万元	增减/%
其他应收款	326.53	356.17	−29.64	−8.32
存货	7 098.65	5 980.87	1 117.78	18.69
其他流动资产	70.93	47.91	23.02	48.05
流动资产合计	39 699.69	31 393.67	8 306.02	26.46

2. 非流动资产分析

通过编制非流动资产结构分析表（见表7−8）和水平分析表（见表7−9），发现长期股权投资、固定资产和长期待摊费用金额增减幅度最大，结合财务报表附注分析，长期股权投资增加主要来源于权益法核算的海尔集团财务有限责任公司权益增加，本期长期股权投资减值准备没有变化，不存在通过计提减值准备操纵现象。长期待摊费用较期初增加560.14%，主要是新增租赁厂房改造维修费、生产线改造的设计费增加所致。

表7−8　青岛海尔非流动资产结构分析表

项目	20×2年年末/百万元	20×1年年末/百万元	20×2年年末比重/%	20×1年年末比重/%	差异/%
其他权益工具投资	10.03	9.30	0.10	0.11	−0.01
长期股权投资	2 201.82	1 700.89	22.04	20.27	1.77
投资性房地产	54.30	64.95	0.54	0.77	−0.23
固定资产	5 282.77	4 536.75	52.89	54.07	−1.18
在建工程	1 063.82	944.67	10.65	11.26	−0.61
无形资产	564.59	532.31	5.65	6.34	−0.69
长期待摊费用	76.84	11.64	0.77	0.14	0.63
递延所得税资产	734.46	589.56	7.35	7.03	0.32
非流动资产合计	9 988.63	8 390.07	100.00	100.00	

表7−9　青岛海尔非流动资产水平分析表

项目	20×2年年末/百万元	20×1年年末/百万元	增减额/百万元	增减/%
其他权益工具投资	10.03	9.30	0.72	7.74
长期股权投资	2 201.82	1 700.89	500.93	29.45
投资性房地产	54.30	64.95	−10.65	−16.40
固定资产	5 282.77	4 536.75	746.02	16.44

续表

项目	20×2年年末/百万元	20×1年年末/百万元	增减额/百万元	增减/%
在建工程	1 063.82	944.67	119.15	12.61
无形资产	564.59	532.31	32.28	6.06
长期待摊费用	76.84	11.64	65.2	560.14
递延所得税资产	734.46	589.56	144.9	24.58
非流动资产合计	9 988.63	8 390.07	1 598.56	19.05

3. 流动负债分析

通过编制流动负债结构分析表和水平分析表（分别见表 7–10 和表 7–11），从表 7–10 分析应付账款和应付股利的比重变化最大，从表 7–11 中发现应付账款、应交税费、应付利息、应付股利和其他应付款的金额变化幅度较大，因此把应付账款、应付股利、应付利息、应交税费和其他应付款作为流动负债中的重点分析项目。通过查看附注七、20 得知，青岛海尔 20×2 年应付账款期末账面余额中无欠持有本公司 5%（含 5%）以上表决权股份的股东单位的款项。其应付账款主要是对供应商的欠款，与销售规模增大相适应，属于正常的增长。

结合附注，分析本报告期末应交税费较期初增加 45.10%，主要是应缴企业所得税增加所致。结合利润表判断为利润增加所致的正常增长。附注七、25 显示，本报告期末应付股利较期初下降 92.01%，主要是本期子公司支付股东股利所致。本期应付利息较期初减少 58.30%，主要是偿还企业债券利息所致。分析附注七、26 可知，本报告期末其他应付款较期初增加 32.07%，主要是本期应付未付费用增加所致。期末账面余额中主要包含售后维修费、广告费等已发生尚未支付的费用。

表 7–10　青岛海尔流动负债结构分析表

项目	20×2年年末/百万元	20×1年年末/百万元	20×2年年末比重/%	20×1年年末比重/%	差异/%
短期借款	1 097.96	1 143.77	3.50	4.40	−0.90
应付票据	7 961.10	6 829.72	25.40	26.30	−0.90
应付账款	13 117.03	10 107.62	41.85	38.92	2.93
预收款项	2 499.99	2 212.34	7.98	8.52	−0.54
应付职工薪酬	1 199.69	1 024.63	3.83	3.95	−0.12
应交税费	972.60	670.28	3.10	2.58	0.52
其他应付款	4 492.87	3 955.90	14.33	15.23	−0.9
一年内到期的非流动负债	0.00	25.00	0.00	0.10	−0.10
流动负债合计	31 341.24	25 969.26	100.00	100.00	0.00

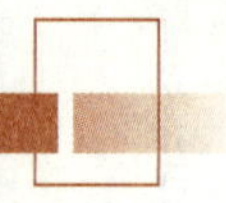

表 7-11 青岛海尔流动负债水平分析表

项目	20×2年年末/百万元	20×1年年末/百万元	增减额/百万元	增减/%
短期借款	1 097.96	1 143.77	-45.81	-4.01
应付票据	7 961.10	6 829.72	1 131.38	16.57
应付账款	13 117.03	10 107.62	3 009.41	29.77
预收款项	2 499.99	2 212.34	287.65	13.00
应付职工薪酬	1 199.69	1 024.63	175.06	17.09
应交税费	972.60	670.28	302.32	45.10
其他应付款	4 492.87	3 955.90	536.97	13.57
一年内到期的非流动负债	0.00	25.00	-25.00	-100.00
流动负债合计	31 341.24	25 969.26	5 371.98	20.69

4. 非流动负债分析

编制非流动负债结构分析表和水平分析表（分别见表 7-12 和表 7-13）。从表 7-12 中看出，预计负债和应付债券比重变化最大；从表 7-13 中看出预计负债和递延所得税负债金额变化最大。因此，结合附注重点分析预计负债、递延所得税负债项目。

通过附注可以看出，预计负债较期初增加 37.69%，主要是由于预计的需要支付购买少数股东股权款项的增加，以及因销售规模增大，计提的售后三包费增加所致，属于正常增长。递延所得税负债较期初增加 37.03%，主要是其他应纳税暂时性差异增加所确认的递延所得税负债所致。

表 7-12 青岛海尔非流动负债结构分析表

项目	20×2年年末/百万元	20×1年年末/百万元	20×2年年末比重/%	20×1年年末比重/%	差异/%
长期借款	59.54	0.00	2.04	0.00	2.04
应付债券	699.64	669.85	23.95	29.75	-5.79
预计负债	2 054.83	1 492.32	70.35	66.27	4.08
递延所得税负债	12.99	9.48	0.44	0.42	0.02
其他非流动负债	93.94	80.22	3.22	3.56	-0.35
非流动负债合计	2 920.94	2 251.87	100.00	100.00	0.00

表 7-13 青岛海尔非流动负债水平分析表

项目	20×2年年末/百万元	20×1年年末/百万元	增减额/百万元	增减/%
长期借款	59.54	0.00	59.54	100.00
应付债券	699.64	669.85	29.79	4.45
预计负债	2 054.83	1 492.32	562.51	37.69
递延所得税负债	12.99	9.48	3.51	37.03
其他非流动负债	93.94	80.22	13.72	17.10
非流动负债合计	2 920.94	2 251.87	669.07	29.71

5. 所有者权益分析

编制所有者权益结构分析表和水平分析表（分别见表 7-14 和表 7-15）。在表 7-14 中，比重变化最大的项目是未分配利润和实收资本；在表 7-15 中，实收资本金额没有变化，增幅最大的项目是未分配利润，因此，未分配利润项目是重点分析的项目。通过附注七、36 可以看出，未分配利润的大幅增长主要归因于本年度母公司所有者的净利润增加所致。结合利润表分析得知，这一项目的平稳增加，确定是企业经营情况良好导致。

表 7-14 青岛海尔所有者权益结构分析表

项目	20×2年年末/百万元	20×1年年末/百万元	20×2年年末比重/%	20×1年年末比重/%	差异/%
实收资本（或股本）	2 685.13	2 685.13	17.41	23.22	−5.82
资本公积	426.72	272.29	2.77	2.35	0.41
盈余公积	1 727.38	1 667.41	11.20	14.42	−3.22
未分配利润	6 270.27	3 698.20	40.65	31.98	8.66
外币报表折算差额	19.06	18.37	0.12	0.16	−0.04
归属于母公司所有者权益合计	11 128.55	8 341.40	72.14	72.14	0.00
少数股东权益	4 297.59	3 221.20	27.86	27.86	0.00
所有者权益合计	15 426.14	11 562.60	100.00	100.00	0.00

表 7-15 青岛海尔所有者权益水平分析表

项目	20×2年年末/百万元	20×1年年末/百万元	增减额/百万元	增减/%
实收资本（或股本）	2 685.13	2 685.13	0.00	0.00
资本公积	426.72	272.29	154.43	56.72

续表

项目	20×2年年末/百万元	20×1年年末/百万元	增减额/百万元	增减/%
盈余公积	1 727.38	1 667.41	59.97	3.60
未分配利润	6 270.27	3 698.20	2 572.07	69.55
外币报表折算差额	19.06	18.37	0.69	3.76
归属于母公司所有者权益合计	11 128.55	8 341.40	2 787.15	33.41
少数股东权益	4 297.59	3 221.20	1 076.39	33.42
所有者权益合计	15 426.14	11 562.60	3 863.54	33.41

三、利润表分析

（一）初步分析

1. 水平分析

根据青岛海尔利润水平分析表 7–16 分析：

（1）净利润或税后利润分析。青岛海尔 20×2 年实现净利润 43.60 亿元，比上年增加了 7.1 亿元，增长率为 19.45%。公司的净利润出现了大幅增长的情况。从水平分析表看，公司净利润增长主要是由于利润总额增长造成的，利润总额比上年增长了 10.1 亿元，变动幅度达 22.89%。

（2）利润总额分析。公司利润总额增加 10.1 亿元，主要是营业利润大幅增加和营业外收入大幅下降及营业外支出大幅增加造成的。营业利润增加了 12.03 亿元。

（3）营业利润分析。公司 20×2 年实现营业收入 798 亿元，比上年增加了 60.04 亿元，增长率为 8.13%。因此，公司营业利润的增长，主要原因是营业收入增长的结果。而营业成本增长速度低于营业收入的增速，说明公司的经营态势良好。

从总体看，公司利润比上年大幅增长，如净利润、利润总额、营业利润都有较大幅度的增长，主要因素是收入增加所致。

表 7–16　青岛海尔利润表水平分析表

项目	20×2年/元	20×1年/元	增减额/元	增减幅度/%
一、营业收入	79 856 597 810.97	73 852 551 822.20	6 004 045 988.77	8.13
减：营业成本	59 703 870 817.98	56 429 180 966.92	3 274 689 851.06	5.80
税金及附加	429 872 234.17	332 309 384.20	97 562 849.97	29.36
销售费用	9 628 798 167.66	9 109 742 208.91	519 055 958.75	5.70
管理费用	4 774 015 999.97	3 759 000 001.48	1 015 015 998.49	27.00

续表

项目	20×2年/元	20×1年/元	增减额/元	增减幅度/%
研发费用	414 980 000.00	300 710 000.00	114 270 000.00	38.00
财务费用	−22 147 108.29	116 647 015.44	−138 794 123.73	−118.99
加：公允价值变动收益				
投资收益	542 586 538.35	420 764 850.88	121 821 687.47	28.95
资产减值损失	−199 880 785.72	−159 298 493.14	−40 582 292.58	25.48
二、营业利润	5 269 913 452.11	4 066 428 602.99	1 203 484 849.12	29.60
加：营业外收入	197 365 194.82	369 723 648.94	−172 358 454.12	−46.62
减：营业外支出	39 010 123.54	18 992 751.69	20 017 371.85	105.39
三、利润总额	5 428 268 523.39	4 417 159 500.24	1 011 109 023.15	22.89
减：所得税费用	1 067 657 942.46	766 511 758.43	301 146 184.03	39.29
四、净利润	4 360 610 580.93	3 650 647 741.81	709 962 839.12	19.45
五、每股收益				
（一）基本每股收益	1.22	1.00	0.22	22.00
（二）稀释每股收益	1.22	1.00	0.22	22.00

2. 垂直分析

从表 7–17 中可看出，企业各项财务成果的构成情况，20×2 年度营业成本占营业收入的比重为 74.76%，比 20×1 年度的 76.41% 降低了 1.65 个百分点，税金及附加占营业收入的比重为 0.54%，比 20×1 年度的 0.45% 提高了 0.09 个百分点，销售费用占营业收入的比重降低了 0.28 个百分点，财务费用占营业收入的比重也都有所降低，管理费用占营业收入的比重提高了 1 个百分点，两方面相抵的结果是营业利润占营业收入的比重提高了 1.08 个百分点，进而导致净利润占营业收入的比重 20×2 年比 20×1 年提高了 0.51 个百分点。从表中可以看出，公司在原材料价格持续上涨的市场环境中不断努力，通过努力降低成本的方式提高公司盈利水平。但管理费用值得关注，应通过查阅管理费用明细账具体分析上升的原因，以便改进管理。

表 7–17　青岛海尔利润表垂直分析表

金额单位：元

项目	年份		结构百分比/%		
	20×2年	20×1年	20×2年	20×1年	差异
一、营业收入	79 856 597 810.97	73 852 551 822.20	100.00	100.00	0.00
减：营业成本	59 703 870 817.98	56 429 180 966.92	74.76	76.41	−1.65
税金及附加	429 872 234.17	332 309 384.20	0.54	0.45	0.09

续表

项目	年份		结构百分比/%		
	20×2年	20×1年	20×2年	20×1年	差异
销售费用	9 628 798 167.66	9 109 742 208.91	12.06	12.34	−0.28
管理费用	4 774 015 999.97	3 759 000 001.48	5.98	5.09	0.89
研发费用	414 980 000.00	300 710 000.00	0.52	0.41	0.11
财务费用	−22 147 108.29	116 647 015.44	−0.03	0.16	−0.19
加：公允价值变动收益					
投资收益	542 586 538.35	420 764 850.88	0.68	0.57	0.11
资产减值损失	−199 880 785.72	−159 298 493.14	−0.25	−0.22	0.03
二、营业利润	5 269 913 452.11	4 066 428 602.99	6.60	5.51	1.09
加：营业外收入	197 365 194.82	369 723 648.94	0.25	0.50	−0.25
减：营业外支出	39 010 123.54	18 992 751.69	0.05	0.03	0.02
三、利润总额	5 428 268 523.39	4 417 159 500.24	6.80	5.98	0.82
减：所得税费用	1 067 657 942.46	766 511 758.43	1.34	1.04	0.30
四、净利润	4 360 610 580.93	3 650 647 741.81	5.46	4.94	0.52
五、每股收益					
（一）基本每股收益	1.22	1.00			
（二）稀释每股收益	1.22	1.00			

（二）项目分析

1. 营业收入分析

公司 20×2 年实现营业收入 798.57 亿元，比上年增长了 60.04 亿元，增长率为 8.13%。公司在年度报告中称，公司在 20×2 年面临的经营环境是：家电行业恶性竞争依然激烈，公司产品主要原材料价格持续上涨。在恶劣的经营环境中，公司坚持开发满足用户需求的创新产品，形成一系列差异化的、超越对手的、以中高端为主的创新产品，才得以保持了营业收入的增长态势。利润表中也体现了这种结果。

表 7-18 的内容说明，青岛海尔的主业非常突出，近两年来，公司主营业务收入占营业收入的比重都在 99% 左右。

表 7-18　青岛海尔营业收入构成分析表

单位：元

项目	绝对数		比重/%	
	20×2年	20×1年	20×2年	20×1年
主营业务收入	79 152 038 310.81	73 172 222 867.46	99.11	99.08
其他业务收入	704 559 500.16	680 328 954.74	0.89	0.92
合计	79 856 597 810.97	73 852 551 822.20	100.00	100.00

2. 投资收益分析

财务报表的附注资料如表 7-19 所示。可看出青岛海尔本年没有公允价值变动收益对利润产生影响，公允价值变动收益反映企业确认的交易性金融资产或交易性金融负债的公允价值变动额。投资性房地产、生物资产、非货币性资产交换、资产减值、债务重组、金融工具、套期保值和非共同控制下的企业合并等方面都引入了公允价值计量，将公允价值的变动直接计入利润。所以这些非经营性因素对公司的盈利能力没有影响，这说明公司的主业突出，没有操纵利润的现象。

表 7-19　青岛海尔投资收益分析表

单位：元

项目	20×2年度	20×1年度
成本法核算的长期股权投资收益	38 180 917.44	4 353 574.87
权益法核算的长期股权投资收益	504 405 620.91	411 054 149.81
处置长期股权投资产生的投资收益		5 357 126.20
合计	542 586 538.35	420 764 850.88

按权益法核算的长期股权投资收益列示，如表 7-20 所示。

表 7-20　按权益法核算的长期股权投资收益列示

单位：元

项目	20×2年度	20×1年度
海尔集团财务有限责任公司	488 884 752.42	400 333 657.02
其他联营企业投资收益	15 520 868.49	10 720 492.79

3. 利润总额和净利润分析

青岛海尔 20×2 年实现利润总额 54.28 亿元，比上年增加了 10.11 亿元，增长率为 22.89%，公司的利润总额的增长幅度比较大。20×2 年实现净利润 43.61 亿元，比上年增长了 7.1 亿元，增长率为 19.45%，公司的净利润增幅较高，但略低于利润总额增幅。

4. 营业利润分析

该公司 20×2 年实现营业利润 52.70 亿元，比上年增长了 12.03 亿元，增长率为 29.6%，远高于净利润的增长幅度。

5. 营业外收支分析

青岛海尔 20×2 年的营业外收入是 1.97 亿元，比上年减少了 1.72 亿元，降低率为 46.62%，而营业外支出是 0.39 亿元，比上年增加了 0.2 亿元，增长率为 105.39%，营业外收入的大幅减少和营业外支出的大幅增加，是利润总额增幅低于营业利润增幅的主要原因。本报告期营业外收入大幅减少主要是本期收到的空调节能补贴款减少所致。营业外支出较上期大幅增加，主要是本期非流动资产处置损失和其他非经常性支出增加所致。

6. 营业成本分析

青岛海尔 20×2 年的营业成本是 597.04 亿元，比 20×1 年的 564.29 亿元增长了 32.75 亿元，增长了 5.8%，低于营业收入增幅。

7. 期间费用分析

该公司 20×2 年销售费用和管理费用比上年增加，增加幅度分别为 5.7% 和 27%，销售费用的增幅低于营业收入的增长幅度，说明增长在正常范围内。管理费用的增幅较大，应具体分析增长的原因。财务费用较同期下降，主要是本期计提汇兑损失减少和存款利息增加所致。

四、财务能力分析

（一）偿债能力分析

短期偿债能力分析：

（1）流动比率（期初）= 31 393.68 ÷ 25 969.26 = 1.21

流动比率（期末）= 39 699.69 ÷ 31 341.24 = 1.27

（2）速动比率（期初）=（31 393.68－5 980.87－1 088.49）÷ 25 969.26 = 0.94

速动比率（期末）=（39 699.69－7 098.65－719.01）÷ 31 341.24 = 1.02

（3）现金比率（期初）= 12 890.09 ÷ 25 969.26 = 0.50

现金比率（期末）= 16 283.77 ÷ 31 341.24 = 0.52

上述计算表明，该公司一年来的主要短期偿债能力指标，如流动比率、速动比率和现金比

率比年初都有所增加，说明公司短期偿债能力不断提高。流动比率的指标无论是年初还是年末，都超过 1.2，速动比率都在 1 左右，现金比率在 0.5 以上，基本符合一般公认的标准，初步说明企业短期偿债能力良好。

长期偿债能力分析：

（1）资产负债率（期初）= 28 221.14 ÷ 39 783.74 = 71%

资产负债率（期末）= 34 262.18 ÷ 49 688.32 = 69%

（2）产权比率（期初）= 28 221.14 ÷ 11 562.60 = 2.44

产权比率（期末）= 34 262.18 ÷ 15 426.14 = 2.22

（3）利息保障倍数（20 × 1）=（4 413.54 + 115.38）÷ 115.38 = 39.25（倍）

该企业 20 × 2 年度财务费用为负数，因此无须计算 20 × 2 年度利息保障倍数。

上述计算表明，该公司一年来的主要长期偿债指标，虽逐渐下降，但依然都高于公认标准，说明公司长期偿债能力较弱，公司运用的是高风险、高报酬的财务结构。20 × 2 年财务费用为负数表明企业从盈利角度看长期偿债能力在增强。

（二）盈利能力分析

营业毛利率（20 × 1 年）=（17 423.37/73 852.55）× 100% = 23.59%

（20 × 2 年）=（20 152.73/79 856.60） × 100% = 25.24%

营业净利率（20 × 1 年）=（3 650.64/73 852.55）× 100% = 4.94%

（20 × 2 年）=（4 360.62/79 856.60） × 100% = 5.46%

资产净利率（20 × 1 年）= 3 650.64 × 2/（39 783.74+31 828.77）= 10.2%

（20 × 2 年）= 4 360.62 × 2/（49 688.32+39 783.74）= 9.75%

净资产收益率（20 × 1 年）= 3 650.64 × 2/（11 562.60+10 382.88）= 33.27%

（20 × 2 年）= 4 360.62 × 2/（15 426.14 + 11 562.60）= 32.31%

通过以上计算，可以看出青岛海尔 20 × 2 年营业毛利率为 25.24%，比 20 × 1 年的 23.59% 上升了 1.65 个百分点；20 × 2 年营业净利率为 5.46%，比 20 × 1 年上升了 0.52 个百分点；20 × 2 年资产净利率为 9.75%，比 20 × 1 年的 10.2% 下降了 0.45 个百分点；20 × 2 年净资产收益率为 32.31%，比 20 × 1 年的 33.27% 下降了 0.96 个百分点。通过这些指标反映出公司盈利能力稳定。但也应结合资产周转情况分析净资产周转率稍有下降的原因。

（三）营运能力分析

通过计算得知，青岛海尔 20 × 2 年相关指标如表 7-21 所示。

表 7-21　青岛海尔 20×2 年营运能力与同行业对比分析表

项目	青岛海尔		行业平均	
	次数	天数	次数	天数
应收账款周转率	21.92	16.41	19.27	44.93
存货周转率	9.13	39.43	5.38	98.22
流动资产周转率	2.25	160	1.51	283

从表 7-21 看出，青岛海尔 20×2 年度的营运能力指标，无论是应收账款周转率、存货周转率还是流动资产周转率，都是优于同行业的，有的甚至比同行业平均周转速度快一倍多，说明青岛海尔资产运营的效率高，利用资产盈利的能力强。

五、综合分析与评价

总体来看，青岛海尔资产规模大幅增长，资产结构合理，资本结构属于稳健型，结合杜邦分析可知，净资产周转率略有下降主要是资产负债率稍稍下降所致，说明公司在降低财务风险；盈利能力稳定，周转效率居行业领先地位，财务状况良好，经营成果稳步增长，在利用财务杠杆获得高收益的同时，应注意财务风险防范。

德技并修

从财务报表分析：看万科集团近三年的发展情况

万科企业股份有限公司（简称万科集团）成立于 1984 年，经过三十余年的发展，已成为国内领先的城乡建设与生活服务商，公司业务聚焦全国经济最具活力的三大经济圈及中西部重点城市。2020 年，公司继续荣登《财富》“世界 500 强”，位列榜单第 208 位。自 2016 年首次跻身《财富》“世界 500 强”以来，公司已连续 5 年上榜，此前分别位列榜单第 356、307、332、254 位。下面通过对万科集团近三年主要会计数据和财务指标进行分析（见表 7-22），来让大家快速了解企业大概的财务状况。

表 7-22　万科集团近三年主要会计数据和财务指标

单位：元

项目	2020年	2019年	本年比上年增减	2018年
营业收入	419 111 677 714.12	367 893 877 538.94	13.92%	297 679 331 103.19
营业利润	79 958 642 103.88	76 613 136 041.54	4.37%	67 498 612 522.27
利润总额	79 675 752 923.39	76 539 289 517.59	4.10%	67 460 201 390.98
归属于上市公司股东的净利润	41 515 544 941.31	38 872 086 881.32	6.80%	33 772 651 678.61
归属于上市公司股东的扣除非经常性损益的净利润	40 237 711 134.26	38 314 387 512.31	5.02%	33 490 078 355.00
经营活动产生的现金流量净额	53 188 022 243.81	45 686 809 515.08	16.42%	33 618 183 388.52
基本每股收益	3.62	3.47	4.52%	3.06
稀释每股收益	3.62	3.47	4.52%	3.06
全面摊薄净资产收益率	18.49%	20.67%	−2.18%	21.68%
加权平均净资产收益率	20.13%	22.47%	−2.34%	23.24%
资产总额	1 869 177 094 005.55	1 729 929 450 401.23	8.05%	1 528 579 356 474.81
负债总额	1 519 332 620 662.33	1 459 350 334 988.27	4.11%	1 292 958 626 477.23
归属于上市公司股东的净资产	224 510 952 749.09	188 058 491 912.82	19.38%	155 764 131 544.43
股本 / 股	11 617 732 201.00	11 302 143 001.00	315 589 200.00	11 039 152 001.00
归属于上市公司股东的每股净资产	19.32	16.64	16.14%	14.11
资产负债率	81.28%	84.36%	−3.08%	84.59%
净负债率	18.09%	33.87%	−15.78%	30.89%
流动比率	1.17	1.13	4.38%	1.15

续表

项目	2020年	2019年	本年比上年增减	2018年
速动比率	0.41	0.43	−1.20%	0.49
EBITDA 全部债务比	0.06	0.06	—	0.058
利息保障倍数	7.20	7.58	−5.06%	6.78
现金利息保障倍数	7.72	7.97	−3.05%	6.42
EBITDA 利息保障倍数	7.80	8.16	−4.46%	7.05
贷款偿还率	100.00%	100.00%	—	100%
利息偿付率	100.00%	100.00%	—	100%

（一）利润状况

2020 年，万科集团实现营业收入 4 191.1 亿元，同比增长 13.9%；实现利润总额 796.76 亿元，同比增长 4.1%；实现归属于上市公司股东的净利润 415.2 亿元，同比增长 6.8%；每股基本盈利 3.62 元，同比增长 4.5%；全面摊薄的净资产收益率为 18.5%，较 2019 年减少 2.2 个百分点。万科集团的利润总额主要来自内部经营业务，企业盈利基础比较可靠。在实现营业收入迅速扩大的同时，营业利润也有所增长，企业扩大市场销售的策略是成功的，经营业务开展良好。

（二）资产结构分析

2020 年，万科集团资产总额 18 691.77 亿元，同比增长 8.05%；归属于上市公司股东的净资产 2 245.11 亿元，同比增长 19.38%。2020 年企业不合理资金占用项目较少，资产的盈利能力较强，资产结构合理。

（三）偿债能力分析

在短期偿债能力分析中，流动比率是一个重要的指标，流动比率是反映一块钱的流动负债需要多少流动资产来支撑，2020 年万科的流动比率为 1.17，较 2019 年增加 4.38%，偿债能力较去年有所提高。速动比率是指在流动比率的流动资产中扣除了存货，由于存货存在销售及压价的风险，且房地产行业存在存货比例高的特点，因此速动比率比流动比率更具有参考价值。在长期偿债能力分析中，资产负债率反映了债权人受保护的程度，是一项重要指标。万科近年来进行了规模较大的股权融资和债权融资，但仍保持着稳健的资产负债率，为更大程度地利用财务杠杆提供了空间，这对房地产企业尤为重要。

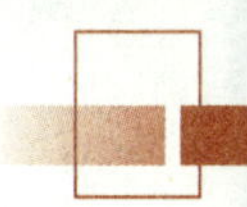

思考：可以从哪些方面对公司的财务指标进行深度分析？企业财务人员撰写财务分析报告时应注意提高哪些素养？

启示：财务指标分析，是指总结和评价企业财务状况与经营成果的分析指标，包括偿债能力指标、运营能力指标、盈利能力指标和发展能力指标。偿债能力指标是一个企业财务管理的重要管理指标，是指企业偿还到期债务（包括本息）的能力。偿债能力指标包括短期偿债能力指标和长期偿债能力指标，衡量指标主要有流动比率、速动比率和现金流动负债比率等。运营能力是指企业的经营运行能力，即企业运用各项资产以赚取利润的能力，企业运营能力的财务分析比率有存货周转率、应收账款周转率、营业周期、流动资产周转率和总资产周转率等，这些比率揭示了企业资金运营周转的情况，反映了企业对经济资源管理、运用的效率高低。盈利能力指标主要包括营业利润率、成本费用利润率、现金利息保障倍数、总资产报酬率、净资产收益率和资本收益率等。发展能力指标主要包括营业收入增长率、资本保值增值率、资本积累率、总资产增长率、营业利润增长率等。

企业财务人员撰写财务分析报告时应树立全面观念，提高信息搜集、财务数据处理能力，提高诚信服务意识。

同步测试

一、单项选择题

1.（ ）一般是上级主管部门或企业内部规定的每隔一段相等时间给予编制和上报的合计报表分析报告。

A. 定期分析报告　　B. 专题分析报告

C. 简要分析报告　　D. 综合分析报告

2.（ ）是指针对某一时期企业经营中的某些关键问题重大经济措施或薄弱环节等进行专门分析后形成的书面报告。

A. 专题分析报告　　B. 定期分析报告

C. 简要分析报告　　D. 综合分析报告

二、多项选择题

1. 财务报表分析报告按分析内容分类包括（ ）。

A. 专项分析报告　　B. 简要分析报告

C. 综合性分析报告　　D. 年度分析报告

2. 财务报表分析报告的撰写要求包括（ ）。

A. 重点突出　　B. 语言简练　　C. 数据准确　　D. 报告及时

3. 财务报表分析报告的结构应包括（　　）。

A. 标题　　B. 基本情况

C. 各项财务指标的完成情况　　D. 建议和要求

4. 财务报表分析报告的基本内容包括（　　）。

A. 总量和结构分析　　B. 盈利能力分析

C. 偿债能力分析　　D. 营运能力分析

三、判断题

1. 财务分析报告必须以量化分析为基础。（　　）

2. 通过财务分析报告，企业的投资者可以总括了解企业的盈利能力和偿债能力，做出是否出借资金或提供商业信用的决策。（　　）

综合训练

实训目标：对财务报表进行全面分析，撰写财务报表分析报告。

实训资料：上网收集所选上市公司报表及相关资料。

实训要求：每个小组选择一家上市公司，对其近两年来的财务报表进行全面分析并写出财务报表分析报告。报告需同时提交 PPT 和 Word 电子文档，请在报告封面注明组员的姓名及分工明细情况（注意角色轮换），并准备在班级演示。

延伸阅读

财务报表分析报告的“禁忌”

财务报表分析要达到重点突出、说明清楚、报送及时、预测准确、措施得力的目的，进入财务工作“灵魂”之境界，充分发挥其诊断企业的“听诊器”、观察企业运行状况的“显微镜”之功能，必须做到“七忌”。

禁忌一：忌面面俱到，泛泛而谈。

财务报表分析重在揭露问题，查找原因，提出建议，所以分析内容应当突出当期财务情况的重点，抓住问题的本质，找出影响当期指标变动的主要因素，重点剖析变化较大指标的

主、客观原因。这样才能客观、正确地评价、分析企业的当期财务情况，预测企业发展走势，有针对性地提出整改建议和措施。那种面面俱到、胡子眉毛一把抓的做法势必是“盲人骑瞎马”，写出的财务分析要么是不痛不痒，要么是罗列现象不知所云的流水账，充其量也只能是浮光掠影似的情况简介，这样文牍似的财务分析对企业挖潜堵漏、完善管理没有丝毫价值。

禁忌二：忌千篇一律，文章格式化。

每一个时期的财务报表分析无论是形式和内容都应有自己的特色。内容上的突出重点、有的放矢，形式上的灵活、新颖、多样，是财务分析具有强大生命力的首要条件。形式呆板，千篇一律，甚至抽换上期指标数据搞“填空题”似的八股文章，是财务报表分析之大忌。

财务报表分析本来就专业性强，形式上的呆板、内容上的千篇一律，其可读性必然弱化，久而久之财务分析势必变成可有可无的东西。要焕发财务分析的生机和活力，充分发挥其为领导决策当好参谋的职能，我们对财务分析无论是内容和形式都要来一番刻意求新、求实。从标题上就不能只拘泥于“××× 单位 ×× 季（月）财务分析”这种单一的格式，可灵活地采用一些对当期财务状况进行概括的浓缩对偶句作为主标题，也可引用一些贴切的古诗来表述，使主题精练，一目了然。在表述手法上，可采用条文式叙述，也可穿插表格说明；可三段式（概况、分析、建议），也可边分析、边建议、边整改；分析既可纵向对比，也可横向比较。总之，财务分析不应拘泥于一个模式。

禁忌三：忌只是数字的堆砌罗列，没有“活情况”说明。

要分析指标变化，难免会有数字的对比，但若仅停留于罗列指标的增减变化，局限于财务报表的数字对比，就数字论数字，摆不出具体情况，谈不清影响差异的原因，这样的财务分析只能是财务指标变动说明书或者说是财务指标检查表的翻版。这种空洞无物、枯燥死板的“分析”肯定不会受欢迎。

只有把“死数据”与“活情况”充分结合，做到指标增减有“数据”，说明分析有“情况”，彼此相互印证、补充，财务分析才有说服力、可信度，逻辑性才强，可操作性才大。

禁忌四：忌浅尝辄止，停留于表面现象。

我们知道，表面良好的指标后面可能隐藏着个别严重的缺点、漏洞和隐患，或若干难能可贵的某些优点被某些缺点所冲淡。这就要求我们既不要被表面现象所迷惑，又不要就事论事；而要善于深入调查研究，善于捕捉事物发展变化偶然中的必然，以客观的姿态，克服“先入为主”的思想，通过占有大量的详细资料反复推敲、印证，进行去粗取精及去伪存真的加工、分析，才会得出对企业财务状况客观、公正的评价。例如，仅指标的对比口径上，就要深入调查核实，换算其计价、标准、时间、构成、内容等是否具有可比性。没有可比性的指标之间的对

比，只能扭曲事物的本来面目，令人误入歧途。

禁忌五：忌报喜不报忧，贻误“病情”。

真实、准确、客观是财务分析的生命。要诊断、观察企业经济运行状况，维护企业机体健康运行，就应敢于揭短，敢于曝光，才不会贻误“病情”，才能“对症下药”。成绩不讲跑不了，问题不讲不得了。所以财务报表分析既要肯定成绩，又要揭露企业中存在的问题；既要探寻影响当期财务情况变化的客观因素，更要侧重找出影响当期财务情况变化的主观原因。实事求是，客观全面地分析，才能有的放矢地扬长避短，兴利除弊，努力为企业挖潜堵漏、开源节流服务。

禁忌六：忌上报不及时，失去指导价值。

财务报表分析是领导了解企业财务状况，同时也是财务人员参与企业管理，提出合理化建议的最有效途径，其指导性的价值就在于其时效性。企业经济信息瞬息万变，时过境迁的财务报表分析对企业改善经营管理的作用将大打折扣。财务报表分析的上报应与会计报表上报同步，并形成制度化。

禁忌七：忌专业味太浓，莫测高深。

财务报表分析应尽量淡化专业味，少用专业术语，多用大众词汇，力戒矫揉造作、莫测高深；做到直截了当、简明扼要、通俗易懂。

项目八

财务报表信息质量识别

知识目标

1. 了解财务报表的粉饰手段和危害；

2. 掌握识别虚假财务报表方法。

能力目标

1. 能识别报表信息质量；

2. 能辨别财务报表粉饰的手法。

素养目标

1. 培养学生在财务分析工作中树立全面观念，增强信息搜集、财务数据处理能力，提高诚信服务意识；

2. 树立德法兼修的人生信念；

3. 增强学生团队合作意识。

粉饰（Fraud in Financial Reports）

识别（Recognize）

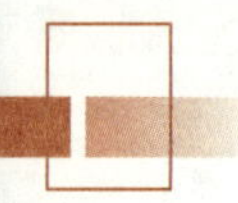

项目分析

角色：中介机构

刘影高职毕业后到信达会计师事务所工作已经 3 年了，20×4 年 2 月他所在部门接到银行委托，分析向该银行申请贷款的两家客户——佳乐公司和一家主营业务为服务业的韵捷公司 20×3 年度财务报表项目真实性，识别是否存在虚假财务报表项目列报。经理把此任务交给刘影，为此，他需要完成以下任务：

任务 8.1　了解财务报表的粉饰与危害

任务 8.2　财务报表粉饰的识别

任务8.1　了解财务报表的粉饰与危害

工作任务

刘影首先熟悉虚假财务报表的常见类型，了解粉饰财务报表的常见手段。

相关知识

8.1.1　虚假财务报表的常见类型有哪些？

虚假财务报表，是指由企业提供的、有意或无意不遵循会计准则，财务信息被欺瞒或被扭曲的财务报表。虚假财务报表按其形成的性质划分为错误型虚假财务报表和舞弊型虚假财务报表两大类。

1. 错误型虚假财务报表

错误型虚假财务报表，是指无意识地对企业经营活动状况进行虚假陈述的财务报表，在主观上并不愿意使财务报告歪曲地反映企业经营状况。这种虚假财务报表的形成主要是由于会计人员素质较低引起的。错误型虚假财务报表的表现形式主要包括各个报表之间的数据不相符、

报表附注不真实、报表与账簿记录不相符等。

错误型虚假财务报表的主要成因为：

（1）因会计人员认知错误导致经济业务的遗漏。如对企业的或有事项、提供担保等需要及时公布的业务或内容不做任何披露等。

（2）会计人员职业判断失误，导致会计政策的误解。如有些企业在确定固定资产折旧政策时，将企业会计准则和税法中均不能采用加速折旧法的资产错列为加速折旧的资产范围，导致企业前期多计费用，利润虚减。

2. 舞弊型虚假财务报表

舞弊型虚假财务报表，是指为了实现特定的经济目的而有意识地偏离企业会计准则和其他会计法规，对企业财务状况、经营成果和现金流量情况等进行虚假陈述的财务报表。这种舞弊型虚假财务报表是利益集团或个人为了经济利益而进行的一种有意行为。舞弊型虚假财务报表的表现形式主要包括虚报盈亏、偷逃税款、故意误列报表项目、对财务报表附注进行虚假陈述或故意遗漏重要事项等多种情况。

舞弊型虚假财务报表的成因为：

（1）以非法占有为目的、通过提供虚假信息而进行金融诈骗。行为人的主观意图是将资金占为己有，如通过虚假的信用证、票据进行诈骗等。

（2）不以非法占有为目的，但通过有意提供虚假会计资料为企业的利益骗取资金或各种优惠政策。如向银行申请贷款时提交虚假的会计资料，显示其良好的资产状况，骗取银行信贷资金；对税务机关提交虚假的会计资料，显示其亏损的经营状况，以偷逃各种税款；对财政部门提交虚假的会计资料，以骗取财政补贴等多种优惠政策；对主管部门提交虚假的会计资料，显示其骄人的经营业绩，骗取奖励与荣誉等。

应用举例

根据专栏8.1.1内容，请同学收集上市公司造假事件，并辨别其分别属于何种类型的虚假财务报表。

8.1.2　粉饰财务报表的主要手法有哪些？

企业为了达到其各种非法目的，必然采取一定手段粉饰财务信息，提供虚假财务报表，其主要手段表现为粉饰经营业绩和粉饰财务状况两大类。

1. 粉饰经营业绩

粉饰经营业绩的主要手段包括：

（1）利润最大化。利润最大化，是通过提升企业业绩水平来获取本不能获得的经济利益，塑造出企业盈利能力强的形象。典型的操纵手法有：提前确认收入，推迟结转成本，费用或亏损长期挂账，资产重组，关联方交易等。

（2）利润最小化。利润最小化会导致企业少纳税，还可将以后年度的亏损前置本年度，回避企业连续多年亏损的事实，以达到其非法目的，如我国有上市公司连续三年亏损就将摘牌的政策。如果某公司预计将连续三年亏损，则它可通过一些方法，将后一年甚至两年的潜在亏损前置于本年，使本年发生巨额亏损，而确保以后年度盈利，回避被摘牌的命运。典型的操纵手法有：推迟确认收入、提前结转成本、使用加速折旧多计成本费用、将应予资本化的支出列入当期损益等。

（3）利润均衡化。企业将利润均衡化的主要目的是：为企业塑造生产经营稳定的外部形象，以获取较高的信用等级，为对外筹资奠定基础。典型的操纵手法有：利用应收应付、其他应收应付、预收预付等账户来调节利润，精心设计出企业利润稳定增长的形象。

（4）冲销巨额利润。冲销利润巨额的目的主要是回避责任。如企业要更换主要经营者时，新任经营者为了自身经营目标得以顺利实现，往往会采取这类方法粉饰财务报告。典型的操纵手法有：将坏账、挤压的存货、长期投资损失、闲置的固定资产、待处理资产亏损等一系列不良或虚拟资产一次性处理为损失。

2. 粉饰财务状况

粉饰财务状况的主要手段包括：

（1）高估资产。高估资产有利于企业对外筹资，并可获取权益方面的潜在利益，如对虚拟资产挂账。虚拟资产是指由于企业缺乏承受能力而将已经发生的费用或损失暂时挂列为长期待摊费用、待处理资产损失等资产项目，“打肿脸充胖子”，虚增资产，从而骗取银行等相关利益人的信任，以获取相应的资金。再如，企业对外投资和进行股份制改造时，通过编造理由进行资产评估、虚构资产交易业务等形式，从而高估资产价值，以获取较大比例的股权。

（2）低估负债。低估负债可以从形式上降低企业财务风险，有利于企业对外筹资。如企业在争取银行贷款和发行债券时，为了提高信用级别，就有可能通过将负债隐藏在关联企业或对或有负债不加以披露等形式来低估负债。

应用举例

请同学辨别收集的上市公司造假事件分别采用的是何种粉饰财务报表的手段。

提示

2004年，厦门国家会计学院黄世忠教授写下《收入操纵的九大陷阱及其防范对策》一文，以案例剖析方式揭示出收入操纵的十大陷阱，包括寅吃卯粮，透支未来收入、以丰补歉，储备当期收入、鱼目混珠，伪装收入性质、张冠李戴，歪曲分部收入、借鸡生蛋，夸大收入规模、瞒天过海，虚构经营收入、里应外合，相互抬高收入、六亲不认，隐瞒关联收入、随心所欲，窜改收入分配。此文基本涵盖了收入操纵所有伎俩，文中案例均为美国上市公司。

此后上海国家会计学院财务舞弊研究中心的“申草”团队复以中国案例补充论述。但是2006年企业会计准则施行后，部分财务陷阱已经被堵住，不少案例和手法均“跟不上时代”。此后，“申草”团队之一夏草与时俱进，撰文《上市公司财务舞弊十大招数》，摘录如下：

一是自我交易：不少上市公司设立空壳公司或皮包公司，通过资金运作虚增收入、资产或虚减费用、债务。这些空壳公司实为同一控制人所控制，是实质意义上的关联方。

二是循环交易：一些上市公司经常通过多方交易进行循环交易，如上市公司销售商品或提供劳务给B，B又卖给C，C再卖回到上市公司，这样的财务安排，可以达到既增加营收规模，又可以节税，因为可以取得增值税进项税额抵扣。上市公司为了将交易做得有模有样，还有虚假的出库单、入库单以及进账单等，以此虚增销售额。

三是阴阳交易：一些上市公司开具阴阳发票、订立阴阳合同粉饰交易的真相，*ST源药就是这方面造假的典范。

四是填塞渠道：在期末时通过调节经销商库存以调节收入确认金额达到提前或者推迟确认收入的目的，科龙就是这方面的典范，长征电器主要的财务舞弊手法也是填塞渠道。

五是不断并购：厦门国家会计学院黄世忠教授曾在安然、世通事件发生后发出警告，收购兼并是滋生财务舞弊的温床，并提醒投资者注意公允价值容易被滥用的倾向。实际上，不断并购是财务舞弊最强的征兆之一，不断并购的背后是资金链紧张以及业绩的实质下滑，一些上市公司将并购作为拆东墙补西墙的手段。

六是会计差错：一些上市公司利用前期会计差错追溯调整的规定，将亏损往前移，在会计估计变更与会计差错之间，更多的上市公司选择了会计差错，因为会计估计变更导致的损益要直接进入当期损益。

七是“大洗澡”：某些公司在年报中把亏空做大，利用“亏过头”实际上是隐瞒净资产，在以后期间可以释放出来作利润。在中国只要上市公司控制权发生转移，基本上都会玩这招游戏，这导致控制权转移后的公司实际经营业绩基本不可信。

八是报表重组：不少上市公司通过置出不良资产、置入优质资产等方式对财务报表进行清洗，以降低巨额潜亏带来的资产减值或财务造假压力。此外，一些上市公司通过托管、承包、租赁等方式账面冻结不良资产，这也只能是临时过渡手法，实质上也严重违反了企业会计准则规定。

九是隐瞒炒股：牛市时，一些上市公司通过与庄家合作、配合提供炒作素材等方式，投入巨额资金炒作自己的股票，而这些收益是不能见光的，于是通过财务手法粉饰为主营业务收入；熊市时，这些巨额资金在股市灰飞烟灭，这时上市公司高管可能要承担挪用资金刑事责任，于是上市公司又费尽心思将这些亏损变成主营业务亏损或者是担保引发的亏损等。

十是现金陷阱：一些上市公司隐瞒借款、隐瞒出具银票、隐瞒担保现象还很严重，这是危害上市公司质量的最大祸患之一。

8.1.3　编制虚假财务报表的动机与危害

1. 编制虚假财务报表的动机

（1）为了获取高额薪酬。通常，企业管理层的薪酬可根据以下方式来确定：① 由董事会自主决定，并与业绩挂钩；② 根据当地政府的有关规定制定；③ 由控股公司给高级管理人员发工资。

但是不论采取什么方式，业绩是决定薪酬高低的一个关键因素。可见，财务报表与管理层的薪酬间接地挂钩，因此，报表中反映经营业绩的信息尤为重要。为了获取更多的薪酬，上市公司管理层就可能会编制虚假的财务报表。

（2）为了降低纳税额。我国目前的企业会计准则与税法的分离程度比较小，有些税法的规定即为企业会计准则的规定。在这种情况下，由于纳税会

导致企业现金的流出，会计政策的选择对于企业的现金流量是至关重要的。企业为了呈现出现金流量健康的状况，就会产生编制虚假财务报表的动机，以降低税负。

（3）为了获取资金。企业的发展需要大量的资金，而资金的来源渠道主要有两个：一是所有者投入，二是向银行等债权人借入。在所有者投入方面，公司上市后，有些经营亏损的企业，为了满足增发新股或者配股的条件，提高配股的价格，达到从资本市场上获取更多资金的目的，经常采用虚增利润的方法，编造虚假的会计信息，欺骗投资者。在借入资金渠道，银行是企业最主要的借款对象，而银行在向企业发放贷款前，会对受贷企业的资信情况进行审查，要求较严。因此，那些经营业绩欠佳、财务状况不是很好的企业为了获取银行的贷款而编制虚假的财务报表。

（4）为了获取股票发行上市的资格。上市发行股票可以在短期之内筹集到大量的资金，这对公司和公司的高管都会有好处。一方面，公司可以获得较大的发展，参与一些利润比较大的项目的开发，另一方面，高管的薪酬也会有所提高，每年的年终分红是非常可观的。这种巨大的市场诱惑驱使不少拟发行股票的公司为达到上市的目的而编制虚假的财务报表。

（5）为了避免被停牌或被摘牌。对于上市公司来讲，经营业绩是非常重要的。如果出现对经营业绩产生负面影响的消息，上市公司可能会面临停牌，甚至是摘牌的危险，这对公司来说是一个不小的损失。因此，公司可能会利用一些手段虚假提升经营业绩，将亏损变为盈利来避免被停牌或被摘牌。

（6）为了市场动机。主要体现为两个方面：

① 树立良好的市场形象。在证券市场上，投资者主要依据上市公司的财务报表来进行投资决策，他们当然会选择业绩好的公司进行投资。因此，为了吸引投资者的眼球，通过编制虚假的财务报表，对一些科目加以粉饰，向市场释放业绩良好的信号，以求达到树立市场良好形象的目的。

② 为并购奠定价格基础。众所周知，公司的上市资格不容易取得，其间包括很多环节的审核。正因为上市难度大，许多非上市公司就试图通过并购，达到借壳上市的目的。并购谈判的核心要素即为并购价格，业绩优良的上市公司其股权的价格相对较高。因此，上市公司有可能为了并购的价格谈判而编制虚假的财务报表。

2. 编制虚假财务报表的危害

（1）危害市场经济秩序。市场经济是信用经济，诚信是市场经济的基础。会计诚信作为社会诚信的一部分，对整个社会经济生活有着举足轻重的影响。会计信息失真的行为会掩盖

企业真实的经营状况，误导广大投资者及政府决策部门对经济形势的判断，增加国民经济运行中的不确定性因素，并将严重削弱市场经济运转效率，破坏市场经济秩序，恶化社会风气，从而严重阻碍社会的发展。

（2）危害广大投资者利益。在市场经济条件下，存在利益主体多元化的趋势，而多元化的利益主体的经济活动又是受到利益驱动的。上市公司财务报表所提供的财务会计信息恰恰是利益相关者进行决策的重要依据。既有的和潜在的投资者可以根据这些信息对公司未来支付股利的能力以及对公司股价产生的影响进行分析，从而决定是否投资该企业；贷款者可以据此考虑是否向企业发放贷款，以及确定贷款金额、期限和担保条件；企业员工可以据此了解和争取他们应得的权益，看看企业的目标是否与自己的一致，从而决定自己是否继续留在企业工作；而政府部门则可以据此掌握国民经济的运行态势，从而制定国家经济发展计划和宏观经济调控政策，确保社会经济的有序运行。如果财务报表提供虚假的会计信息，就会掩盖宏观经济运行中的潜在问题。如果相关政府部门以此作为经济调控的依据，将会对国民经济的正常运行造成一定的负面影响，从而严重影响社会经济秩序。

（3）危害注册会计师行业发展。目前，注册会计师行业内部竞争非常激烈，少数会计师事务所为了拉拢客户而竟相压价或与企业达成某种协议。这种恶性竞争导致的直接后果是，会计师事务所过于依赖客户，在执业过程中处于被动地位。

（4）危害企业长期发展。企业高层在决策时以财务报表为主要依据，来评价企业过去的业绩与不足，以此作为对未来经济活动作出预测、决策和规划的基础。如果企业管理层为了自身的利益对财务报表进行舞弊，通过财务报表提供虚假的会计信息，虽然会使其一时受益，但从长远来看，这样的会计信息很难满足企业管理当局今后的要求，这种不能正确反映企业状况的信息给决策者以错误的导向，致使决策失败，给企业造成更大的损失，不利于企业生存和长远发展。

（5）危害证券市场。证券市场作为企业资金融通的重要场所，在调节整个社会资金的流向和促进社会资源的优化配置中起着举足轻重的作用。上市公司对外公布的财务报表作为连接投资者和上市公司的纽带，对证券市场能否正常、高效地运转具有决定性的影响。财务报表舞弊事件的发生，会严重冲击证券市场，在广大投资者中产生的影响极为恶劣，严重打击投资者的信心，长此以往，将会使整个证券市场失去应有的功能。

（6）危害会计人员自身。会计人员进行财务舞弊这种行为造成了整个会计行业空前的信任危机。现阶段会计界诚信问题已引起社会各界的普遍关注，这种不信任的态度对会计界的长期健康发展是十分不利的。

提示

2021年7月23日，中国证监会通报首批适用新《中华人民共和国证券法》(简称《证券法》)财务造假案件处罚情况，宜华生活、广东榕泰、中潜股份三家上市公司案件已进入事先告知阶段或做出行政处罚决定，最高拟处以近4 000万元罚款。证监会处罚委办公室副主任董文媛表示，证监会坚决用好新《证券法》利剑，用重典、出重拳，维护市场信心，保护投资者合法权益，秉持以下执法理念：第一，对于证据充分、违法事实清楚的案件，从严重处，一抓到底，打则“痛击筋骨”，绝不“挠痒痒”，该批案件均处千万元以上重罚，责任人百万元以上，让违法者“知疼”，不敢“再犯”；第二，抓“关键少数”，精准打击，区分责任，区分情节，该批案件较为明显的特点，即严办首恶，对实际控制人施以重罚及终身市场禁入；第三，构建立体追责体系，涉嫌犯罪，坚持移送，绝不姑息，让违法者在行政处罚、刑事打击、民事赔偿中承担应有的责任。

上市公司财务造假是证券市场的“毒瘤”，严重破坏市场运行基础，侵害投资者利益，始终是证监会监管执法重点。近年来，证监会持续加大对财务造假、操纵市场等恶性违法案件的查处力度，坚决落实新《证券法》各项要求，切实提升资本市场违法违规成本，强化监管执法震慑。此外，现行的许多法规，包括《中华人民共和国刑法》《中华人民共和国公司法》以及《中华人民共和国会计法》等也都对上市公司因粉饰财务报表应承担的法律责任作出了规定。

任务实施

刘影对佳乐公司财务报表项目真实性进行判断，并指出其粉饰的手段和动机。

佳乐公司20×3年度的资产负债表部分项目数据如表8-1所示。

表 8-1　20×3 年度资产负债表部分项目数据

单位：元

资产	期末余额	期初余额
货币资金	2 305 689.00	1 760 432.55
交易性金融资产		
应收票据	750 000.00	580 000.00
应收账款	2 786 889.65	2 054 860.53
其他应收款	1 302 540.00	326 870.00
……	……	……
资产总计	18 360 540.00	15 680 520.00

【步骤 1】 刘影首先分析资产负债表单个报表项目，检查年末数相较于年初数的增长（减少）幅度，审查有无变化幅度过大的情况，发现“其他应收款”项目年末较年初增长幅度为 298.5%，远远高于资产总额的增长幅度（17.09%），因此怀疑该报表项目可能不实，公司可能会存在非法挪用、抽逃资金的行为，有必要对其进一步审查。

【步骤 2】 刘影进一步查阅该公司“其他应收款”账户的记录，发现在 20×4 年 7 月 16 日时该账户余额仅为 384 562.00 元，7 月 17 日记字第 126 号凭证的处理使其增加 90 万元，记账凭证分录如下：

借：其他应收款——张 ×× 　　900 000

　　贷：银行存款 　　900 000

凭证摘要为“付备用金”，却未附任何原始凭证，这一处理更加肯定了刘影的判断。进一步调查得知，张某为该公司负责人的亲戚，公司将资金从其户头转走。该资金是公司自有还是借入的呢，为弄清楚始末，刘影进一步查阅本月借款类账户和实收资本账户的发生额。

经查，该公司 10 月 6 日记字 56 号凭证记载“实收资本”增加 100 万元，该笔记录所附原始单据两张，一张是“入账通知”，另一张是事务所出具的“验资报告”，会计分录如下：

借：银行存款 　　1 000 000

　　贷：实收资本 　　1 000 000

由此可以确定，该公司确系将大部分增资款项通过个人账户抽逃，违反了公司法的相关规定。

刘影进一步调查得知，该公司制造此次造假的目的是增加注册资本规模，以获取银行贷款。

结论（中介机构角色）：综合以上分析，刘影确认，佳乐公司财务报表________。该

公司财务人员财务造假的动机是________，财务报表粉饰的手段是________，为了掩饰__________行为，将______________的资金通过“其他应收款”账户长期挂账。

技能训练

天美会计师事务所在审计中豪公司20×3年度财务报表时发现，该公司资产负债表“长期待摊费用”项目金额占资产总额比重较大，审计人员陈红对此有所怀疑，就查阅了有关账册凭证，发现12月份发生的管理费用在转入“本年利润”账户前，先由“管理费用”账户转出了100万元记入“长期待摊费用”账户，会计分录如下：

借：长期待摊费用　　1 000 000

　　贷：管理费用　　1 000 000

而后才将管理费用账户余额转入了“本年利润”账户。该笔业务未写摘要，也未附任何原始凭证。

【要求】根据上述资料，请分析判断“长期待摊费用”项目背后可能隐藏的报表粉饰动机以及所采用的粉饰手段。

任务8.2　财务报表粉饰的识别

工作任务

刘影对韵捷公司提供的利润表等进行真实性核查，识别虚假财务报表项目。

相关知识

8.2.1　通过哪些基本步骤识别虚假财务报表？

无论是银行发放贷款还是投资者选择股票投资，银行信贷人员和投资者必须分析企业的财务报表和其他信息资料。如果企业编制虚假财务报表，而银行和投资者不能识别其虚假性，那么，根据这些虚假财务报表就会作出错误的贷款或投资决策，从而不可避免地遭受巨大损失。

为了避免由于企业编制虚假财务报表导致错误决策，进而遭受损失，银行信贷人员和投资者必须掌握基本的虚假财务报表识别技术。

通常，识别虚假财务报表的分析程序如下：① 阅读财务报告的审计报告；② 阅读和分析财务报表附注，寻找辨别企业财务报表反映其财务状况及经营成果和现金流量真实程度的调查分析重点；③ 进行财务报表的静态分析、趋势分析和同业比较，寻找调查分析的重点，准备现场调查提纲和现场调查询问提纲；④ 根据调查结果，判断企业财务报表反映其财务状况及经营成果和现金流量情况的真实程度。

下面主要介绍上市公司虚假财务报表识别的步骤。

1. 阅读审计报告

进行上市公司的财务分析，首先应阅读财务报告的审计报告。

根据上市公司财务报表反映其财务状况、经营成果和资金变动情况的真实程度，注册会计师通常出具四种不同类型的审计报告：

（1）无保留意见的审计报告；

（2）保留意见的审计报告；

（3）否定意见的审计报告；

（4）无法表示意见的审计报告。

注册会计师出具不同类型的审计报告是判断财务报表真实性的重要依据。如果企业获得了第一种审计报告结论，其财务报表可信度较高，获得第二种审计报告结论，其财务报表的可信度值得关注，获得第三种、第四种审计报告结论，则其财务报表是难以采信的。

2. 分析财务报表附注

在通过阅读审计报告，了解了企业财务报表的真实性后，接下来应分析财务报表附注。财务报表附注解释上市公司所采用的主要会计处理方法，列示财务报表重要项目的明细资料等。

同样的数据来源，使用不同的会计处理方法，编制出来的报表数据是不同的。了解上市公司所采用的主要会计处理方法，会计处理方法的变更情况、变更原因，以及对财务状况和经营成果的影响，这对于判断上市公司财务报告反映其财务状况、经营成果和现金流量情况的真实程度是非常重要的。

财务报表附注还列示财务报表中有关重要项目的明细资料，这些明细资料是判断财务报表反映其财务状况、经营成果和现金流量情况真实程度的重要依据。

3. 分析财务报表

分析财务报表，是根据财务报表的数据，计算各种财务指标，然后进行各种不同形式的财务分析。

（1）静态分析，是对一家上市公司一定时期或时点的财务数据和财务指标进行分析。

（2）趋势分析，是对一家上市公司不同时期或不同时点的财务数据和财务指标进行分析。

（3）同业比较分析，是将一家上市公司的财务数据和财务指标与同行业企业相比较。

以上三种方法是相依相存的。同时使用这些分析方法，并结合财务报表附注分析，能帮助我们寻找到调查分析的重点。

4. 基本面分析

上市公司的基本面分析，包括宏观经济分析、行业现状和前景分析、公司在行业的位置、公司高级管理人员的经营管理能力、公司的经营策略、公司的市场份额和声望等。基本面分析与财务分析息息相关。

上市公司的盈利前景必然会受到宏观经济运行状况和宏观经济政策的影响，以及行业发展状况的影响。上市公司的财务报表应该能够反映宏观经济运行状况和行业发展状况对公司经营活动和财务状况的影响。如果上市公司的财务报表严重脱离宏观经济运行状况、行业发展状况以及公司的经营策略和管理能力，那么，严重脱离之处应该是调查分析重点。

5. 现场调查核实

财务报表分析识别的目的，是要寻找企业问题区域和风险线索；现场调查核实的目的，是根据财务分析识别提供问题的线索，判断企业问题区域、风险范围和风险程度，并且判断企业财务报表反映其财务状况、经营成果和现金流量情况的真实程度。

现场调查核实的程序包括：准备现场调查提纲；到调查对象单位或部门现场调查；与现场调查单位或部门的管理人员面谈，询问有关问题。

现场调查核实的内容包括：

（1）核实企业情况。例如，企业主营业务产品的生成和销售情况，企业产品的市场范围和市场份额，企业产品或服务的最终使用客户，客户对企业产品的需求是否具有季节性，本年度主营业务收入和净利润的预测，明年的经营计划；原材料储备和应收账款回收情况，企业的开工率等。

（2）核查财务报表数据的相关依据，根据财务分析识别提供的线索和疑点，核查相关账簿和凭证、购销合同等。例如核查销售收入，可以通过审查销售合同、收入明细账、银行对账单等来进行。核查结果应为账表、账账、账证和账实相符。对不相符的情况，企业解释不清，或自相矛盾，或有意隐瞒的，都存在虚假的可能。

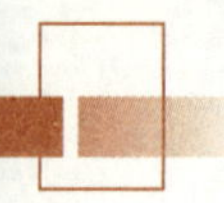

8.2.2 运用哪些主要方法识别虚假财务报表?

由于造成虚假财务报表的原因主要分为两大类：一是对财务报表数据进行人为的编造；二是由于会计方法的选择导致虚假财务报表的编制。针对这两种不同原因形成的虚假财务报表，应采取不同的识别方法。

1. 人为编造财务报表数据的识别方法

对人为编造财务报表数据的识别，主要采用收集信息、查找证据，对企业报表进行对比分析，查账核实等方法。

（1）报表数据勾稽法。财务报表是一个完整的信息系统，它从不同侧面、不同层次对同一个会计主体的财务状况、经营成果和现金流量等方面的财务信息进行全面、综合、系统、连续的披露，所以报表与报表之间、报表与附表之间、报表与附注之间必然存在内在逻辑联系。

其中，主表之间的勾稽关系如项目二中的图 2-1 所示。主表与附表勾稽关系是既有相对比较简明的项目勾稽关系，也涉及多张报表发生额和余额的关系。将报表与其附注相对照，可以了解企业财务报告的披露政策是否合理、会计估计是否科学、会计差错处理是否恰当等信息，以此判断企业财务报表是否存在技术性错误。

（2）项目异动关注法。在财务报表分析过程中发现的、前后会计期间发生明显变化的项目，是识别虚假财务报表的重点内容。例如，应收账款项目和营业收入项目前后期相比较，如果发生大幅度增长，应通过查阅企业的应交增值税明细表、销货合同、产品出库凭证等相关资料，识别企业是否通过虚增收入而粉饰利润和资产；资本公积项目前后期相比较，如果发生大幅度增长，应核查是否存在诸如资产评估虚假增值、对关联企业投资虚假增值等问题。

（3）现场调查。进行账表、账账、账证和账实核对，账表、账账、账证和账实之间都应该是相符的。如果不相符，肯定也是存在问题的。

2. 会计方法选择失误导致虚假财务报表的识别

对于因会计方法选择形成的虚假财务报表，从形式上看，往往其做到了报表平衡及账表、账账、账证和账实等相符，因此，在识别时应采取更为深入的方法来进行。

（1）分析重点会计科目。企业进行报表粉饰时，常常运用的科目包括应收账款、其他应收款、其他应付款、存货、投资收益、无形资产、补贴收入、减值准备等。如果这些会计科目出现异常变动，必须认真对待，考虑该企业是否存在利用这些科目进行利润操纵的可能性。如对于“应收账款”科目而言，如果这一科目的金额过大，而公司的收入又很小的话，那么这家企业就可能存在抽逃出资等问题，因为很多抽逃出资的情况都是将账务记入了“应收账款”“其他

应收款”等科目。

（2）剔除不良资产。剔除不良资产即对那些不良资产在确认后予以剔除，以正确界定企业的资产状况。不良资产除包括待处理流动资产净损失、待处理固定资产净损失、长期待摊费用等虚拟资产项目外，还包括可能产生潜亏的资产项目，如超龄应收款项、存货跌价和积压损失、投资损失、固定资产损失等。由于不良资产是导致企业虚盈实亏的重要原因，因此在对那些存在大额不良资产的企业进行财务报表分析时，对不良资产进行剔除分析就显得十分重要。具体应用时，可将不良资产总额与净资产比较，如果不良资产总额接近或超过净资产，即说明该企业的持续经营能力可能有问题；同时也可以将当期不良资产的增加额与当期利润总额的增加额相比较，如果前者超过后者，说明该企业当期的利润表可能存在问题。

（3）剔除偶然性因素。偶然性因素是指那些来源不稳定、不可能经常发生的收益。

常见的偶然性收入包括：补贴收入、营业外收入、债务重组收益、因会计政策变更或会计差错更正而调整的利润、发行新股冻结资金的利息等。将偶然性因素发生的损益从企业的利润总额中剔除，能够较为客观地分析和评价该企业盈利能力的高低和利润来源的稳定性。

（4）分析或有事项。或有事项，是指过去的交易或事项形成的一种状况，其结果需通过未来不确定事项的发生或不发生予以证实。常见的或有事项有：未决诉讼、未决索赔、税务纠纷、产品质量保证、商业票据背书转让或贴现、为其他单位提供债务担保等。根据会计谨慎性原则，尤其应对或有损失进行确认或披露，因为或有损失会对企业的利润产生一定的影响。但是一些上市公司往往对巨额担保事项隐瞒不报或一带而过，以减少负债、虚增利润。因此，应重视对或有事项的分析。

（5）辨别关联交易中的利润调节。根据企业会计准则规定，关联交易应当遵循等价、公平的原则，按照公允价值进行计价。但是由于历史和体制上的原因，关联交易已经成为关联企业之间进行报表粉饰或利润转移的常用工具。因此，应将来自关联企业的营业收入和利润总额从企业利润表中予以剔除。通过这种分析，可以了解一个企业自身获取利润能力的强弱，判断该企业的盈利在多大程度上依赖于关联企业，从而判断其利润来源是否稳定、未来的成长性是否可靠等。如果企业来源于关联企业的营业收入和利润所占比例过高，我们就应当特别关注关联交易的定价政策、关联交易发生的时间和目的等，以判断企业是否运用了不等价交换通过关联交易来进行报表粉饰。

（6）分析合并报表。分析合并报表，是指将合并财务报表中的母公司数和合并数进行比较分析，来判断企业公布的财务数据是否真实的一种方法。有的公司采取的粉饰财务报表手法比较高明，他们往往通过子公司来实现利润虚构。因此，仔细分析合并报表能够发现潜在可疑的项目，主要分析的是资产负债表、利润表、利润分配表和现金流量表。这种方法从基本的财务比率着手，分析公司偿债能力、盈利能力和成长能力等，再反过来从侧面发现公司可能存在的财务报表粉饰问题。

提示

目前，网络咨询非常发达，利用网络平台等公开信息资料，也可核查企业财务报表真伪。这些信息资料分为两大类：一类是上市公司历年公布的年度报告、中期报告、董事会公告和其他公告；另一类是政府部门公布的统计数据和报告及其他信息。

任务实施

刘影对韵捷公司20×3年度财务报表进行分析，目的是识别是否存在虚假财务报表项目列报，部分报表项目如表8-2所示。

表8-2　利　润　表

编制单位：韵捷公司　　　　20×3年度　　　　金额：元

项目	本年数	上年数
一、营业收入	10 250 000.00	8 680 000.00
减：营业成本	6 800 000.00	5 400 000.00
税金及附加	30 000.00	467 500.00
销售费用	860 000.00	650 000.00
管理费用	2 151 000.00	1 125 450.00
研发费用	239 000.00	125 050.00
财务费用	12 500.00	18 600.00
加：投资收益	200 000.00	
资产减值损失		
二、营业利润	357 500.00	893 400.00
加：营业外收入		
减：营业外支出	5 000.00	16 000.00
三、利润总额	352 500.00	877 400.00
减：所得税费用	88 125.00	219 350.00
四、净利润	264 375.00	658 050.00

【步骤1】由于该公司为非上市公司，无法取得其审计报告，刘影只好从分析财务报表本身着手，首先采用报表数据钩稽法来进行识别。

刘影发现，本期主营业务收入达到1 000万元，税金及附加却仅为3万元，刘影对此很疑惑，结合现场调查了解到企业并未享受任何减免税的优惠政策，因此，可以认定主营业务收入与税金及附加项目之间不符，经过再三问询，才得知企业擅自少计提了税金及附加。

刘影发现企业该年度取得20万元的投资收益，进一步想查证该收益是基于哪种类型的投资所取得时，却发现企业资产负债表中除了一笔50 000元的债权投资外，无任何其他长短期投资项目。而进一步查证发现，该持债权投资取得的投资收益仅为3 000元。经调阅投资收益明细账簿及相关凭证后发现，该企业其余投资收益来源于一笔维修业务，企业为了逃避缴纳服务业营业税，而将服务收入列入投资收益，造成了账、证、表不符。

【步骤2】进行了数据勾稽法分析后，刘影发现该公司报表存在问题较多，进一步采用项目异动关注法来进行分析识别。经对比，该报表中前后期存在异动较大的项目是管理费用，上涨幅度达91.52%，调阅明细账发现，企业在11月将一笔应记入“在建工程”账户的办公楼装修费直接记入“管理费用”账户，导致该账户数额突增750 000元，该处理使企业利润大幅减少，从而少交所得税18.75万元。

【步骤3】刘影用数据勾稽法和项目异动法进行了报表分析后，又采用了现场调查法向该公司多个部门管理者、员工分头进行问询取证。

结论（中介机构角色）：根据以上分析，刘影确定：韵捷公司财务报表__________，公司的财务状况和经营成果及现金流情况________，银行________风险较大，于是在报表分析报告中如实描述了该企业报表粉饰的情况，并提交给部门经理。

技能训练

查账人员陈洋在对得力公司的20×3年资产负债表项目和利润表项目进行审查时，发现其“盈余公积——法定盈余公积”项目年初数和年末数相差513 241元，而本年度利润表反映的净利润为1 132 410元，查账人员对该公司的“盈余公积”进行重点排查，最终发现一笔业务分录如下：

借：银行存款　　　　400 000

　　贷：盈余公积——计提盈余公积　　　　400 000

该业务后所附原始凭证是一张银行收账通知单，款项用途注明是罚款。再一次经过询问要求出示罚款依据时，公司才提供了一份未履行的合同及依此收取罚款的情况说明。查账人员陈洋指出，此项处理使得力公司逃避了100 000元的企业所得税。

【要求】请依据上述材料说明，查账人员陈洋在此过程中，采用了哪些识别虚假财务报表的方法。

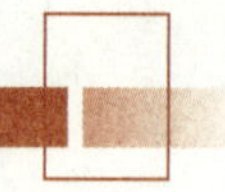

德技并修

上市公司财务造假花样多　22年近400家公司染红

对于如何杜绝上市公司多环节财务造假，虽然很多专家指出需要从资本市场环境、监管角度等各个方面采取措施，但违法成本太低导致多年来治理效果欠佳。对于投资者来说，只有充分了解上市公司财务造假发生的原因、造假企业的套路，学会利用财报分析规避造假标的，才能有效避免踩到雷区。上市公司财务造假，如今已成为A股市场的一大痼疾。形形色色的造假案轮番上演，不仅损害了投资人利益，且也严重扰乱经济秩序。造假者为何猖狂？究其原因，是上市公司和实控人违法成本远远低于其所得利润。

A股违规案件近年快速攀升　2018年违规案件破百

据Wind资讯显示，自1997年有统计数据以来，A股市场共有381家上市公司因信息披露虚假或严重误导性陈述发生过违规行为，违规案件合计597起。观察各年份违规案件的发生频次情况，在1997—2018年这22个完整会计年度，仅有2003年、2008年、2010年和2011年的违规案件较上年有所减少，而自2014年以来，上市A股每年的违规案件均呈现出快速攀升态势。仅2018年度，涉及信息披露虚假或严重误导性陈述的违规案件就已“破百”，达到169起，而2019年一季度，违规案件目前就已暴露了28起。

分析1997年以来的597起违规案件，被实施罚款的仅有249起，且其中有222起对上市公司的罚款金额不超过60万元。以2015年的皖江物流为例，公司2012年、2013年合计虚增收入91.55亿元，虚增利润4.9亿元，可就是如此令人触目惊心的巨额造假，处罚结果却是上市公司仅仅被处以50万元罚款。

无锡方万投资有限公司总经理陈绍霞表示，低廉的违法成本非但起不到应有的震慑作用，反而是在某种程度上变相鼓励了上市公司造假。另外，我国现行的会计准则中同一会计事项的处理存在着多种备选的会计方法，使得公司在进行会计政策选择时随意性较大，也在客观上为上市公司利润操纵提供了一定的空间。

梳理A股市场上市公司的造假手段，基本可分为13种：虚构收入、提前确认收入、推迟确认收入、转移费用、费用资本化或递延费用及推迟确认费用、多提或少提资产减值准备以调控利润、制造非经常损益事项、虚增资产和漏列负债、潜亏挂账、资产重组创造利润、通过投资事项对利润调控、会计政策和会计估计变更、关联交易非关联化创造利润。

2018年，金亚科技的多手段财务造假事件轰动了整个A股市场。随着监管稽查系统的深入调查，这家创业板昔日的明星企业最终“陨落”。为达到发行上市的条件，金亚科技通过虚构客户、虚构业务、伪造合同、虚构回款等方式虚增收入和利润，成功骗取了IPO核准。经查证，公司2008年、2009年1—6月虚增利润金额分别为3 736万元、2 287万元，占当期公司披露利润比重的85%、109%。金亚科技欺诈发行的过程，是名副其实的“窝案式”造假。稽查人士表示，公司实控人周旭辉动用了身边的各种关系，从亲属到公司工作人员均参与到了造假案件中。上市后，公司于2013年业绩大幅亏损，2014年年报再次虚假记载财务数据营造扭亏假象，包括虚增营业收入、营业成本和少记期间费用和营外收支多种手段。虚增利润总额8 049.55万元，占当期披露利润总额的335.14%。同时还虚增了2.18亿元的银行存款和3.1亿元的虚列预付工程款。在财务造假的过程中，金亚科技可谓穷尽各种手段，从客户到合同、发货单、发票、银行汇款进账单、审计回函、银行和客户的公章都是假的。全盘造假的同时，公司还通过多种方式夸大业务规模，一笔整体业务，硬是将其拆分为多笔业务对应到客户公司各子分公司，然后在每个子分公司中虚增一部分收入，从而增加审计的难度。另外，金亚科技还曾通过分期收款等金融手段虚增收入，例如，先跟客户签订一个没有金额的框架协议，然后伪造一个补充协议，确认一个比较大的销售额，并改变销售方式为分期收款，期末再伪造已达到收入确认条件的假象提前确认收入。

（摘自：证券市场红周刊．2019-03-16.）

思考：财务造假的手段中，哪种方式最常见？企业财务人员在财务信息质量识别工作中应注意什么？

启示：在财务造假的手段中，虚构收入、提前确认收入、推迟确认收入、转移费用、费用资本化或递延费用及推迟确认费用、多提或少提资产减值准备以调控利润、制造非经常损益事项等手段都较为常见。

财务报表信息质量对投资者而言至关重要。财务人员在财务分析工作中应明辨是非，树立全面观念，增强信息搜集、财务数据处理能力，提高诚信服务意识，树立德法兼修的人生观念。

同步测试

一、单项选择题

1. 下列行为属于利润最大化的是（　　）。

A. 推迟确认收入　　B. 提前结转成本

C. 收入长期挂账　　D. 资产重组

2.（　　）虚假财务报表是指无意识地对企业经营活动状况进行了虚假陈述，在主观上并不愿意使财务报告歪曲地反映企业经营状况。

A. 舞弊型　　B. 错报型　　C. 错误型　　D. 欺诈型

3. 下列行为属于可使利润最小化的是（　　）。

A. 提前确认收入　　B. 推迟结转成本

C. 加速折旧　　D. 资产重组

4. 舞弊型虚假财务报表是一种（　　）行为。

A. 无意　　B. 有意　　C. 合理　　D. 客观

5. 下列行为属于冲销巨额利润的是（　　）。

A. 提前确认收入　　B. 推迟结转成本

C. 加速折旧　　D. 将坏账一次性处理为资产损失

6.（　　）是为帮助理解财务报表的内容而对报表有关项目等所做的解释。

A. 资产负债表　　B. 利润表

C. 报表附注　　D. 财务情况说明书

7. 对于人为编造财务报表数据的识别方法是（　　）。

A. 分析重点会计科目　　B. 提出不良资产

C. 项目异动关注法　　D. 分析或有事项

8. 核查销售收入可通过审查（　　）来进行。

A. 企业产品市场份额　　B. 销售合同

C. 企业经营计划　　D. 原材料储备

9. 获得（　　）类型的审计报告结论，其财务报表的可信度值得关注。

A. 标准审计报告　　B. 带强调事项段的无保留意见审计报告

C. 保留意见审计报告　　D. 否定意见审计报告

10. 虚假财务报表识别的起点是（　　）。

A. 调查核实　　B. 基本面分析

C. 解读财务报表附注　　D. 阅读审计报告

11. 资产负债表中净资产的（　　）和未分配利润的期末、期初数的差额应等于利润表的净利润。

A. 实收资本　　B. 资本公积　　C. 盈余公积　　D. 本年利润

12.（　　）项目前后期相比较，如果发生大幅度增长，应核查是否存在诸如资产评估虚假增值、对关联企业投资虚假增值等问题。

A. 实收资本　　B. 资本公积　　C. 盈余公积　　D. 未分配利润

二、多项选择题

1. 虚假财务报表主要包括（　　　）。

A. 错误型　　B. 错报型　　C. 舞弊型

D. 欺诈型　　E. 欺瞒型

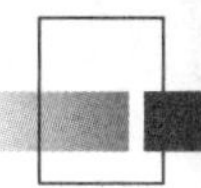

2. 利润最大化的典型操作手法包括（　　　　）。

A. 推迟确认收入　　B. 提前结转成本

C. 资产重组　　D. 关联方交易

3. 利润最小化的典型操作手法包括（　　　　）。

A. 推迟确认收入　　B. 推迟结转成本

C. 加速折旧　　D. 亏损长期挂账

4. 粉饰经营业绩的主要手段包括（　　　　）。

A. 利润最大化　　B. 利润最小化

C. 冲销巨额利润　　D. 高估资产

5. 错误型虚假财务报表的主要成因包括（　　　　）。

A. 会计人员认知错误导致经济业务的遗漏

B. 以非法占有为目的，通过提供虚假信息而进行的金融诈骗

C. 通过有意提供虚假会计资料为企业骗取资金或各种优惠政策

D. 会计人员对会计政策的误解

6. 舞弊型虚假财务报表的表现形式主要包括（　　　　）。

A. 偷逃税款　　B. 报表与账簿记录不相符

C. 虚报盈亏　　D. 故意遗漏重要事项

7. 识别虚假财务报表的一般步骤包括（　　　　）。

A. 阅读审计报告　　B. 分析财务报表附注

C. 分析财务报表　　D. 基本面分析

8. 对于认定为编造虚假财务报表数据的舞弊行为，应采取（　　　　）方法识别。

A. 报表数据勾稽法　　B. 项目异动关注法

C. 现场调查　　D. 行业比较分析

9. 在采用报表数据勾稽法进行报表识别时，主要应关注（　　　　）。

A. 主表之间的勾稽关系　　B. 主表与附表勾稽关系

C. 报表与附注的联系　　D. 报表与审计报告的关系

10. 对于因会计方法选择造成的虚假财务报表，应采用（　　　　）方法进行深入分析识别。

A. 分析重点会计科目　　B. 剔除不良资产

C. 剔除偶然性因素　　D. 分析或有事项

11. 根据上市公司财务报表反映其财务状况、经营成果和资金变动情况的真实程度，注册会计师通常会出具下列（　　　　）类型的审计报告。

A. 标准审计报告　　B. 带强调事项段的无保留意见审计报告
C. 保留意见审计报告　　D. 无法表示意见的审计报告

12. 企业粉饰财务报表常用的科目主要有（　　）。

A. 应收账款　　B. 其他应收款　　C. 其他应付款　　D. 存货

三、判断题

1. 虚假财务报表是指由企业提供的、有意不遵循会计准则、财务信息被欺瞒或被扭曲的财务报表。（　　）

2. 舞弊型虚假财务报表的形成主要是由于会计人员素质较低引起的。（　　）

3. 高估负债可以从形式上降低企业财务风险，有利于企业对外筹资。（　　）

4. 提供虚假财务报表会破坏证券市场资金融通的功能。（　　）

5. 利润最小化会导致企业多纳税。（　　）

6. 将企业应收账款项目和营业收入项目前后期相比较，如果出现大幅度增长现象，则企业有可能隐瞒收入，虚减利润。（　　）

7. 对于“应收账款”科目而言，如果该科目金额过大，而公司收入又很少，那么这家企业就可能存在抽逃出资等问题。（　　）

8. 偶然性因素是指那些来源稳定、经常发生的收益。（　　）

9. 根据会计谨慎性原则，企业尤其应对或有收益进行确认或披露，因为或有收益会对企业的利润产生一定的影响。（　　）

10. 会计准则规定，关联交易应当遵循等价、公平的原则，按照实际成本进行计价。（　　）

综合训练

实训目标：判断财务报表项目的真实性，能够识别虚假财务报表。

实训资料：科达公司公布的 20×3 年度利润表如表 8-3 所示。

表 8-3　科达公司 20×3 年度利润表

单位：元

项目	本期金额	上期金额	增减额	增减/%
营业收入	1 685 949 394.25	1 871 810 461.35	−185 861 067.10	−9.93
营业成本	1 481 856 003.30	1 685 473 327.75	−203 617 324.45	−12.08
销售费用	110 307 812.14	255 711 350.81	−145 403 538.67	−56.86

续表

项目	本期金额	上期金额	增减额	增减/%
管理费用	32 639 934 .64	50 517 266.94	−17 877 332.30	−35.39
研发费用	2 838 255.19	4 392 805.82	−1 554 550.63	35.39
财务费用	23 062 914.16	76 955 925.03	−53 893 010 .87	−70.03
资产减值损失	−7 167 218.48	49 174 683.96	−56 341 902.44	−115.00
净利润	53 178 715.13	−239 387 150.42	292 565 865.55	122.00

实训要求：每个小组分析该报表中哪些项目可能存在舞弊行为，应该采取哪些方法来识别这些项目，判断该公司提供虚假财务报表的动机是什么？上交课业报告，报告需同时提交 PPT 和 Word 电子文档，请在报告封面注明组员的姓名及分工明细情况（注意角色轮换），并准备在班级演示。

延伸阅读

上市公司财务造假案频发：谁放行了股市“李鬼”

万福生科因虚报业绩超 9 亿元被重罚，海联讯等 8 家上市公司因涉嫌收入造假等被立案调查……近年来，少数企业将上市变为“造势”，年报成虚报，股市的“害群之马”使众多中小股民蒙受巨亏。

股市的“绩优股”泡沫究竟有多大？连年亏损的垃圾股靠什么变身“蓝筹”？如何修补制度短板？围绕一系列焦点，“新华视点”记者展开追踪调查。

公司财报“变脸”的背后

实际上，我国股民对编造业绩泡沫并不陌生，“造假四大天王”——琼民源、郑百文、银广夏、蓝田股份，给中国股市带来的创伤仍存。

面对频频被曝出的注水业绩，来自青岛的唐先生十分不解：明明亏损的垃圾股怎么就被包装成“绩优股”了呢？

上交所首席经济学家胡汝银指出，这些上市公司财报“变脸”的背后，均有为之放行的中

介机构——会计师事务所和保荐机构的身影。加上 IPO 审核过程中环环相扣的“可操作地带”，部分心术不正的会计师和保荐人开始寻求“捷径”。

复旦大学会计学系教授李若山认为，万福生科式的造假，稍有会计常识就能发现。不法从业人员之所以与上市公司勾结，不仅仅是出于利益诉求，还与这些“互谋者”被罚后，能够有偿转让业务项目，把违规变成赚钱方式有关。

如何卡住股市“利益之手”？

如何让一些造假企业不再铤而走险？专家表示，唯有制度才能卡住它们背后的“利益之手”。

对涉案机构的追责和力度仍需加强。与万福生科的“从轻发落”类似，圈钱 3 亿元的绿大地，责任人被判 400 万元罚款后仅获缓刑，与上市获得的巨大利益极不相称。

造假背后的“合谋者”——为其包装的投行和会计师事务所也应被严厉处罚，促使其勤勉尽责。记者调查发现，一些造假案中涉及的会计师事务所，有的通过事务所合并或者个人跳槽，继续执业并有偿转让业务。

项目九

综合案例分析——企业财务状况质量的综合分析

学习目标

知识目标

1. 了解上市公司资料搜集途径、审计报告类型和措辞等内容；

2. 掌握主要报表初步分析、报表重点项目分析、基本财务比率分析等内容；

3. 掌握总体财务状况评价内容。

能力目标

1. 能对上市公司进行基本的财务状况质量综合分析；

2. 能够综合运用财务报表分析所学知识，初步具有对已经编成的财务报表进行深度挖掘，从中提炼出对决策或管理有用信息的能力。

素养目标

1. 培养学生在财务分析工作中树立全面观念，增强信息搜集、财务数据处理能力，提高诚信服务意识；

2. 增强学生夯实专业，遵守法律法规，维护国家制度的意识；

3. 坚定中国特色社会主义制度自信及社会主义核心价值观。

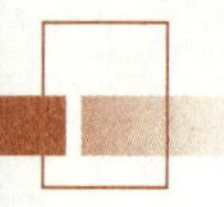

企业财务状况质量（The Quality of the Financial Situation of Enterprises）

综合分析（Comprehensive Analysis）

角色：经营者

杨敏是万科公司财务部经理助理，20×2 年年报报出后，经理要求她对财务报表作出全面分析，为以后的经营决策提供参考。她要对公司报表进行全面分析，需要完成的具体任务如下：

任务 9.1　收集资料

任务 9.2　背景分析

任务 9.3　关注审计报告的类型和措辞

任务 9.4　主要报表初步分析

任务 9.5　报表重点项目分析

任务 9.6　基本财务比率分析

任务 9.7　总体财务状况评价

任务 9.1　收集资料

综合案例分析评价标准

杨敏首先根据上市公司公开资料整理好 20×2 年万科企业股份有限公司主要报表（如表 9-1～表 9-3 所示）及附注资料。

表 9-1　合并资产负债表

20×2 年 12 月 31 日

编制单位：万科企业股份有限公司　　　　单位：百万元　币种：人民币

项目	20×2年12月31日	20×1年12月31日
流动资产：		
货币资金	52 291.54	34 239.51
应收账款	1 886.55	1 514.81
预付款项	33 373.61	20 116.22
其他应收款	20 057.92	18 440.61
存货	255 164.11	208 335.49
流动资产合计	362 773.74	282 646.65
非流动资产：		
其他权益工具投资	4.76	441.26
长期股权投资	7 040.31	6 426.49
投资性房地产	2 375.23	1 126.11
固定资产	1 612.26	1 595.86
在建工程	1 051.12	705.55
无形资产	426.85	435.47
商誉	201.69	
长期待摊费用	42.32	41
递延所得税资产	3 054.86	2 326.24
其他非流动资产	218.49	463.79
非流动资产合计	16 027.88	13 561.79
资产合计	378 801.62	296 208.44
流动负债：		
短期借款	9 932.40	1 724.45
交易性金融负债	25.76	17.04
应付票据	4 977.13	31.25
应付账款	44 861.00	29 745.81
预收款项	131 023.98	111 101.72
应付职工薪酬	2 177.75	1 690.35
应交税费	4 515.59	4 078.62
其他应付款	36 695.01	30 489.09

续表

项目	20×2年12月31日	20×1年12月31日
一年内到期的非流动负债	25 624.96	21 845.83
流动负债合计	259 833.57	200 724.16
非流动负债：		
长期借款	36 036.07	20 971.96
应付债券		5 850.40
预计负债	44.29	38.68
其他非流动负债	15.68	11.80
递延所得税负债	733.81	778.91
非流动负债合计	36 829.85	27 651.74
负债合计	296 663.42	228 375.90
所有者权益：		
股本	10 995.55	10 995.21
资本公积	8 683.86	8 843.46
盈余公积	17 017.05	13 648.73
未分配利润	26 688.10	18 934.62
外币报表折算差额	440.99	545.78
归属于母公司所有者权益合计	63 825.55	52 967.80
少数股东权益	18 312.64	14 864.74
所有者权益合计	82 138.19	67 832.54
负债和所有者权益总计	378 801.62	296 208.44

表 9-2　合并利润表

编制单位：万科企业股份有限公司　　　　单位：百万元　币种：人民币

项目	20×2年	20×1年
一、营业总收入	103 116.25	71 782.75
减：营业成本	65 421.61	43 228.16
税金及附加	10 916.30	7 778.79
销售费用	3 056.38	2 556.78
管理费用	2 502.31	2 321.21
研发费用	278.00	257.00

续表

项目	20×2年	20×1年
财务费用	764.76	509.81
加：投资收益	928.69	699.72
其中：对联营企业和合营企业的投资收益	889.79	643.99
公允价值变动收益	−8.72	−2.87
资产减值损失	−83.82	−64.63
二、营业利润	21 013.04	15 763.22
加：营业外收入	144.65	76.19
减：营业外支出	87.50	33.52
其中：非流动资产处置损失	6.07	1.14
三、利润总额	21 070.19	15 805.88
减：所得税费用	5 407.60	4 206.28
四、净利润	15 662.59	11 599.61
五、每股收益		
（一）基本每股收益	1.14	0.88
（二）稀释每股收益	1.14	0.88

表 9-3　合并现金流量表

编制单位：万科企业股份有限公司　　　　　　单位：百万元　币种：人民币

项目	20×2年1—12月	20×1年1—12月
一、经营活动产生的现金流量：		
销售商品、提供劳务收到的现金	116 108.84	103 648.87
收到其他与经营活动有关的现金	5 480.59	6 894.67
经营活动现金流入小计	121 589.43	110 543.54
购买商品、接受劳务支付的现金	87 323.65	84 918.24
支付给职工以及为职工支付的现金	2 908.88	2 480.85
支付的各项税费	18 081.57	14 698.13
支付其他与经营活动有关的现金	9 549.37	5 056.90
经营活动现金流出小计	117 863.47	107 154.12
经营活动产生的现金流量净额	3 725.96	3 389.42

续表

项目	20×2年1—12月	20×1年1—12月
二、投资活动产生的现金流量：		
收回投资收到的现金	12.00	207.89
取得投资收益收到的现金	167.18	18.76
处置固定资产、无形资产和其他长期资产收回的现金净额	1.53	1.11
收到其他与投资活动有关的现金	998.80	637.60
投资活动现金流入小计	1 179.51	865.37
购建固定资产、无形资产和其他长期资产支付的现金	150.67	261.56
投资支付的现金	500.45	1 195.07
取得子公司及其他营业单位支付的现金净额	2 860.84	4 075.84
支付其他与投资活动有关的现金	121.00	985.47
投资活动现金流出小计	3 632.96	6 517.94
投资活动产生的现金流量净额	−2 453.45	−5 652.57
三、筹资活动产生的现金流量：		
吸收投资收到的现金	2 991.12	3 904.94
取得借款收到的现金	47 477.33	23 574.58
筹资活动现金流入小计	50 468.46	27 479.52
偿还债务支付的现金	26 864.42	19 974.61
分配股利、利润或偿付利息支付的现金	7 318.53	6 698.05
筹资活动现金流出小计	34 182.95	26 672.66
筹资活动产生的现金流量净额	16 285.51	806.86
四、汇率变动对现金及现金等价物的影响	−51.90	−26.54
五、现金及现金等价物净增加额	17 506.11	−1 482.82
加：期初现金及现金等价物余额	33 614.11	35 096.94
六、期末现金及现金等价物余额	51 120.22	33 614.11

万科公司20×2年财务报表附注七资料整理如下：

1. 货币资金（表 9–4）

表 9–4　货 币 资 金

项目	20×2年12月31日				20×1年12月31日			
	币种	原币	折算汇率	折合人民币	币种	原币	折算汇率	折合人民币
现金	人民币	1 552 448.35	1.000 0	1 552 448.35	人民币	1 710 172.80	1.000 0	1 710 172.80
	美元	572.33	6.285 5	3 597.38	美元	572.33	6.300 9	3 606.19
	港币	44 300.13	0.810 85	35 920.76	港币	32 322.87	0.810 7	26 204.15
小计				1 591 966.49				1 739 983.14
银行存款	人民币	50 637 761 737.82	1.000 0	50 637 761 737.82	人民币	33 247 735 315.47	1.000 0	33 247 735 315.47
	美元	207 740 466.05	6.285 5	1 305 827 880.68	美元	153 503 162.43	6.300 9	967 208 076.14
	港币	410 864 037.40	0.810 85	333 169 647.94	港币	15 609 551.86	0.810 7	12 654 663.69
	日元	—	—	—	日元	17 063 884.96	0.081 1	1 383 881.07
小计				52 276 759 266.44				34 228 981 936.37
其他货币资金	人民币	13 190 822.56	1.000 0	13 190 822.56	人民币	8 792 375.57	1.000 0	8 792 375.57
小计				13 190 822.56				8 792 375.57
合计				52 291 542 055.49				34 239 514 295.08

其他货币资金为物业项目维护基金（见附注（七）29 其他非流动负债）。银行存款中含有受限使用三个月以上资金为人民币 1 171 318 104.61 元（20×1 年：人民币 625 402 771.77 元）和募集专项资金人民币 105 095 089.00 元（20×1 年：人民币 119 790 832.99 元）。存放境外货币资金：香港公司境外账户银行存款美元 98 547 723.13 元（20×1 年：美元 66 677 023.37 元），港币 399 969 356.65 元（20×1 年：港币 3 999 571.56 元），共计折合人民币 943 791 953.12 元（20×1 年：人民币 423 367 709.22 元）。

2. 应收账款（表 9–5）

按照应收账款的账龄分类列示如下：

表 9–5 应 收 账 款

单位：元

账龄	20×2年12月31日	20×1年12月31日
1年以内（含1年）	1 682 745 521.12	1 387 718 287.48
1~2年（含2年）	154 308 342.94	128 306 750.65
2~3年（含3年）	55 874 335.33	17 559 804.52
3年以上	22 376 199.66	9 077 968.27
小计	1 915 304 399.05	1 542 662 810.92
减：坏账准备	28 755 875.56	27 849 029.82
合计	1 886 548 523.49	1 514 813 781.10

账龄自应收账款确认日起开始计算。

本集团本年度无终止确认的应收款项情况（20×1 年：无）。

本集团无以应收款项为标的进行证券化的交易（20×1 年：无）。

3. 预付款项（表 9–6）

预付款项账龄分析如下：

表 9–6 预 付 款 项

单位：元

账龄	20×2年12月31日		20×1年12月31日	
	金额	比例/%	金额	比例/%
1年以内（含1年）	29 074 385 403.28	87.12	18 355 483 868.55	91.25
1~2年（含2年）	3 863 103 952.18	11.58	848 253 870.13	4.22

续表

账龄	20×2年12月31日		20×1年12月31日	
	金额	比例/%	金额	比例/%
2~3年（含3年）	111 084 969.19	0.33	66 597 341.75	0.33
3年以上	325 037 610.43	0.97	845 883 962.88	4.20
合计	33 373 611 935.08	100.00	20 116 219 043.31	100.00

账龄自预付款项确认日起开始计算。

预付款项主要包括预付地价款、土地保证金、预缴税费、工程款及设计费等。账龄超过一年的预付款项，主要因土地未交付。

4. 其他应收款（表 9–7）

按照其他应收款的账龄分类列示如下：

表 9–7　其他应收款

单位：元

账龄	20×2年12月31日	20×1年12月31日
1年以内（含1年）	14 201 663 469.46	14 824 510 513.14
1~2年（含2年）	3 544 605 362.74	3 100 741 852.88
2~3年（含3年）	2 263 164 776.50	444 363 861.67
3年以上	359 007 838.20	297 612 315.36
小计	20 368 441 446.90	18 667 228 543.05
减：坏账准备	310 519 610.66	226 614 376.51
合计	20 057 921 836.24	18 440 614 166.54

5. 存货（表 9–8）

存货分类列示如下：

表 9–8　存　　货

单位：元

项目	20×2年12月31日			20×1年12月31日		
	账面余额	跌价准备	账面价值	账面余额	跌价准备	账面价值
已完工开发产品	16 001 236 290.78	7 407 412.00	15 993 828 878.78	7 246 793 726.11	7 407 412.00	7 239 386 314.11
在建开发产品	162 218 787 944.61	—	162 218 787 944.61	138 004 684 552.84	—	138 004 684 552.84
拟开发产品	76 733 826 056.15	—	76 733 826 056.15	62 985 175 628.00	—	62 985 175 628.00
其他	217 670 105.53	—	217 670 105.53	106 247 074.21	—	106 247 074.21
合计	255 171 520 397.07	7 407 412.00	255 164 112 985.07	208 342 900 981.16	7 407 412.00	208 335 493 569.16

本年计入存货成本的资本化借款费用为人民币 4 028 197 200.18 元（20×1 年：人民币 2 939 252 992.99 元）。于 20×2 年 12 月 31 日，上述存货中用于长期借款、一年内到期的非流动负债及短期借款抵押的存货价值为人民币 111 亿元（20×1 年 12 月 31 日：人民币 35 亿元）。

6. 其他权益工具投资

出于战略目的而计划长期持有的权益投资，本集团将其指定为以公允价值计量且其变动计入其他综合收益的金融资产。

7. 长期股权投资（表 9–9）

长期股权投资分类如下：

表 9–9　长期股权投资

单位：元

项目	20×2年12月31日	20×1年12月31日
对合营企业的投资	4 043 247 292.97	4 183 141 796.74
对联营企业的投资	2 915 843 932.44	2 160 823 995.27
其他长期股权投资	81 215 238.88	82 528 707.64
小计	7 040 306 464.29	6 426 494 499.65
减：减值准备	—	—
合计	7 040 306 464.29	6 426 494 499.65

8. 投资性房地产（表 9–10）

按成本计量的投资性房地产列示如下：

表 9–10　投资性房地产

单位：元

项目	年初账面余额	本年增加	本年减少	年末账面余额
一、账面原值 房屋、建筑物	1 155 944 532.03	1 286 080 300.21	12 696 123.78	2 429 328 708.46
二、累计折旧和累计摊销 房屋、建筑物	29 839 081.03	24 807 635.34	546 363.70	54 100 352.67
三、投资性房地产账面净值 房屋、建筑物	1 126 105 451.00	1 261 272 664.87	12 149 760.08	2 375 228 355.79
四、投资性房地产账面价值 房屋、建筑物	1 126 105 451.00	1 261 272 664.87	12 149 760.08	2 375 228 355.79

本年折旧和摊销额人民币 24 807 635.34 元（20×1 年：人民币 8 614 556.15 元）。

本集团本年未计提减值准备（20×1 年：无）。

本集团没有按公允价值计量的投资性房地产（20×1 年：无）。

9. 固定资产（表 9–11）

按照固定资产类别分类列示如下：

表 9-11　固定资产

单位：元

项目		酒店、房屋及建筑物	装修费	机器设备	运输工具	电子设备	其他设备	合计
账面原值	年初余额	1 654 118 982.73	52 596 075.20	51 414 969.86	125 982 774.72	190 420 049.56	46 658 918.78	2 121 191 770.85
	本年增加	114 572 677.81	1 772 072.42	5 130 238.84	13 473 777.09	31 214 910.46	9 649 532.06	175 813 208.68
	本年减少	51 374 716.00	2 875 901.15	859 392.00	10 140 342.43	11 767 033.42	2 945 506.39	79 962 891.39
	年末余额	1 717 316 944.54	51 492 246.47	55 685 816.70	129 316 209.38	209 867 926.60	53 362 944.45	2 217 042 088.14
累计折旧	年初余额	257 373 934.66	37 286 582.39	13 845 866.71	70 751 672.17	122 849 498.50	23 221 482.47	525 329 036.90
	本年增加	71 083 622.95	6 715 708.67	4 216 206.54	15 841 107.67	25 193 436.78	6 707 408.79	129 757 491.40
	本年减少	26 588 705.53	2 619 577.45	386 198.90	7 858 893.78	10 347 921.89	2 500 344.83	50 301 642.38
	年末余额	301 868 852.08	41 382 713.61	17 675 874.35	78 733 886.06	137 695 013.39	27 428 546.43	604 784 885.92
净额	年末余额	1 415 448 092.46	10 109 532.86	38 009 942.35	50 582 323.32	72 172 913.21	25 934 398.02	1 612 257 202.22
	年初余额	1 396 745 048.07	15 309 492.81	37 569 103.15	55 231 102.55	67 570 551.06	23 437 436.31	1 595 862 733.95

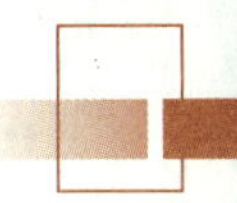

本年折旧额人民币 129 757 491.40 元（20×1 年：人民币 104 833 204.69 元）。

本年由在建工程转入固定资产原价为人民币 32 464 161.20 元（20×1 年：人民币 347 906 538.54 元）。

10. 长期待摊费用（表 9-12）

长期待摊费用分项目列示如下：

表 9-12　长期待摊费用

单位：元

项目	年初余额	本年增加	本年摊销额	年末余额
租赁费	10 778 669.60	280 138.74	433 905.81	10 624 902.53
经营租赁的固定资产改良支出	15 775 994.91	17 372 724.61	11 278 484.17	21 870 235.35
其他	14 444 694.94	1 620 206.93	6 243 387.72	9 821 514.15
合计	40 999 359.45	19 273 070.28	17 955 777.70	42 316 652.03

11. 短期借款（表 9-13）

（1）短期借款分类如下：

表 9-13　短 期 借 款

单位：元

种类	20×2年12月31日		20×1年12月31日	
	原币	折人民币	原币	折人民币
1. 银行借款				
信用借款——人民币	1 257 735 517.06	1 257 735 517.06	1 574 446 469.54	1 574 446 469.54
抵押借款*——人民币	9 097 015.11	9 097 015.11	150 000 000.00	150 000 000.00
小计		1 266 832 532.17		1 724 446 469.54
2. 其他借款				
信用借款——人民币	8 665 567 708.33	8 665 567 708.33		
小计		8 665 567 708.33		
合计		9 932 400 240.50		1 724 446 469.54

* 以上抵押借款主要由本集团的存货作为抵押。

上述余额中，无从持有本公司 5%（含 5%）以上表决权股份的股东取得的短期借款（20×1 年：无）。

上述余额中，无从本公司关联方取得的短期借款（20×1 年：无）。

（2）本集团本年年末无已到期但未偿还的短期借款情况（20×1 年：无）。

12. 交易性金融负债（表 9–14）

交易性金融负债金额如下：

表 9–14　交易性金融负债

单位：元

项目	20×2年12月31日公允价值	20×1年12月31日公允价值
交易性金融负债	25 761 017.27	17 041 784.19

本集团于 20×1 年 12 月 31 日及 20×2 年 12 月 31 日的交易性金融负债为利率互换契约。

13. 应付票据（表 9–15）

应付票据分类如下：

表 9–15　应 付 票 据

单位：元

项目	20×2年12月31日	20×1年12月31日
商业承兑汇票	4 977 131 435.22	—
银行承兑汇票	—	31 250 000.41
合计	4 977 131 435.22	31 250 000.41

上述金额均为一年内到期的应付票据。

14. 应付账款（表 9–16）

（1）应付账款分类如下：

表 9–16　应 付 账 款

单位：元

项目	20×2年12月31日	20×1年12月31日
应付地价	11 648 847 608.01	9 839 191 605.35
应付及预提工程款	32 459 143 370.93	19 353 838 939.09
质量保证金	450 834 577.58	299 892 313.19
应付及预提销售佣金	184 685 620.98	156 637 034.12
其他	117 484 539.47	96 253 524.37
合计	44 860 995 716.97	29 745 813 416.12

（2）本报告期应付账款中，没有应付持有公司5%（含5%）以上表决权股份的股东单位或关联方的款项。

本集团账龄超过一年的应付账款主要为尚未支付的工程款、地价款、质量保证金等。

15. 应交税费（表 9–17）

应交税费分项列示如下：

表 9–17　应交税费

单位：元

项目	20×2年12月31日	20×1年12月31日
企业所得税	2 873 002 465.70	2 423 046 342.16
土地增值税	1 412 974 526.29	1 172 070 128.06
个人所得税	20 675 313.98	22 670 992.19
城市维护建设税	28 861 127.70	30 927 962.08
教育费附加	43 061 643.66	24 119 269.54
房产税	5 263 810.59	2 940 915.06
增值税	111 089 741.23	373 673 455.38
其他	20 660 285.09	29 169 092.34
合计	4 515 588 914.24	4 078 618 156.81

本年预缴税费人民币 9 506 484 920.63 元（20×1 年：人民币 8 778 575 255.21 元），计入了预付款项。

16. 未分配利润（表 9–18）

未分配利润分配情况如下：

表 9–18　未分配利润

单位：元

项目	金额	提取或分配比例
年初未分配利润	18 934 617 430.43	
加：本年归属于母公司股东的净利润	12 551 182 392.23	
减：提取法定盈余公积	561 387 321.26	4.47%
提取任意盈余公积	2 806 936 606.29	22.36%
分配普通股股利	1 429 377 328.34	
年末未分配利润	26 688 098 566.77	

子公司本年提取的归属于母公司的盈余公积为人民币 1 017 538 039.45 元（20×1 年：人民币 731 900 728.99 元）。

截至 20×2 年 12 月 31 日，本集团的未分配利润中包含了本公司的子公司盈余公积中归属于母公司的部分人民币 4 973 161 395.18 元（20×1 年 12 月 31 日：人民币 3 955 623 355.73 元）。

17. 营业收入及成本（表 9–19）

营业收入及成本情况如下：

表 9–19 营业收入及成本

单位：元

项目	20×2年	20×1年
主营业务收入	102 439 039 795.54	71 219 771 782.79
其他业务收入	677 205 340.88	562 978 017.89
营业总收入	103 116 245 136.42	71 782 749 800.68
营业成本	65 421 614 348.00	43 228 163 602.13

其他业务收入包括本公司收取合营联营公司的运营管理费人民币 295 786 878.32 元（20×1 年：人民币 198 102 689.89 元）。

18. 税金及附加（表 9–20）

税金及附加分项列示如下：

表 9–20 税金及附加

单位：元

项目	20×2年	20×1年
增值税	5 359 553 105.54	3 556 855 483.12
城市维护建设税	354 986 429.14	187 090 388.37
教育费附加	223 454 285.06	123 411 895.80
土地增值税	4 659 966 213.06	3 705 432 455.56
其他	318 337 504.30	205 995 863.64
合计	10 916 297 537.10	7 778 786 086.49

19. 销售费用（表 9–21）

销售费用情况如下：

表 9-21　销 售 费 用

单位：元

项目	20×2年	20×1年
品牌宣传推广费用*	1 156 355 401.09	899 481 271.19
销售代理费用及佣金	714 242 334.80	625 104 451.70
其他	1 185 779 921.01	1 032 189 339.37
合计	3 056 377 656.90	2 556 775 062.26

* 品牌宣传推广费用是指公司为宣传所注册的商标，以及为宣传以这些商标为标识的商品房及相关服务所支付的费用，包括利用各种媒体发布广告宣传、开展各种促销、推广活动而支付的费用。

20. 管理费用（表 9–22）

管理费用情况如下：

表 9-22　管 理 费 用

单位：元

项目	20×2年	20×1年
人工与行政费用	2 316 480 753.42	2 207 023 405.54
财产费用	437 011 981.55	332 090 189.73
其他	26 815 306.13	39 101 047.03
合计	2 780 308 041.10	2 578 214 642.30

21. 研发费用（表 9–23）

研发费用情况如下：

表 9-23　研 发 费 用

单位：元

项目	20×2年	20×1年
人员人工	111 195 139.71	102 797 811.49
直接投入	55 602 468.27	51 402 875.61
设计费用	111 204 867.70	102 805 764.25
合计	278 002 475.68	257 006 451.35

22. 财务费用（表 9–24）

财务费用情况如下：

表 9-24　财 务 费 用

单位：元

项目	20×2年	20×1年
利息支出	5 782 312 212.80	4 208 213 797.02
减：资本化利息	4 042 897 939.86	2 955 859 710.67
净利息支出	1 739 414 272.94	1 252 354 086.35
减：利息收入	981 158 154.70	801 676 933.11
利息收支净额	758 256 118.24	450 677 153.24
汇兑损益	−58 951 101.08	−29 370 236.19
其他	65 452 174.52	88 506 061.57
合计	764 757 191.68	509 812 978.62

23. 资产减值损失（表 9-25）

资产减值损失情况如下：

表 9-25　资产减值损失

单位：元

项目	20×2年	20×1年
一、坏账损失	83 818 288.19	64 627 174.84
二、存货跌价冲回	—	—
合计	83 818 288.19	64 627 174.84

24. 营业外收入（表 9-26）

营业外收入情况如下：

表 9-26　营业外收入

单位：元

项目	本期发生额	上期发生额	计入当期非经常性损益的金额
非流动资产处置利得合计	1 398 315.72	4 044 914.88	1 398 315.72
其中：固定资产处置利得	1 398 315.72	4 044 914.88	1 398 315.72
罚款收入	29 819 402.64	14 352 893.73	29 819 402.64
没收订金及违约金收入	38 334 796.67	13 423 614.45	38 334 796.67
其他	75 092 658.09	44 365 255.36	75 092 658.09
合计	144 645 173.12	76 186 678.42	144 645 173.12

25. 营业外支出（表 9–27）

营业外支出情况如下：

表 9–27　营业外支出

单位：元

项目	本期发生额	上期发生额	计入当期非经常性损益的金额
非流动资产处置损失合计	6 068 873.87	1 144 283.45	6 068 873.87
其中：固定资产处置损失	6 068 873.87	1 144 283.45	6 068 873.87
对外捐赠	48 907 386.87	5 530 360.50	48 907 386.87
罚款及滞纳金支出	9 272 898.85	7 941 396.23	9 272 898.85
赔偿或补偿	15 779 450.57	11 132 401.82	15 779 450.57
其他	7 472 218.91	7 772 513.29	7 472 218.91
合计	87 500 829.07	33 520 955.29	87 500 829.07

26. 所得税费用（表 9–28）

所得税费用情况如下：

表 9–28　所得税费用

单位：元

项目	20×2年	20×1年
当期所得税费用	6 172 181 580.84	4 858 571 820.07
其中：当年产生的所得税费用	6 172 181 580.84	4 858 571 820.07
递延所得税费用	−764 584 865.79	−652 295 611.52
合计	5 407 596 715.05	4 206 276 208.55

针对任务 9.2~ 任务 9.7，杨敏根据资料及所学方法完成万科企业股份有限公司财务状况质量的综合分析。

提示

为了正确判断，最好还能收集万科公司过去的财务报告以及类似于万科公司的其他企业财务报告进行财务状况质量的综合分析。

任务9.2　背景分析

1. 企业提供的年度报告的详略程度

该年度报告刊登于证监会指定的信息披露媒体上，既包括上市公司自身的个别报表，也包括合并报表；在重点披露合并报表附注的同时，还披露了母公司的报表附注。披露信息较为详细。

2. 企业的基本情况、生产经营特点以及所处行业分析

从年报中可以了解到：公司主要从事房地产业，20×2 年销售额超过 1 400 亿元，比上年略有增长，实现净利润 156.63 亿元，公司销售规模持续居全球同行业首位。

当前房地产面临的形势严峻复杂，欧债危机蔓延，导致发达国家的经济持续低迷，增长乏力，发展中国家经济增速回落，我国经济增速放缓，下行的压力非常大，包括房地产业在内，也遇到了一些突出问题。政府大力抑制投资投机性需求，严格差别化信贷，实施增加普遍性商品房和普遍安居性住房的措施，加大房地产的调控。在政策法规的影响方面，由于国家对房地产业的调控，公司可能会面临一些政策或制度性限制。但是，其行业内的领先地位决定了公司受这方面因素的不利影响不会太大。

3. 经营战略

在多年的经营中，万科坚持“不囤地、不捂盘、不拿地王”的经营原则；实行快速周转、快速开发，依靠专业能力获取公平回报的经营策略。产品始终定位于城市主流住宅市场，一直致力于为城市普通家庭提供住房，坚持依靠专业能力获取公平回报的经营策略。

4. 企业发展沿革

万科企业股份有限公司成立于 1984 年，1988 年进入房地产行业，1991 年成为深圳证券交易所第二家上市公司。经过 20 多年的发展，万科已经成为国内最大的住宅开发企业。

任务9.3　关注审计报告的类型和措辞

注册会计师对企业出具的是一个标准无保留意见的审计报告。这就是说，注册会计师认为，企业的财务报告符合以下条件：

（1）财务报表的编制符合《企业会计准则》和国家其他财务会计法规的规定。

（2）财务报表在所有重要方面恰当地反映了被审计单位的财务状况、经营成果和资金变动情况。

（3）会计处理方法遵循了一致性原则。

（4）注册会计师已按照独立审计原则的要求，完成了预定的审计程序，在审计过程中未受阻碍和限制。

（5）不存在影响财务报表的重要的未确定事项。

（6）不存在应调整而被审计单位未予调整的重要事项。

任务9.4　主要报表初步分析

资产负债表水平分析

1. 资产负债表初步分析

资产负债表初步分析见表9–29、表9–30。

表9–29　资产负债表水平分析表

项目	20×2年年末/百万元	20×1年年末/百万元	增减额/百万元	增减幅度/%
流动资产：				
货币资金	52 291.54	34 239.51	18 052.03	52.72
应收账款	1 886.55	1 514.81	371.74	24.54
预付款项	33 373.61	20 116.22	13 257.39	65.90
其他应收款	20 057.92	18 440.61	1 617.31	8.77
存货	255 164.11	208 335.49	46 828.62	22.48
流动资产合计	362 773.74	282 646.65	80 127.09	28.35
非流动资产：				
其他权益工具投资	4.76	441.26	−436.50	−98.92
长期股权投资	7 040.31	6 426.49	613.82	9.55
投资性房地产	2 375.23	1 126.11	1 249.12	110.92
固定资产	1 612.26	1 595.86	16.40	1.03

续表

项目	20×2年年末/百万元	20×1年年末/百万元	增减额/百万元	增减幅度/%
在建工程	1 051.12	705.55	345.57	48.98
无形资产	426.85	435.47	−8.62	−1.98
商誉	201.69		201.69	
长期待摊费用	42.32	41	1.32	3.22
递延所得税资产	3 054.86	2 326.24	728.62	31.32
其他非流动资产	218.49	463.79	−245.30	−52.89
非流动资产合计	16 027.88	13 561.79	2 466.09	18.18
资产合计	378 801.62	296 208.44	82 593.18	27.88
流动负债：				
短期借款	9 932.40	1 724.45	8 207.95	475.97
交易性金融负债	25.76	17.04	8.72	51.17
应付票据	4 977.13	31.25	4 945.88	158.27
应付账款	44 861.00	29 745.81	15 115.19	50.81
预收款项	131 023.98	111 101.72	19 922.26	17.93
应付职工薪酬	2 177.75	1 690.35	487.40	28.83
应交税费	4 515.59	4 078.62	436.97	10.71
其他应付款	36 695.01	30 489.09	6 205.92	20.35
一年内到期的非流动负债	25 624.96	21 845.83	3 779.13	17.30
流动负债合计	259 833.57	200 724.16	59 109.41	29.45
非流动负债：				
长期借款	36 036.07	20 971.96	15 064.11	71.83
应付债券		5 850.40	−5 850.40	−100.00
预计负债	44.29	38.68	5.61	14.50
其他非流动负债	15.68	11.80	3.88	32.88
递延所得税负债	733.81	778.91	−45.10	−5.79
非流动负债合计	36 829.85	27 651.74	9 178.11	33.19
负债合计	296 663.42	228 375.90	68 287.52	29.90
所有者权益				
股本	10 995.55	10 995.21	0.34	
资本公积	8 683.86	8 843.46	−159.60	−1.80

续表

项目	20×2年年末/百万元	20×1年年末/百万元	增减额/百万元	增减幅度/%
盈余公积	17 017.05	13 648.73	3 368.32	24.68
未分配利润	26 688.10	18 934.62	7 753.48	40.95
外币报表折算差额	440.99	545.78	−104.79	−19.20
归属于母公司所有者权益合计	63 825.55	52 967.80	10 857.75	20.50
少数股东权益	18 312.64	14 864.74	3 447.90	23.20
所有者权益合计	82 138.19	67 832.54	14 305.65	21.09
负债和所有者权益总计	378 801.62	296 208.44	82 593.18	27.88

资产负债表垂直分析

表 9-30　资产负债表垂直分析表

项目	年份		结构百分比/%		
	20×2年年末/百万元	20×1年年末/百万元	20×2年	20×1年	差异
流动资产：					
货币资金	52 291.54	34 239.51	13.80	11.56	2.25
应收账款	1 886.55	1 514.81	0.50	0.51	−0.01
预付款项	33 373.61	20 116.22	8.81	6.79	2.02
其他应收款	20 057.92	18 440.61	5.30	6.23	−0.93
存货	255 164.11	208 335.49	67.36	70.33	−2.97
流动资产合计	362 773.74	282 646.65	95.77	95.42	0.35
非流动资产：					
其他权益工具投资	4.76	441.26		0.15	−0.15
长期股权投资	7 040.31	6 426.49	1.86	2.17	−0.31
投资性房地产	2 375.23	1 126.11	0.63	0.38	0.25
固定资产	1 612.26	1 595.86	0.43	0.54	−0.11
在建工程	1 051.12	705.55	0.28	0.24	0.04
无形资产	426.85	435.47	0.11	0.15	−0.03

续表

项目	年份		结构百分比/%		
	20×2年年末/百万元	20×1年年末/百万元	20×2年	20×1年	差异
商誉	201.69		0.05		0.05
长期待摊费用	42.32	41	0.01	0.01	
递延所得税资产	3 054.86	2 326.24	0.81	0.79	0.02
其他非流动资产	218.49	463.79	0.06	0.16	−0.10
非流动资产合计	16 027.88	13 561.79	4.23	4.58	−0.35
资产合计	378 801.62	296 208.44	100.00	100.00	
流动负债：					
短期借款	9 932.40	1 724.45	2.62	0.58	2.04
交易性金融负债	25.76	17.04	0.01	0.01	
应付票据	4 977.13	31.25	1.31	0.01	1.30
应付账款	44 861.00	29 745.81	11.84	10.04	1.80
预收款项	131 023.98	111 101.72	34.59	37.51	−2.92
应付职工薪酬	2 177.75	1 690.35	0.57	0.57	
应交税费	4 515.59	4 078.62	1.19	1.38	−0.18
其他应付款	36 695.01	30 489.09	9.69	10.29	−0.61
一年内到期的非流动负债	25 624.96	21 845.83	6.76	7.38	−0.61
流动负债合计	259 833.57	200 724.16	68.59	67.76	0.83
非流动负债：					
长期借款	36 036.07	20 971.96	9.51	7.08	2.43
应付债券		5 850.40		1.98	−1.98
预计负债	44.29	38.68	0.01	0.01	
其他非流动负债	15.68	11.80			
递延所得税负债	733.81	778.91	0.19	0.26	−0.07
非流动负债合计	36 829.85	27 651.74	9.72	9.34	0.39
负债合计	296 663.42	228 375.90	78.32	77.10	1.22

续表

项目	年份		结构百分比/%		
	20×2年年末/百万元	20×1年年末/百万元	20×2年	20×1年	差异
所有者权益					
股本	10 995.55	10 995.21	2.90	3.71	−0.81
资本公积	8 683.86	8 843.46	2.29	2.99	−0.69
盈余公积	17 017.05	13 648.73	4.49	4.61	−0.12
未分配利润	26 688.10	18 934.62	7.05	6.39	0.65
外币报表折算差额	440.99	545.78	0.12	0.18	−0.07
归属于母公司所有者权益合计	63 825.55	52 967.80	16.85	17.88	−1.03
少数股东权益	18 312.64	14 864.74	4.83	5.02	−0.18
所有者权益合计	82 138.19	67 832.54	21.68	22.90	−1.22
负债和所有者权益总计	378 801.62	296 208.44	100.00	100.00	

通过资产负债表水平分析表和垂直分析表，可以看出：

从总量上看，20×2 年年末万科资产总额比年初增加了 82 593.18 百万元，增幅 27.88%，增幅较大。负债增加 68 287.52 百万元，增幅 29.90%，所有者权益增加 14 305.65 百万元，增幅 21.09%，负债增加的金额远远大于所有者权益的增加额。表明资产增长的资金大部分来源于负债，应注意防范财务风险。

从结构上看，资产中占比最大的是流动资产，20×2 年年末达到 95.77%，和年初比只有细微变化。长期股权投资占比 1.86%，规模较小，说明企业的经营性资产占资产的绝大多数，盈利模式是典型的经营主导型。负债占全部资金来源的 78.32%，其中流动负债占全部资金来源的比重为 68.59%，比年初略有增加，资本结构属于高风险的资本结构。

从项目来看，金额或比重较大或其变化较大的项目有货币资金、存货、短期借款、应付票据、应付账款、应付利息、长期借款、未分配利润，因此，应对上述项目重点分析。

2. 利润表初步分析

利润表初步分析见表 9-31、表 9-32。

利润表和现金流量表分析

表 9-31　利润表水平分析表

编制单位：万科企业股份有限公司　　单位：百万元　　币种：人民币

项目	20×2年	20×1年	增减额	增减幅度/%
一、营业总收入	103 116.25	71 782.75	31 333.50	43.65
减：营业成本	65 421.61	43 228.16	22 193.45	51.34
税金及附加	10 916.30	7 778.79	3 137.51	40.33
销售费用	3 056.38	2 556.78	499.60	19.54
管理费用	2 502.31	2 321.21	181.11	7.80
研发费用	278	257	21	8.17
财务费用	764.76	509.81	254.95	50.01
加：投资收益	928.69	699.72	228.97	32.72
其中：对联营企业和合营企业的投资收益	889.79	643.99	245.80	38.17
公允价值变动收益	−8.72	−2.87	−5.85	203.83
资产减值损失	−83.82	−64.63	−19.19	29.69
二、营业利润	21 013.04	15 763.22	5 249.82	33.30
加：营业外收入	144.65	76.19	68.46	89.85
减：营业外支出	87.50	33.52	53.98	161.04
其中：非流动资产处置损失	6.07	1.14	4.93	432.46
三、利润总额	21 070.19	15 805.88	5 264.31	33.31
减：所得税费用	5 407.60	4 206.28	1 201.32	28.56
四、净利润	15 662.59	11 599.61	4 062.98	35.03
五、每股收益				
（一）基本每股收益	1.14	0.88	0.26	29.55
（二）稀释每股收益	1.14	0.88	0.26	29.55

表 9-32　利润表垂直分析表

项目	年份		结构百分比/%		
	20×2年/百万元	20×1年/百万元	20×2年	20×1年	差异
一、营业总收入	103 116.25	71 782.75	100.00	100.00	
其中：营业成本	65 421.61	43 228.16	63.44	60.22	3.22
税金及附加	10 916.30	7 778.79	10.59	10.84	−0.25
销售费用	3 056.38	2 556.78	2.96	3.56	0.60
管理费用	2 502.31	2 321.21	2.43	3.23	−0.80
研发费用	278	257	0.27	0.36	−0.09
财务费用	764.76	509.81	0.74	0.71	0.03
加：投资收益	928.69	699.72	0.90	0.97	−0.07
其中：对联营企业和合营企业的投资收益	889.79	643.99	0.86	0.90	−0.03
公允价值变动收益	−8.72	−2.87	−0.01		
资产减值损失	−83.82	−64.63	−0.08	−0.09	0.01
二、营业利润	21 013.04	15 763.22	20.38	21.96	−1.58
加：营业外收入	144.65	76.19	0.14	0.11	0.03
减：营业外支出	87.50	33.52	0.08	0.05	0.04
其中：非流动资产处置损失	6.07	1.14	0.01		
三、利润总额	21 070.19	15 805.88	20.43	22.02	−1.59
减：所得税费用	5 407.60	4 206.28	5.24	5.86	−0.62
四、净利润	15 662.59	11 599.61	15.19	16.16	−0.97
五、每股收益					
（一）基本每股收益	1.14	0.88			
（二）稀释每股收益	1.14	0.88			

通过编制利润表水平分析表和垂直分析表，可以看到：

20×2 年度净利润为 15 662.59 百万元，比 20×1 年增加 4 062.98 百万元，增幅为 35.03%，初步表明经营效益提高。净利润增加的主要原因是利润总额大幅增加，增加了 5 264.31 百万元，增幅为 33.31%。利润总额增加主要原因是营业利润增加了 5 249.82 百万元。对营业利润进一步

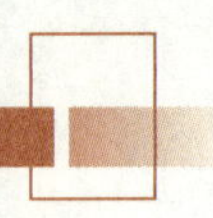

分析，20×2 年营业利润比 20×1 年增加 33.30%，主要原因是营业收入增加 31 333.50 百万元，增幅为 43.65%，虽然营业总成本也增加，但增加的金额小于营业收入的增加。

从利润的构成看，营业利润、利润总额、净利润占营业收入的比重都略有下降，主要原因是营业成本比重提高了，由 20×1 年的 60.22% 提高到 20×2 年的 63.44%，提高了 3.22%。从这点看，盈利能力比上年有所下降。

从具体项目看，金额较大、占比较高或其变化较大的有营业成本和财务费用，应进一步重点分析。

3. 现金流量表初步分析

现金流量表初步分析见表 9-33～表 9-35。

表 9-33 现金流量表水平分析表

项目	20×2年 1—12月 /百万元	20×1年 1—12月 /百万元	增减额 /百万元	增减幅度 /%
一、经营活动产生的现金流量：				
销售商品、提供劳务收到的现金	116 108.84	103 648.87	12 459.97	12.02
收到其他与经营活动有关的现金	5 480.59	6 894.67	−1 414.08	−20.51
经营活动现金流入小计	121 589.43	110 543.54	11 045.89	9.99
购买商品、接受劳务支付的现金	87 323.65	84 918.24	2 405.41	2.83
支付给职工以及为职工支付的现金	2 908.88	2 480.85	428.03	17.25
支付的各项税费	18 081.57	14 698.13	3 383.44	23.02
支付其他与经营活动有关的现金	9 549.37	5 056.90	4 492.47	88.84
经营活动现金流出小计	117 863.47	107 154.12		
经营活动产生的现金流量净额	3 725.96	3 389.42	336.54	9.93
二、投资活动产生的现金流量：				
收回投资收到的现金	12.00	207.89	−195.89	−94.23
取得投资收益收到的现金	167.18	18.76	148.42	791.15
处置固定资产、无形资产和其他长期资产收回的现金净额	1.53	1.11	0.42	37.84
收到其他与投资活动有关的现金	998.80	637.60	361.20	56.65

续表

项目	20×2年1—12月/百万元	20×1年1—12月/百万元	增减额/百万元	增减幅度/%
投资活动现金流入小计	1 179.51	865.37	314.14	36.30
购建固定资产、无形资产和其他长期资产支付的现金	150.67	261.56	−110.89	−42.40
投资支付的现金	500.45	1 195.07	−694.62	−58.12
取得子公司及其他营业单位支付的现金净额	2 860.84	4 075.84	−1 215.00	−29.81
支付其他与投资活动有关的现金	121.00	985.47	−864.47	−87.72
投资活动现金流出小计	3 632.96	6 517.94	−2 884.98	−44.26
投资活动产生的现金流量净额	−2 453.45	−5 652.57	3 199.12	56.60
三、筹资活动产生的现金流量：				
吸收投资收到的现金	2 991.12	3 904.94	−913.82	−23.40
取得借款收到的现金	47 477.33	23 574.58	23 902.75	101.39
筹资活动现金流入小计	50 468.46	27 479.52	22 988.94	83.66
偿还债务支付的现金	26 864.42	19 974.61	6 889.81	34.49
分配股利、利润或偿付利息支付的现金	7 318.53	6 698.05	620.48	9.26
筹资活动现金流出小计	34 182.95	26 672.66	7 510.29	28.16
筹资活动产生的现金流量净额	16 285.51	806.86	15 478.65	1 918.38
四、汇率变动对现金及现金等价物的影响	−51.90	−26.54	−25.36	95.55
五、现金及现金等价物净增加额	17 506.11	−1 482.82	18 988.93	不适用
加：期初现金及现金等价物余额	33 614.11	35 096.94	−1 482.83	−4.22
六、期末现金及现金等价物余额	51 120.22	33 614.11	17 506.11	52.08

表 9-34　现金流入垂直分析表

项目	20×2年		20×1年	
	金额/百万元	比重/%	金额/百万元	比重/%
经营活动产生的现金流入	121 589.43	70.19	110 543.54	79.59
投资活动产生的现金流入	1 179.51	0.68	865.37	0.62
筹资活动产生的现金流入	50 468.46	29.13	27 479.52	19.79
现金流入小计	173 237.40	100.00	138 888.43	100.00

表 9-35　现金流出垂直分析表

项目	20×2年		20×1年	
	金额/百万元	比重/%	金额/百万元	比重/%
经营活动产生的现金流出	117 863.47	75.71	107 154.12	76.35
投资活动产生的现金流出	3 632.96	2.33	6 517.94	4.64
筹资活动产生的现金流出	34 182.95	21.96	26 672.66	19.01
现金流出小计	37 815.91	100.00	140 344.72	100.00

万科企业股份有限公司20×2年度现金及现金等价物净增加18 988.93百万元，20×1年为负，粗看现金流状况好转，其中，经营活动产生的现金流量净额增加336.54百万元，投资活动产生的现金流量净额增加3 199.12百万元，筹资活动产生的现金流量净额增加为15 478.65百万元，说明现金的增加主要来自筹资活动产生的现金流量净额增加，20×2年筹资活动现金流量净额比20×1年增加1 918.38%，而筹资活动产生的现金流量净额增加主要依靠取得借款收到的现金，20×2年取得借款收到的现金为47 477.33百万元，比20×1年增加23 902.75百万元，增幅101.39%。因此，万科企业股份有限公司20×2年现金流状况虽比20×1年好转，但仍不容乐观，面临较高的财务风险。

任务9.5　报表重点项目分析

通过初步分析发现变化较大的项目有货币资金、存货、短期借款、应付票据、应付账款、

应付利息、长期借款、未分配利润、营业成本和财务费用，应进一步进行重点分析。

1. 货币资金

从总体规模上看，企业货币资金由年初的 34 239.51 百万元增加到年末的 52 291.54 百万元，增长幅度较大。结合现金流量表进一步分析其质量，20×2 年现金及现金等价物净增加额为 17 506.11 百万元，其中经营活动现金净流量为 3 725.96 百万元，远远小于期末货币资金数额，说明企业的货币资金主要来源不是经营活动，而是借款，因此质量不是很高。

2. 存货

20×2 年年末存货规模为 255 164.11 百万元，比年初有较大幅度增加，从存货周转速度来看，为 0.28 次，比 20×1 年有所提高，要分析存货的质量还必须结合毛利率进一步分析。

3. 短期借款

万科 20×2 年年末短期借款为 9 932.40 百万元，比年初增加了 8 207.95 百万元，增幅为 475.97%，增幅很大，结合附注看，新增短期借款主要为信用借款，公司无到期未归还的短期借款，说明公司信用状况良好，行业领先地位和强大的品牌优势使公司有很强的融资能力。

4. 应付票据与应付账款

20×2 年年末万科应付票据为 4 977.13 百万元，比年初增加 4 945.88 百万元，增幅为 158.27 倍。应付账款 20×2 年年末为 44 861.00 百万元，比年初增加 15 115.19 百万元，增幅为 50.81%，这是和企业存货与营业成本的增长紧密联系的。应付账款的增长金额大于应付票据，说明万科能成功利用自己的商业信用支持自己的经营活动，但增速上应付票据大于应付账款，结合附注看，万科企业股份有限公司新增的应付票据皆为商业承兑汇票，而商业承兑汇票会引起财务费用的增加、货币资金周转压力增加，因此应密切关注应付票据的变化，关注其对短期偿债能力的影响。

5. 应付利息与长期借款

应付利息在 20×2 年年末为 649.69 百万元，比年初增加 377.39 百万元，增幅 138.59%，这和长期借款的大幅增加密切相关，20×2 年年末长期借款为 36 036.07 百万元，比年初增加了 15 064.11 百万元，增幅为 71.83%。长期借款及应付利息的大幅增加提示有关各方应密切关注企业的长期偿债能力。

6. 未分配利润

20×2 年年末万科未分配利润为 26 688.10 百万元，比年初增加了 7 753.48 百万元，增幅为 40.95%。结合附注可以看到，未分配利润的增加主要来自本年净利润的增加，说明企业盈利能力较强。

7. 营业成本

20×2 年万科企业股份有限公司营业成本为 65 421.61 百万元，比上年增长 51.34%，增幅较

大，且超过营业收入的增幅，应引起注意，具体还要结合行业情况和公司账簿资料分析成本上升的原因。

8. 财务费用

20×2年万科企业股份有限公司财务费用大幅增加，主要是长期借款增幅较大。应密切关注相应的偿还能力。

任务9.6 基本财务比率分析

万科企业股份有限公司基本财务比率计算如表9-36所示。

通过基本比率计算，可以看到：

20×2年万科企业股份有限公司毛利率为36.56%，营业净利率为15.19%，净资产收益率为20.89%。计算房地产业上市的132家公司平均毛利率为37.04%，营业净利率为10.31%，净资产收益率为9.71%。由利润率指标可以看出公司毛利率和行业平均水平持平，但营业净利率和净资产收益率都高于行业均值，尤其是净资产收益率，远远高于同业平均水平，说明公司盈利能力强，也是公司居于行业领先地位的体现。

财务比率分析

20×2年年末万科企业股份有限公司流动比率为1.4，计算房地产业上市的132家公司平均的流动比率为2.24；万科企业股份有限公司速动比率为0.29，行业平均速动比率为0.85；分析得出万科企业股份有限公司短期偿债能力指标低于行业平均水平。万科企业股份有限公司资产负债率为78.32%，行业平均为65.82%，显示资产负债率高于同业平均水平。20×2年万科企业股份有限公司已获利息倍数指标为28.55，说明公司偿还利息的能力较强。虽然从指标看偿债能力不是很强，结合现金流状况，筹资活动带来的现金流为主要部分，说明公司面临较高的财务风险，应密切关注其财务风险。当然，这和国家宏观政策及行业调整有密切关系。

从周转率指标看，存货周转率、流动资产周转率和总资产周转率都比上年略有上升，说明公司资金周转稳健。

表 9-36　万科企业股份有限公司基本财务比率

财务比率	20×2年	20×1年
毛利率	37 694.64/103 116.25=36.56%	28 554.59/71 782.75=39.78%
营业利润率	21 013.04/103 116.25=20.38%	15 763.22/71 782.75=21.96%
营业净利率	15 662.59/103 116.25=15.19%	11 599.61/71 782.75=16.16%
资产净利率	15 662.59/（378 801.62+296 208.44）/2=4.64%	11 599.61/（296 208.44+215 637.55）/2=4.54%
净资产收益率	15 662.59/（82 138.19+67 832.54）/2=20.89%	11 599.61/（67 832.54+54 586.20）/2=18.95%
流动比率	362 773.74/259 833.57=1.40	282 646.65/200 724.16=1.41
速动比率	（362 773.74−255 164.11−33 373.61）/259 833.57=0.29	（282 646.65−208 335.49−20 116.22）/200 724.16=0.27
资产负债率	296 663.42/378 801.62=78.32%	228 375.90/296 208.44=77.10%
已获利息倍数	（21 070.19+764.76）/764.76=28.55	（15 805.88+509.81）/509.81=32
应收账款周转率	103 116.25/（1 886.55+1 514.81）/2=60.63	71 782.75/（1 514.81+1 594.02）/2=46.18
存货周转率	65 421.61/（255 164.11+208 335.49）/2=0.28	43 228.16/（208 335.49+133 333.46）/2=0.25
流动资产周转率	103 116.25/（362 773.74+282 646.65）/2=0.32	71 782.75/（282 646.65+205 520.73）/2=0.29
固定资产周转率	103 116.25/（1 612.26+1 595.86）/2=64.28	71 782.75/（1 595.86+1 219.58）/2=50.99
总资产周转率	103 116.25/（378 801.62+296 208.44）/2=0.31	71 782.75/（296 208.44+215 637.55）/2=0.28

任务9.7　总体财务状况评价

结论（经营者角色）：由于资料和篇幅及分析水平所限，通过以上分析，杨敏初步认为万科企业股份有限公司盈利能力强，资金周转稳健，但面临较高的财务风险，应密切关注现金流变化，强化核心竞争力，使经营活动创造更多的现金流。

德技并修

失真的年报

每年4月30日前，是上市房地产公司发布业绩报告的“窗口期”。无论是提前发布的业绩快报或预告，还是年报全文，都无不引来大量解读。

笔者认为，不宜太过相信这些，因为年报的许多内容是失真的，是经过粉饰的。谓之“真实的谎言”，并不为过。

首先，我们所看到的年报数据及分析文章，大都出自投行或证券分析师之手。这类文章的结构大致是这样的：先是“截至几月几日，已有多少家企业发布了快报或年报”，接着是对这些家业绩进行对比，最后得出结论。且不说这类文章几乎都是对国内沪深两市上市房地产公司的业绩分析（事实上，在境外上市的国内房地产公司还有30多家，这些企业的总体销售业绩占到所有158家上市房地产公司业绩的30%以上），而且仅从有限的样本数量，仅进行简单的同比（而不是多年对比、同业对比），所得出的结论通常是片面的。更主要的是，其结论可能有某种目的性，比如在短期内打压或抬升某些企业的股价。

其次，房地产开发销售的自身规律决定了年报并不能反映当年度的经营业绩状况。实际上，年报更多地反映了前年下半年到去年三季度前的状况，而非自然年度的实况。通过年报数据把握房地产公司2011年全年的经营情况，时间节点至少提前了三个月，这是房地产企业的固有特点（销售难以即期结算）决定的。从笔者对一百多家上市房地产公司年报解读结果来看，20年虽然有超过70%的上市房地产公司实现了业绩增长，但真实情况可能要比年报数据糟糕得多，这要等到今年中报才能全面反映出来。

另外，房地产开发周期长、土地需要提前储备等特点也在很大程度上影响着当期业绩。比如，在时机不好时，企业有意延迟开盘销售。这虽然影响了企业的未来增长性，但当年的现金存量和负债率指标反而更好。

总之，上市房地产公司年报中确实存在许多“真实的谎言”。因此，对年报中的数据不可不

信，也不可轻信，还是以独立分析、独立判断为上。

思考：结合案例，同学们在企业财务分析工作中应注意提高哪些素养？

启示：在企业财务分析工作中，同学们必须夯实专业知识，对报表中的数据独立分析、独立判断，透过现象看本质。同时遵守法律法规，维护国家制度，坚定制度自信及社会主义核心价值观。

综合训练

实训目标：对上市公司财务报表进行全面分析。

实训资料：上网收集所选上市公司以及与之相同行业的其他公司财务报表及相关资料。

实训要求：每个小组选择一家上市公司以及与之相同行业的其他公司，对两家公司近两年来的财务报表进行全面分析，写出分析报告，报告需同时提交 PPT 和 Word 电子文档，请在报告封面注明组员的姓名及分工明细情况（注意角色轮换），并准备在班级演示。

延伸阅读

如何客观评价上市公司的财务状况

对公司的财务评价往往需要对该公司的财务报告以及其他的相关资料为主要依据，对公司的财务状况及经营成果进行深刻的分析，来了解公司的经营发展趋势，并能够对公司进行一些正确的改革或对经营发展有益的政策变化，而财务报表是财务分析最直接、最主要的依据。一般上市公司都必须准确客观地编制资产负债表、利润表、现金流量表、股东权益变动表。

一、根据资产负债表来分析上市公司的长期偿债能力和短期偿债能力

虽然同属于公司的偿债能力，但是分析短期偿债能力、长期偿债能力却是有区别的。在分析短期偿债能力时，需要考虑到营运资本、速动比率、流动比率、现金比率、现金流动负债比率等几个重要的指标。但是用得较为广泛的是前三者，在资产负债表中只涉及了流动资产、流动负债和速动资产这三项指标。就营运资本而言，营运数额越大，其财务状况也就越稳定，也

就是说，企业基本上是没有什么偿债压力的，反之亦然；而流动比率却不是越大，企业的偿债能力就越稳定，因为有可能是应收账款的增加、存货的累积等造成的。国际上规定，流动比率在200%左右时是较为恰当的。流动比率不可以过高也不可以过低，最好是保持在一个相对稳定的状态。在衡量长期偿债能力时，需要同时考虑到存量指标和流量指标，存量指标通常指资产负债率、长期资本负债率、产权比率、权益乘数和带息负债比率等，流量指标主要指以获利息倍数、现金流量利息保障倍数和现金流量债务比等。

二、对公司的营运能力进行分析

营运能力大致可以分为人力资源营运能力和生产资料营运能力。比较全面的分析是包括这两种营运能力的分析，但是在实际过程中，通常较多地只考虑到了后者，因为生产资料的营运能力实际上就是公司总资产及其各要素的营运能力。同样也需要从各个方面着手，如流动资产周转情况、存货的周转情况及非流动资产的周转都是需要考虑的。应收账款周转需要考虑到赊销比例、可靠性、减值准备、周转天数等深层次的问题。比如说报表中披露的应收账款减值准备，这是需要在分析时充分关注的。从公司的营运能力可以得出其将来的发展潜力以及获利水平，这是管理者或投资者不可或缺的资料。

三、利润表能够反映上市公司的盈亏情况和一定时期内的经营成果及其分配关系，它是衡量公司生存和发展能力的重要依据

通过利润表数据对营业毛利率、营业净利率、成本费用利润率、总资产利润率、总资产报酬率、总资产净利率和总资产收益率等进行分析。总体来说，利润表分析又分为两大类，一是经营盈利能力的分析，二是资产经营能力的分析。在利润表中，我们往往比较关注主营业务成本、主营业务收入、主营业务利润、营业利润、利润总额、净利润几个项目的数据。但是会计人员及投资者不能只关心净利润，认为利润越高越好，因为公司可以将投资收益、营业外收入计入当期利润，而这些利润却不是稳定的主营业务收入。上市公司中净利润有盈余但主营业务有亏损的企业会比净利润有亏损但主营业务收入有盈余的公司危险。上市公司的各项期间费用向外界透露十分有限，所以外部分析人员很难深层次地进行全面分析。

另外，对营业利润的分析，采取不同的方法也会有不同的结果，甚至可以通过一定的会计核算方法化亏损为盈余。这需要对成本性态进行分析，然后采用核算方法进行正确的核算。当上期生产产量较乐观且存货较多而本期销售量不尽人意时，会计人员可以通过一定的核算方法使报表看上去比较乐观。银广夏事件就是一个典型的事例，在1997年至2001年虚构销售收入累计达10多亿元，虚增的利润高达7.7亿元，这些虚假的信息误导了相当多的个人投资者和机构投资者。

四、对现金流量表需要注意到现金的流入与流出，尤其是应收账款、其他应收款、预付款项、待处理财产损溢的资料及数据

通常来说，应收账款超过三年以上的便需要转入坏账准备中，但许多公司并没有设立“坏

账准备”科目，很多年遗留下来的呆账死账均挂在了应收账款中，这势必导致了资产的增加。所以当会计人员或者投资者来说，发现公司资产数目很高，必须对应付账款及其他应付款具体分析，分析其有无本应转入坏账准备的固定资产导致资产类项目的虚增。

会计信息由各种各样的会计数据统计分析得出，如通过历史标准对比、行业标准对比、目标标准对比和行业标准对比。但是部分上市公司的财务状况披露得十分有限，这也就导致了管理者和普通投资者在对其财务能力分析时出现偏差。所以无论是上市公司会计人员还是上市公司的经营管理者在分析上市公司的财务状况时需要保持全面、认真、客观的工作态度，利用有限的数据充分全面地进行分析，避免会计信息失真。

郑重声明

读者意见反馈

为收集对教材的意见建议，进一步完善教材编写并做好服务工作，读者可将对本教材的意见建议通过如下渠道反馈至我社。

咨询电话　400-810-0598

反馈邮箱　gjdzfwb@pub.hep.cn

通信地址　北京市朝阳区惠新东街4号富盛大厦1座

高等教育出版社总编辑办公室

邮政编码　100029

防伪查询说明

用户购书后刮开封底防伪涂层，使用手机微信等软件扫描二维码，会跳转至防伪查询网页，获得所购图书详细信息。

防伪客服电话

（010）58582300

网络增值服务使用说明

授课教师如需获取本书配套教辅资源，请登录“高等教育出版社产品信息检索系统”（http://xuanshu.hep.com.cn/），搜索本书并下载资源。首次使用本系统的用户，请先注册并进行教师资格认证。

高教社高职会计教师交流及资源服务QQ群（在其中之一即可，请勿重复加入）：QQ3群：675544928　QQ2群：708994051（已满）　QQ1群：229393181（已满）

岗课赛训

- 基础会计实训
- 成本会计实训
- 审计综合实训
- 管理会计实训
- 数字金融业务实训
- 财务会计实训
- 出纳岗位实训
- 税务会计实训
- 会计综合实训
- 会计信息化实验

1+X 书证融通

- 智能财税
- 财务共享服务
- 财务数字化应用
- 智能估值
- 财务机器人应用
- 金税财务应用
- 业财一体信息化应用
- 数字化管理会计
- 智能审计